Gatos a ganchillo

Gatos a ganchillo

CREE SUS PROPIOS GATITOS ADORABLES A CROCHET

VANESSA MOONCIE

Librero

132

90

18

78

146

104

Contenido

Introducción

Este libro reúne una colección de 10 patrones para tejer gatos a ganchillo. Algunos son domésticos, como el gato blanco y negro, mientras que otros son de razas con pedigrí, como el gato de Bengala o el enorme Maine Coon. Encontrará seis patrones de gatos que están de pie, además de instrucciones de dos gatos dormidos —uno azul ruso y otro naranja— y de dos que están sentados —un siamés y un calicó.

Los proyectos se trabajan principalmente en redondo y en hileras de puntos bajos, pero también se emplean otros puntos para crear ciertos rasgos distintivos. El esponjoso pelaje del ragdoll se hace tejiendo bucles, mientras que los puntos medios altos y los puntos altos dan forma a la parte delantera de la cara del gato exótico de pelo corto. Todos los proyectos se tejen con hilo DK (ligero). Las instrucciones escritas van acompañadas de diagramas, que facilitan la lectura de los patrones.

Los proyectos están diseñados de manera que se adecuan a tejedores de cualquier nivel, desde principiantes hasta experimentados. Al final del libro se incluye una sección sobre lo que necesita para empezar a tejer, así como instrucciones paso a paso ilustradas de los puntos utilizados y explicaciones sobre cómo incorporar un nuevo color, montar los gatos y bordar los últimos detalles.

Los gatos forman parte de nuestra familia desde hace unos 25 años. Todos son gatos domésticos de pelo corto y tienen caracteres muy diferentes. Puede adaptar estos patrones para reproducir los gatos de su propia familia, ya sean durmiendo, sentados o de pie.

Vanessa Mooncie

Gato blanco y negro

Gato de Bengala

Maine Coon

Siamés

Exótico de pelo corto

Gato calicó

Gato naranja

Ragdoll

Azul ruso

Bobtail americano

Gato blanco y negro

EN ESTE PROYECTO SE HACEN SENCILLOS CAMBIOS DE COLOR PARA CREAR LAS MANCHAS TÍPICAS DE LOS GATOS BICOLORES. SE LE AÑADE UN TOQUE DE ROSA AL TRABAJAR EL INTERIOR DE LAS OREJAS Y LA NARIZ BORDADA.

Materiales

- Naturals Bamboo + Cotton de Stylecraft, 60 % bambú, 40 % algodón (250 m por ovillo de 100 g), o cualquier hilo ligero:
  1 x ovillo de 100 g de color 7127 Chalk (A)
  1 x ovillo de 100 g de color 7153 Pitch (B)
  1 x ovillo de 100 g de color 7165 Rose (C)
- Hilo de bordar separable de color verde, como Stranded Cotton de Anchor, tono 0265, para los ojos
- Hilo de bordar separable de color negro, como Stranded Cotton de Anchor, tono 0403, para las pupilas
- 6 trozos de 12 cm de hilo de nailon transparente de 0,3 mm, para los bigotes (opcionales; no adecuados para niños pequeños)
- Aguja de ganchillo de 3,25 mm
- Aguja lanera de punta roma
- Relleno para peluches
- Marcadores de puntos

Tamaño

- El cuerpo mide unos17 cm de largo, desde la punta de la nariz hasta la parte posterior de las patas traseras
- Hace unos 15 cm de alto, desde la coronilla (sin contar las orejas)

Tensión

23 puntos y 24 hileras en una muestra de 10 cm tejida a punto bajo con un ganchillo de 3,25 mm. Si fuera necesario, utilice un ganchillo de mayor o menor calibre para obtener la tensión correcta.

Instrucciones

La cabeza, el cuerpo y las patas se trabajan en redondo y en hileras de puntos bajos utilizando dos colores. El cuello se teje con dos colores trabajando en hileras; se empieza tejiendo en los puntos de la parte inferior del hocico y luego a lo largo de los bordes de las hileras que forman la coronilla. La orejas se trabajan en hileras. Cada una está compuesta por dos piezas que se unen tejiendo en cada punto de las dos piezas a la vez. La forma ahusada de la cola se hace con puntos bajos y puntos medios altos. En la última hilera, se hacen disminuciones de puntos para formar una curva en la cola. Los bordes largos de la cola se cosen juntos y, después, se inserta una pequeña cantidad de relleno antes de coserla en su sitio. Las patas se tejen en vueltas continuas de puntos bajos. Los dedos de las patas se crean tejiendo piñas. Dado que las piñas aparecen en el revés de la labor, hay que dar la vuelta al tejido una vez completados los dedos; después, se sigue tejiendo por el derecho. Los ojos y la nariz se bordan con hilos de bordar y de ganchillo.

Cuando al inicio de una hilera o vuelta se hacen una o dos cadenetas, estas no cuentan como un punto.

Cabeza

Empezando en la parte delantera del hocico y utilizando un ganchillo de 3,25 mm e hilo A, haga un anillo mágico (*véase* la página 163).

Vuelta 1: 1 cad., 6 p. b. en el anillo (6 p.).

Vuelta 2 (aum.): 2 p. b. en cada uno de los 6 p. (12 p.). Tire del cabo corto para cerrar el anillo.

Vueltas 3 y 4: 1 p. b. en cada p. b.

Vuelta 5: (2 p. b. en el p. sig., 1 p. b.) 6 veces. Incorpore B en el último p. b. y desplace el hilo que no use por el revés de la labor (18 p.).

CARA

Se trabaja en hileras.

Hilera 1 (D.): 13 p. b. con B, 5 p. b. con A, dele la vuelta.

Hilera 2 (R.) (aum.): 1 cad., 5 p. b. con A; con B, 1 p. b., (2 p. b. en el p. sig., 1 p. b.) 6 veces, 1 p. r. en el 1.er p. b., dele la vuelta (24 p.).

Hilera 3 (aum.): Con B, 3 p. b., (2 p. b. en el p. sig., 2 p. b.) 5 veces, 1 p. b. acabando 5 p. antes de llegar al final, dele la vuelta (29 p.).

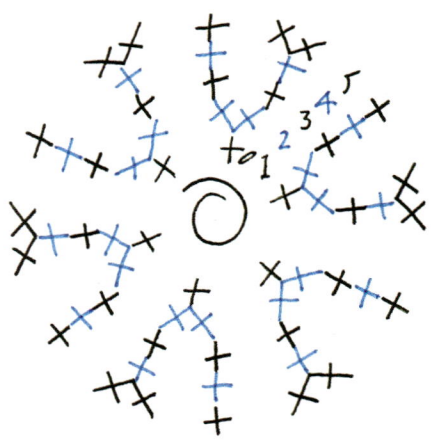

CABEZA
VUELTAS 1-5

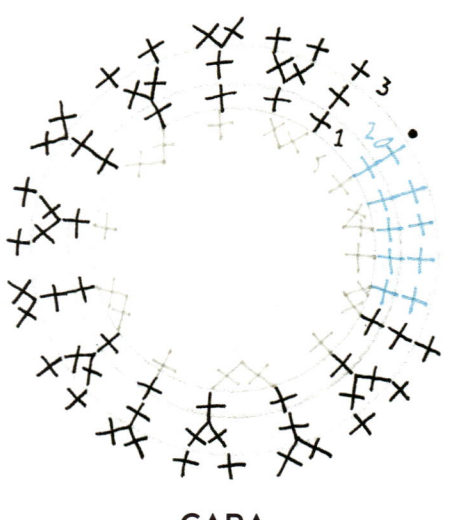

CARA
HILERAS 1-3

LEYENDA

⊙ ANILLO MÁGICO

∅ CADENETA (CAD.)

● PUNTO RASO (P. R.)

+ PUNTO BAJO (P. B.)

⨯⨯ 2 P. B. EN EL MISMO P.

⨯�X⨯ 3 P. B. EN EL MISMO P.

⨯⨯ 2 P. B. JUN.

⊤ PUNTO MEDIO ALTO (P. M. A.)

⋏ 2 P. M. A. JUN.

⊕ PIÑA

CORONILLA

Siga trabajando con hilo B.

Hilera 4 (R.): 1 cad., 24 p. b., dele la vuelta.

Siga tejiendo en estos 24 p.

Hilera 5 (D.): 1 cad., 1 p. b. en cada p. b., dele la vuelta.

Hileras 6-8: Repita la última hilera.

Hilera 9 (dism.): 1 cad., (2 p. b. jun., 2 p. b.) 6 veces, dele la vuelta (18 p.).

Hilera 10 (dism.): 1 cad., (2 p. b. jun., 1 p. b.) 6 veces, dele la vuelta (12 p.).

Hilera 11 (dism.): 1 cad., (2 p. b. jun.) 6 veces (6 p.).

Corte el hilo y páselo a través de los últimos 6 p. Tire del cabo y remátelo. No remate el hilo A.

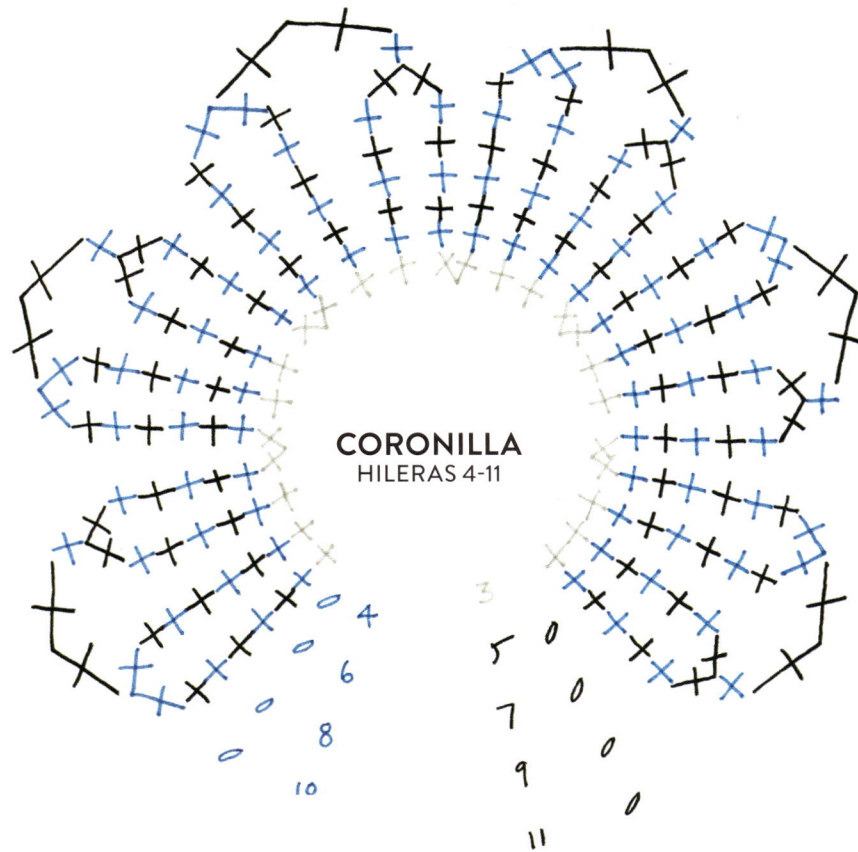

CORONILLA
HILERAS 4-11

LEYENDA DE COLORES

PARA LA CARA, EL CUELLO Y LA PARTE CENTRAL DEL CUERPO

En los otros diagramas, las vueltas o hileras alternan azul y negro.

CUELLO

Con el derecho de la labor hacia usted y utilizando un ganchillo de 3,25 mm e hilo A, haga 1 p. r. en el 1.º de los 5 p. b. no trabajados de la hilera 2 de la cara.

Hilera 1 (D.): 1 p. b. en el mismo p. que el p. r., 4 p. b. Incorpore B en el último p. b. y desplace el hilo que no use por el revés de la labor. Con B, teja 14 p. b. espaciados a intervalos regulares a lo largo del borde de las hileras de la cabeza, 1 p. r. en el 1.ᵉʳ p. b., dele la vuelta (19 p.).

Hilera 2 (R.) (aum.): Con B, 1 p. b., 2 p. b. en el p. sig., 10 p. b., 2 p. b. en el p. sig., 1 p. b.; con A, (2 p. b. en el p. sig., 1 p. b.) 2 veces, 2 p. b. en el p. sig., dele la vuelta (24 p.).

Hilera 3: Con A, 1 cad., 8 p. b.; con B, 16 p. b., 1 p. r. en el 1.ᵉʳ p. b., dele la vuelta.

Hilera 4: Con B, 16 p. b.; con A, 8 p. b., 1 p. r. en el 1.ᵉʳ p. b., dele la vuelta.

Hilera 5: Con A, 8 p. b., 1 p. r. en el p. sig y remate la labor, dejando un cabo largo de hilo A y otro de hilo B.

CUELLO
HILERAS 1-5

Orejas (haga 2)

Con un ganchillo de 3,25 mm e hilo C, haga 4 cad.

Hilera 1: 1 p. b. en la 2.ª cad. desde la aguja, 1 p. b. en la cad. sig., 3 p. b. en la cad. sig., 1 p. b. en el revés de cada una de las sig. 2 cad., dele la vuelta (7 p.).

Hilera 2 (aum.): 1 cad., 2 p. b. en el p. sig., 2 p. b., 3 p. b. en el p. sig., 2 p. b., 2 p. b. en el p. sig. (11 p.).

Remate la labor dejando un cabo largo. Ha completado el interior de la oreja.

Cuerpo

PARTE DELANTERA

Empezando por la parte delantera del cuerpo y utilizando un ganchillo de 3,25 mm e hilo A, haga 10 cad.

Hilera 1 (D.): 1 p. b. en la 2.ª cad. desde la aguja, 1 p. b. en cada una de las sig. 7 cad., 2 p. b. en la última cad., 1 p. b. en el revés de cada una de las sig. 8 cad., dele la vuelta (18 p.). Ponga un marcador en el 1.er p. para

Con B, haga otra pieza igual, que será la parte exterior de la oreja. Al final, dé la vuelta a la labor y no remate el hilo.

UNIR LAS PIEZAS DE LA OREJA

Junte las dos piezas, con la parte del interior cara arriba.

Después: Teja 1 cad. y, a continuación, introduciendo el ganchillo por debajo de las 2 laz. de cada p. de la pieza interior y luego de la pieza exterior para unirlas, haga 2 p. b. en el p. sig., 4 p. b., 3 p. b. en el p. sig., 4 p. b., 2 p. b. en el p. sig. (15 p.). Remate la labor dejando un cabo largo.

señalar la parte superior de la pieza delantera del cuerpo.

Hilera 2 (R.) (aum.): 1 cad., (2 p. b. en el p. sig., 2 p. b.) 6 veces, 1 p. r. en el 1.er p. b., dele la vuelta (24 p.).

Hilera 3 (aum.): (2 p. b. en el p. sig., 3 p. b.) 6 veces, dele la vuelta (30 p.).

Hilera 4 (aum.): 1 cad., (2 p. b. en el p. sig., 4 p. b.) 6 veces, 1 p. r. en el 1.er p. b., dele la vuelta (36 p.).

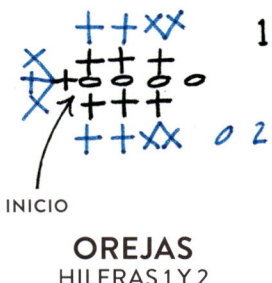

OREJAS
HILERAS 1 Y 2

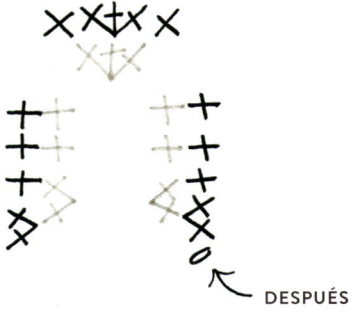

UNIR LAS PIEZAS DE LA OREJA
INTRODUZCA EL GANCHILLO EN CADA PUNTO DE AMBAS PIEZAS A LA VEZ

Hilera 5: 24 p. b. Incorpore el hilo B en el último p. b. Con B, 12 p. b., no le dé la vuelta.

Después: Con B., 12 p. b., dele la vuelta.

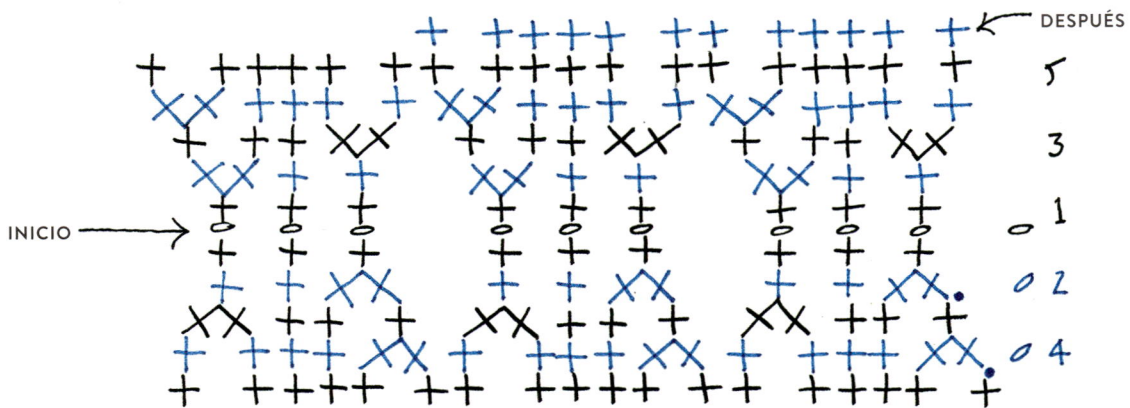

PARTE DELANTERA
HILERAS 1-5 Y «DESPUÉS»

PARTE CENTRAL DEL CUERPO

Hilera 1 (R.): 1 cad., 24 p. b. con B, 12 p. b. con A, 1 p. r. en el 1.er p. b., dele la vuelta.

Hilera 2 (D.): 12 p. b. con A, 24 p. b. con B, dele la vuelta.

Hileras 3-18: Repita 8 veces las hileras 1 y 2.

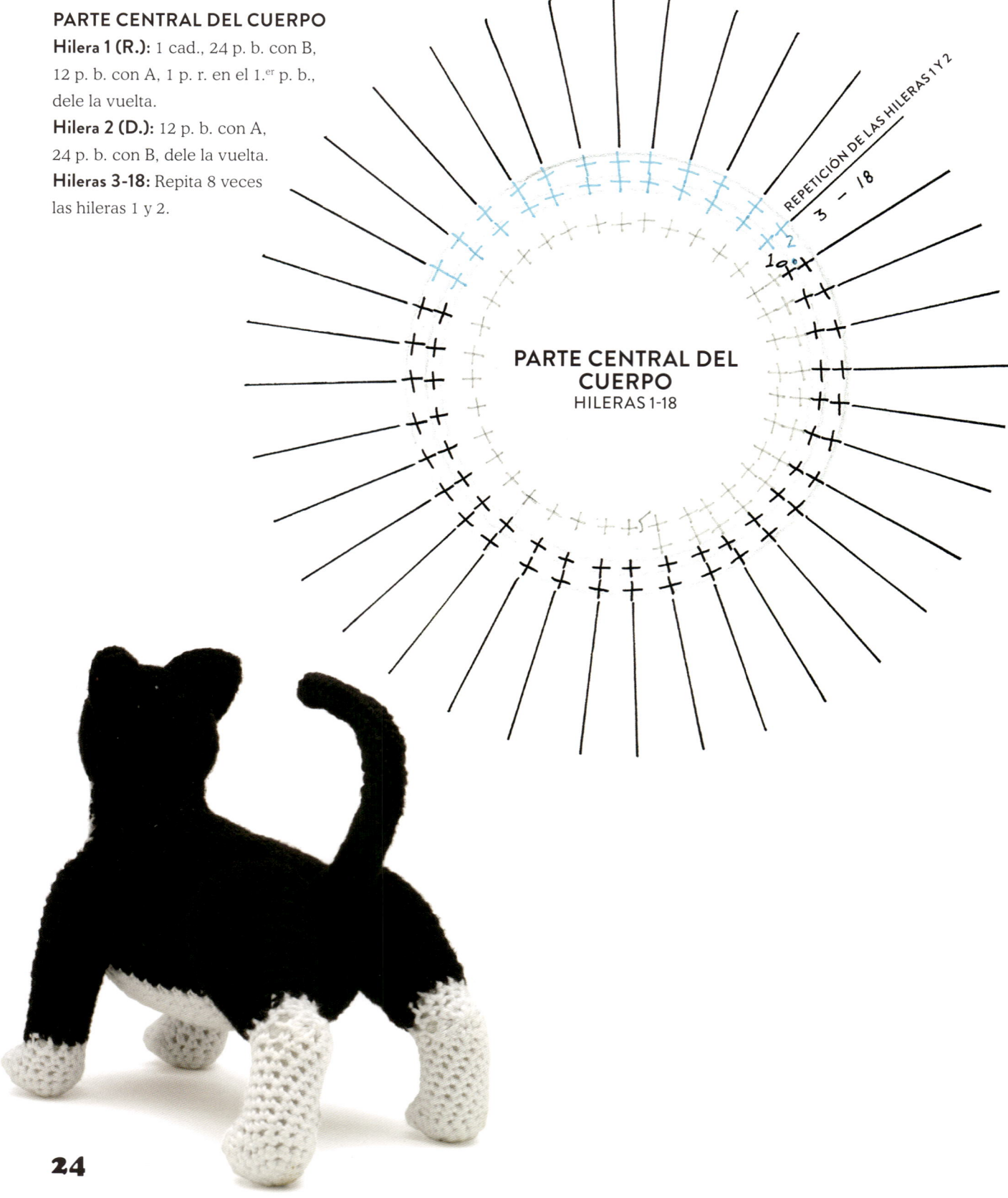

REPETICIÓN DE LAS HILERAS 1 Y 2

3 – 18

PARTE CENTRAL DEL
CUERPO
HILERAS 1-18

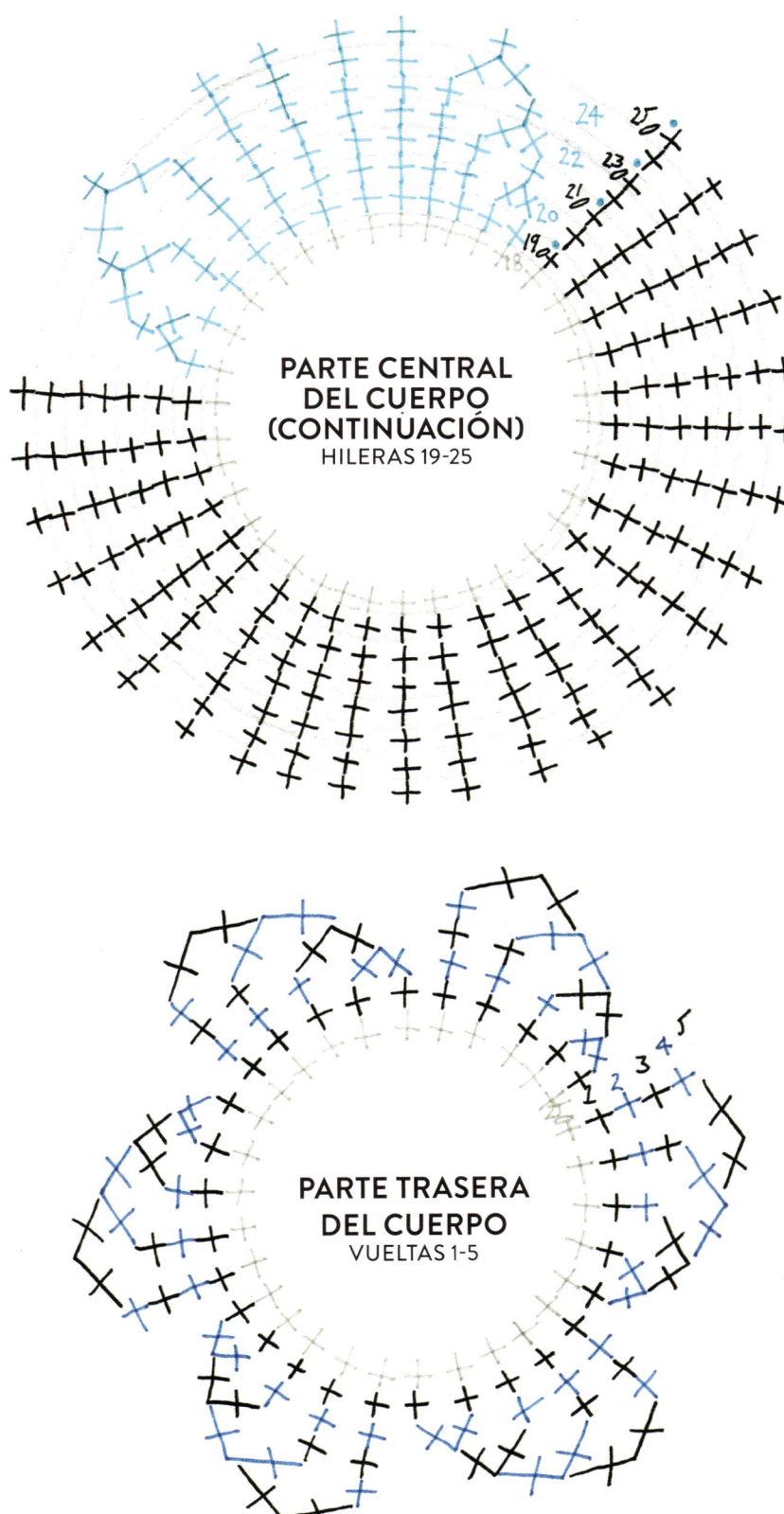

**PARTE CENTRAL
DEL CUERPO
(CONTINUACIÓN)**
HILERAS 19-25

**PARTE TRASERA
DEL CUERPO**
VUELTAS 1-5

Hilera 19: Repita la hilera 1.

Hilera 20 (dism.): Con A, 2 p. b. jun., 8 p. b., 2 p. b. jun.; con B, 24 p. b., dele la vuelta (34 p.).

Hilera 21: 1 cad., 24 p. b. con B, 10 p. b. con A, 1 p. r. en el 1.er p. b., dele la vuelta.

Hilera 22 (dism.): Con A, 2 p. b. jun., 6 p. b., 2 p. b. jun.; con B, 24 p. b., dele la vuelta (32 p.).

Hilera 23: 1 cad., 24 p. b. con B, 8 p. b. con A, 1 p. r. en el 1.er p. b., dele la vuelta.

Hilera 24 (dism.): Con A, 2 p. b. jun., 4 p. b., 2 p. b. jun.; con B, 24 p. b., dele la vuelta (30 p.).

Hilera 25: 1 cad., 24 p. b. con B, 6 p. b. con A, 1 p. r. en el 1.er p. b., dele la vuelta.

PARTE TRASERA DEL CUERPO

Se trabaja en redondo.

Continúe con hilo B.

Vuelta 1: 1 p. b. en cada p. b.

Vuelta 2 (dism.): (2 p. b. jun., 3 p. b.) 6 veces (24 p.).

Antes de continuar, rellene el cuerpo.

Vuelta 3 (dism.): (2 p. b. jun., 2 p. b.) 6 veces (18 p.).

Vuelta 4 (dism.): (2 p. b. jun., 1 p. b.) 6 veces (12 p.).

Vuelta 5 (dism.): (2 p. b. jun.) 6 veces (6 p.).

Corte el hilo B y páselo a través de los últimos 6 p. Tire del cabo para cerrar la labor. Remate el hilo.

Patas delanteras
(haga 2)

Las piñas aparecen en el revés del tejido. Esto será el derecho de la labor. En la página 166 encontrará las instrucciones para hacer piñas. Empezando en la base de la pata y utilizando un ganchillo de 3,25 mm e hilo A, haga un anillo mágico.

Vuelta 1 (R.): 1 cad., 6 p. b. en el anillo (6 p.).

Vuelta 2 (aum.): 2 p. b. en cada uno de los 6 p. (12 p.). Tire del cabo corto para cerrar el anillo.

Vuelta 3 (aum.): (2 p. b. en el p. sig., 2 p. b.) 4 veces (16 p.).

Vuelta 4: 8 p. b.; (1 piña, 1 p. b.) 4 veces, dele la vuelta.

Vuelta 5 (D.) (dism.): 1 cad., 1 p. b. en el 1.er p. b., (1 p. b., 2 p. b. jun.) 2 veces, 9 p. b. (14 p.).

Vuelta 6 (dism.): (1 p. b., 2 p. b. jun.) 2 veces, 8 p. b. (12 p.).

Vuelta 7: 1 p. b. en cada p. b. Incorpore B en el último p. b. Continúe con hilo B.

Vueltas 8-12: 1 p. b. en cada p. b.

Vuelta 13 (aum.): (2 p. b. en el p. sig., 3 p. b.) 3 veces (15 p.).

Vueltas 14-17: 1 p. b. en cada p. b.

Vuelta 18 (aum.): (2 p. b. en el p. sig., 4 p. b.) 3 veces (18 p.).

Vueltas 19-23: 1 p. b. en cada p. b. Antes de continuar, rellene la pata.

Vuelta 24 (dism.): (2 p. b. jun., 1 p. b.) 6 veces (12 p.).

Vuelta 25 (dism.): (2 p. b. jun.) 6 veces (6 p.).

Corte el hilo y páselo a través de los p. de la última vuelta. Tire del cabo para cerrar la labor. Remate la labor dejando un cabo largo de hilo B.

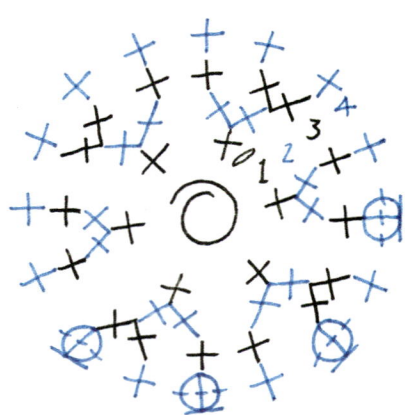

PATAS DELANTERAS
VUELTAS 1-4

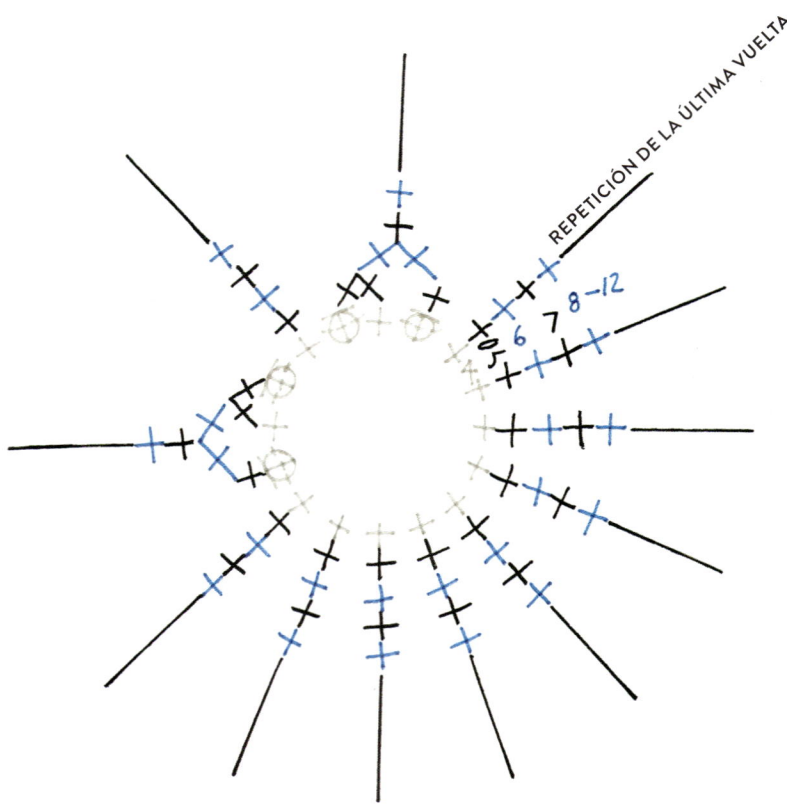

REPETICIÓN DE LA ÚLTIMA VUELTA

PATAS DELANTERAS (CONTINUACIÓN)
VUELTAS 5-12

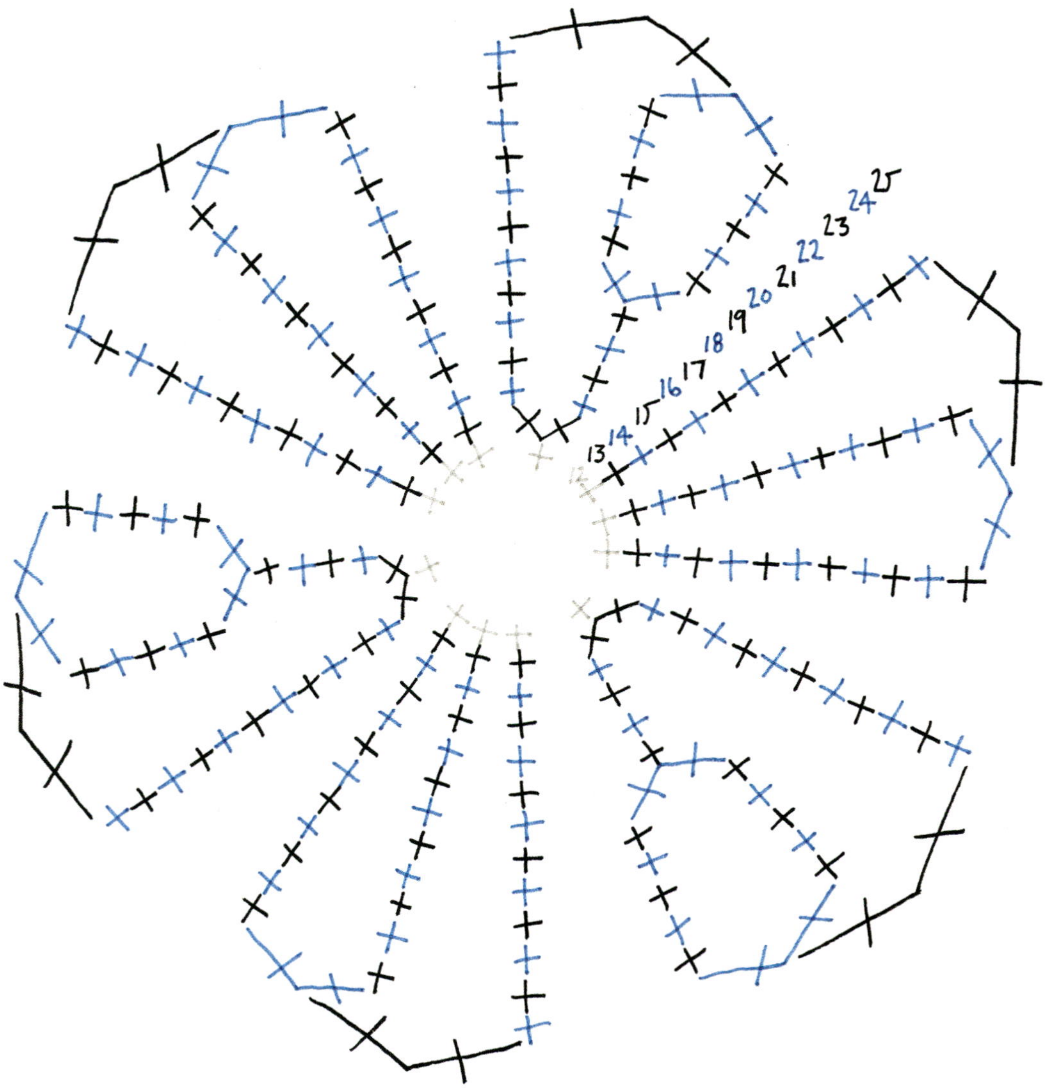

PATAS DELANTERAS (CONTINUACIÓN)
VUELTAS 13-25

Patas traseras
(haga 2)

Empezando en la base de la pata y
utilizando un ganchillo de 3,25 mm
e hilo A, haga un anillo mágico.
Vueltas 1-12: Como las vueltas 1-12
de las patas delanteras, pero solo
con hilo A.

PARTE POSTERIOR DE LA PATA

Vuelta 13: 1 p. b. en el sig. p. b.,
acabando en un lado de la pata;
6 cad., sáltese los 6 p. b. de la parte
delantera de la pata, 5 p. b.
Vuelta 14: 1 p. b. en el sig. p. b.,
1 p. b. en cada una de las sig. 6 cad.,
1 p. b. en cada uno de los sig. 5 p. b.
Corte el hilo y páselo a través de los
p. de la última vuelta. Tire del cabo
para cerrar la labor y remátelo.

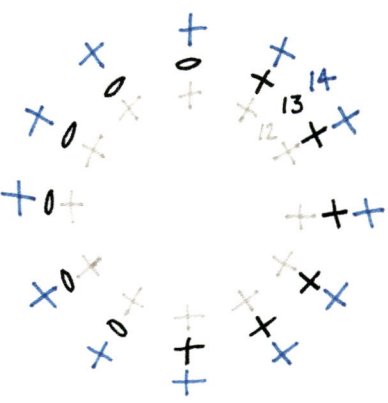

PATAS TRASERAS
PARTE POSTERIOR DE LA PATA
VUELTAS 13 Y 14

MUSLO

Con el derecho de la pata hacia usted y utilizando un ganchillo de 3,25 mm e hilo A, haga 1 p. r. en el 1.º de los 6 p. b. saltados de la hilera 12.

Vuelta 1: 1 p. b. en el mismo p. que el p. r., 1 p. b. en cada uno de los sig. 5 p. b., 1 p. b. en el revés de cada una de las sig. 6 cad. (12 p.).

Vuelta 2: 1 p. b. en cada p. b. Incorpore el hilo B en el último p. b. Continúe con hilo B.

Vuelta 3 (aum.): (2 p. b. en el p. sig., 1 p. b.) 6 veces (18 p.).

Vueltas 4-6: 1 p. b. en cada p. b.

Vuelta 7 (aum.): (2 p. b. en el p. sig., 2 p. b.) 6 veces (24 p.).

Vueltas 8-10: 1 p. b. en cada p. b.

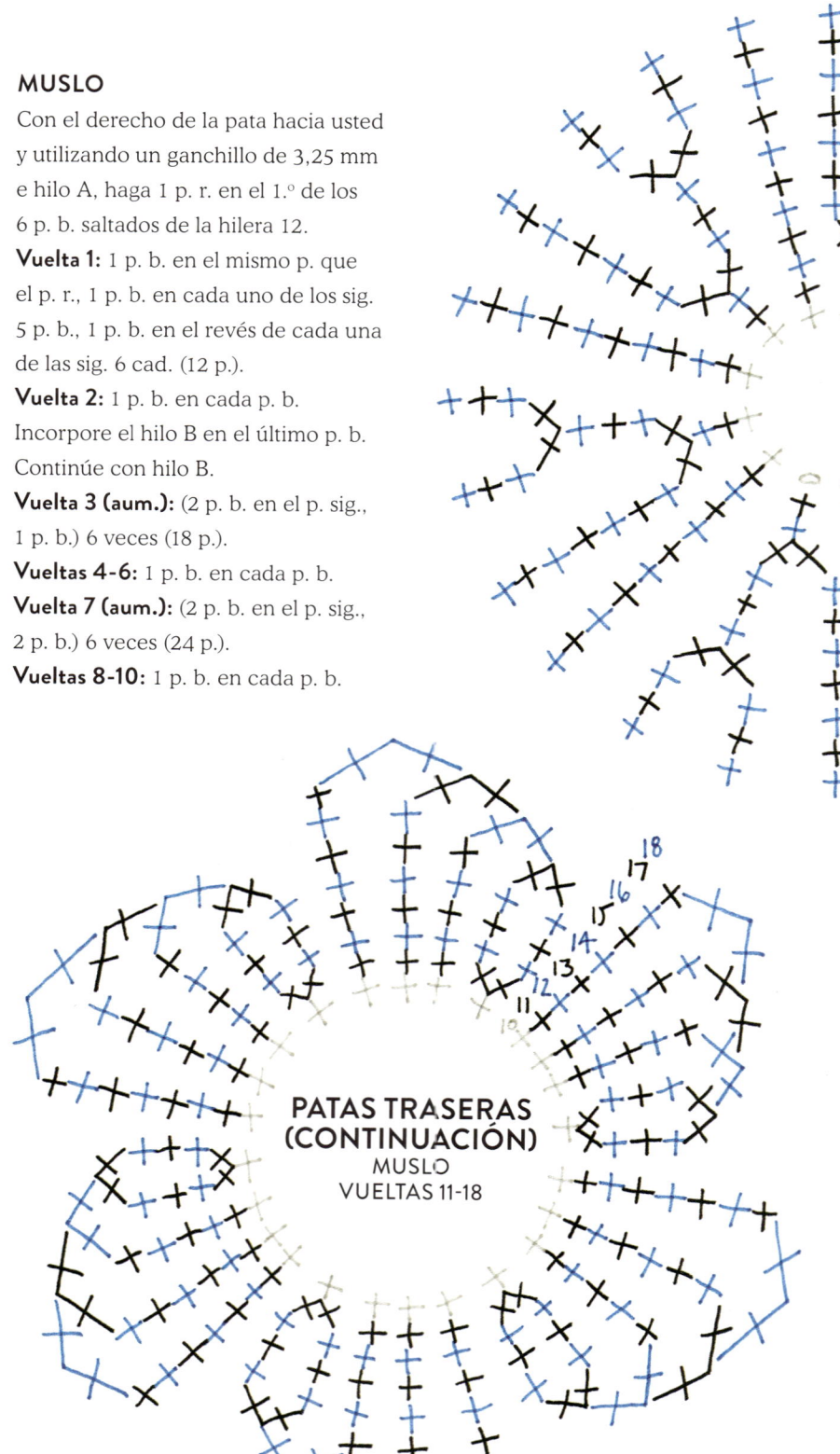

PATAS TRASERAS (CONTINUACIÓN)
MUSLO
VUELTAS 1-10

PATAS TRASERAS (CONTINUACIÓN)
MUSLO
VUELTAS 11-18

Vuelta 11 (aum.): (2 p. b. en el p. sig., 3 p. b.) 6 veces (30 p.).

Vueltas 12-14: 1 p. b. en cada p. b.

Vuelta 15 (dism.): (2 p. b. jun., 3 p. b.) 6 veces (24 p.).

Antes de continuar, rellene la pata.

Vuelta 16 (dism.): (2 p. b. jun., 2 p. b.) 6 veces (18 p.).

Vuelta 17 (dism.): (2 p. b. jun., 1 p. b.) 6 veces (12 p.).

Vuelta 18 (dism.): (2 p. b. jun.) 6 veces (6 p.).

Corte el hilo y páselo a través de los p. de la última vuelta. Tire del cabo para cerrar la labor y remátelo dejando un trozo largo de hilo B al final.

COLA

Con un ganchillo de 3,25 mm e hilo
A, haga 31 cad.

Hilera 1: 1 p. b. en la 2.ª cad. desde la
aguja, 1 p. b. en cada una de las sig.
28 cad., 3 p. b. en la última cad., 1 p.
b. en el revés de cada una de las sig.
29 cad., dele la vuelta (61 p.).

Hilera 2 (dism.): 2 cad., 10 p. m. a.,
(2 p. m. a. jun., 1 p. m. a.) 4 veces,
8 p. b., 3 p. b. en el p. sig., 8 p. b., (1 p.
m. a., 2 p. m. a. jun.) 4 veces, 10 p. m.
a. (55 p.).

Remate la labor dejando un cabo
largo al final.

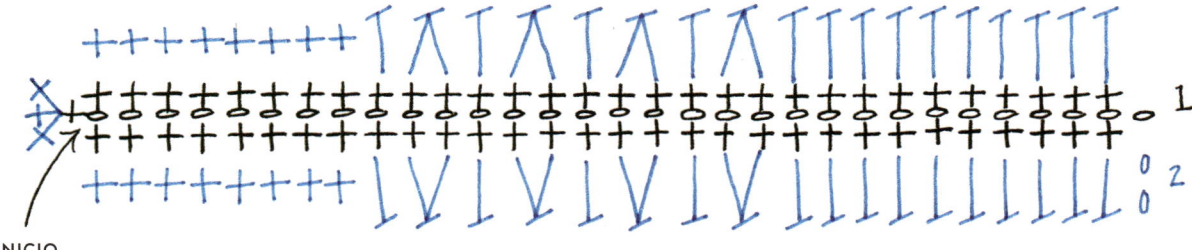

COLA
HILERAS 1 Y 2

INICIO

Montaje

CABEZA

Rellene la cabeza. Con los cabos que
ha dejado al rematar la labor, cósala
en su sitio, en el lugar que indica el
marcador de la parte superior del
cuerpo. Haga puntadas alrededor
de todo el borde del cuello. Si fuera
necesario, introduzca más relleno en
el cuello. Utilizando tres hebras del
hilo de bordar, haga las pupilas con
puntadas de satén y luego forme los
iris haciendo puntadas rectas alrededor (*véase* la página 170). Con hilo C,
borde la nariz con puntadas de satén.

OREJAS

Rellene las orejas ligeramente, de manera que queden planas. Cósalas en su
sitio, cerca de la parte posterior de la
cabeza, haciendo puntadas a lo largo
de los lados inferiores con los cabos
que ha dejado al rematar las piezas.

PATAS

Aplane la parte superior de las patas y
cósalas en su sitio, haciendo puntadas
por la parte superior de los muslos
con los cabos que ha dejado al rematar las piezas.

COLA

Doble la cola a lo largo y, con el cabo
que ha dejado al rematar la pieza, una
los bordes largos con un sobrehilado
(*véase* la página 169). Con la ayuda
del extremo de la aguja de ganchillo,
introduzca una pequeña cantidad de
relleno en la cola. Cósala en su sitio.

BIGOTES (OPCIONAL)

Incorpore tres bigotes en el cuerpo
de los puntos situados a los lados del
hocico (*véase* la página 171). Recorte
los extremos.

Esconda todos los cabos sueltos.

Gato de Bengala

PARA CREAR EL DISEÑO DEL PELAJE DEL GATO DE BENGALA, QUE COMBINA RAYAS Y UN ESTAMPADO DE LEOPARDO, SE UTILIZAN VARIOS COLORES.

Materiales

- Merino DK (ligero) de King Cole, 100 % lana merina superwash (140 m por ovillo de 50 g), o cualquier hilo ligero:
  1 x ovillo de 50 g de color 2612 Cream (A)
  1 x ovillo de 50 g de color 3327 Pebble (B)
  1 x ovillo de 50 g de color 2636 Chocolate (C)
  1 x ovillo de 50 g de color 2629 Gingerbread (D)
- Hilo de bordar separable verde, como Stranded Cotton de Anchor, tono 0215, para los ojos
- Hilo de bordar separable de color negro, como Stranded Cotton de Anchor, tono 0403, para las pupilas
- Hilo de bordar separable de color rosa/marrón, como Stranded Cotton de Anchor, tono 0883, para la nariz
- 6 trozos de 12 cm de hilo de nailon transparente de 0,3 mm, para los bigotes (opcionales; no adecuados para niños pequeños)
- Aguja de ganchillo de 3,25 mm

- Aguja lanera de punta roma
- Relleno para peluches

Tamaño

- El cuerpo mide unos21 cm de largo, desde la punta de la nariz hasta la parte posterior de las patas traseras
- Hace unos 17 cm de alto, desde la coronilla (sin contar las orejas)

Tensión

22 puntos y 24 hileras en una muestra de 10 cm tejida a punto bajo con un ganchillo de 3,25 mm. Si fuera necesario, utilice un ganchillo de mayor o menor calibre para obtener la tensión correcta.

Instrucciones

La cabeza, el cuerpo y las patas se trabajan en redondo y en hileras de puntos bajos utilizando cuatro colores para crear el estampado del pelaje. El cuello se teje con tres colores trabajando en hileras. Se empieza tejiendo en los puntos de la parte inferior del hocico y luego a lo largo de los bordes de las hileras que forman la coronilla. La orejas se trabajan en hileras. Cada una está compuesta por dos piezas que se unen tejiendo en cada punto de las dos piezas a la vez. La forma curvada de la cola se hace con puntos bajos y puntos medios altos; esta pieza se trabaja haciendo rayas de dos colores en alternancia. Los dedos de las patas se hacen tejiendo piñas, que aparecen en el revés del tejido. Los ojos y la nariz se bordan con hilos de bordar separables.

Cuando al inicio de una hilera o vuelta se hacen una o dos cadenetas, estas no cuentan como un punto.

Cabeza

Empezando en la parte delantera del hocico y utilizando un ganchillo de 3,25 mm e hilo A, haga un anillo mágico (*véase* la página 163).

Vuelta 1: 1 cad., 6 p. b. en el anillo (6 p.).

Vuelta 2 (aum.): 2 p. b. en cada uno de los 6 p., incorpore B en el último p. b. y desplace el hilo que no use por el revés de la labor (12 p.). Tire del cabo corto de hilo A para cerrar el anillo.

CARA

Se trabaja en hileras.

Hilera 1 (D.): 8 p. b. con B, 4 p. b. con A, dele la vuelta.

Hilera 2 (R.): 1 cad., 4 p. b. con A, 8 p. b. con B, 1 p. r. en el 1.er p. b., dele la vuelta.

Hilera 3 (aum.): Con B, 2 p. b. en el p. sig. e incorpore C en el último p. b.; con C, 1 p. b.; con B, 2 p. b. en el p. sig., 2 p. b., 2 p. b. en el p. sig.; con C, 1 p. b.; con B, 2 p. b. en el p. sig.; con A, 1 p. b., 2 p. b. en cada uno de los sig. 2 p., 1 p. b., dele la vuelta (18 p.).

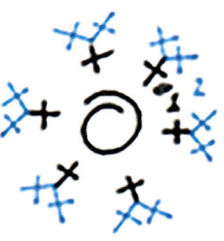

CABEZA
VUELTAS 1 Y 2

Hilera 4 (R.) (aum.): Con A, 1 cad., 6 p. b.; con B, 2 p. b. en el p. sig., 1 p. b.; con C, 2 p. b. en el p. sig.; con B, (1 p. b., 2 p. b. en el p. sig., 1 p. b.) 2 veces; con C, 2 p. b. en el p. sig.; con B, 1 p. b., 2 p. b. en el p. sig., 1 p. r. en el 1.er p. b., dele la vuelta (24 p.).

Hilera 5 (aum.): Con B, 2 p. b. en el p. sig., 1 p. b.; con C, 2 p. b.; con B, (1 p. b., 2 p. b. en el p. sig.) 2 veces; con C, 2 p. b.; con B, (2 p. b. en el p. sig., 1 p. b.) 2 veces; con C, 2 p. b.; con B, 1 p. b., 2 p. b. en el p. sig. acabando 6 p. antes de llegar al final, dele la vuelta (30 p.).

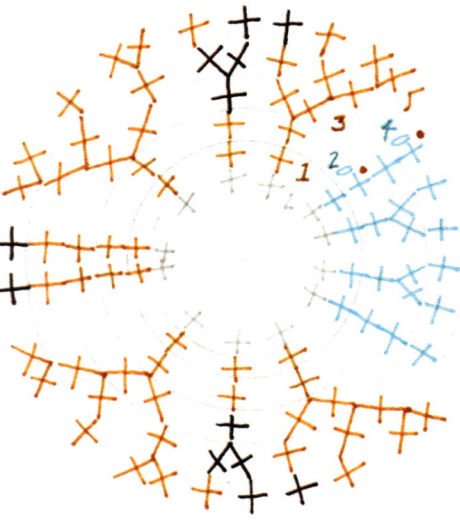

CARA
HILERAS 1-5

LEYENDA

○ ANILLO MÁGICO

◌ CADENETA (CAD.)

● PUNTO RASO (P. R.)

+ PUNTO BAJO (P. B.)

⋈ 2 P. B. EN EL MISMO P.

⋇ 3 P. B. EN EL MISMO P.

⋀ 2 P. B. JUN.

↑ PUNTO MEDIO ALTO (P. M. A.)

⊞ PIÑA

CORONILLA

Hilera 6: 1 cad., (3 p. b. con B, 1 p. b. con C) 2 veces, (1 p. b. con B, 1 p. b. con C) 2 veces, (1 p. b. con C, 1 p. b. con B) 2 veces, (1 p. b. con C, 3 p. b. con B) 2 veces, dele la vuelta. Siga tejiendo en estos 24 p.

Hilera 7: 1 cad., 5 p. b. con B, 1 p. b. con C, 3 p. b. con B, (1 p. b. con C, 1 p. b. con B, 1 p. b. con C) 2 veces, 3 p. b. con B, 1 p. b. con C, 5 p. b. con B, dele la vuelta.

Hilera 8: 1 cad., *4 p. b. con B, 1 p. b. con C, 4 p. b. con B**, 6 p. b. con C; repita desde * hasta **, dele la vuelta.

Hilera 9: 1 cad., 3 p. b. con B, 1 p. b. con C, 7 p. b. con B, 2 p. b. con C, 7 p. b. con B, 1 p. b. con C, 3 p. b. con B, dele la vuelta.

Hilera 10: 1 cad., 2 p. b. con B, 1 p. b. con B, 8 p. b. con B, 2 p. b. con C, 8 p. b. con B, 1 p. b. con C, 2 p. b. con B, dele la vuelta.

Hilera 11 (dism.): Con C, 1 cad., (1 p. b., 2 p. b. jun., 1 p. b.) 2 veces; 1 p. b. con B, 2 p. b. jun. con C, 2 p. b. con B, 2 p. b. jun. con C, 1 p. b. con B, (1 p. b., 2 p. b. jun., 1 p. b.) 2 veces con C, dele la vuelta (18 p.).

Hilera 12 (dism.): 1 cad., *2 p. b. jun. con C ; con B, 1 p. b., 2 p. b. jun., 1 p. b.; con C, 2 p. b. jun.**, 2 p. b. con B; repita desde * hasta **, dele la vuelta (12 p.).

Hilera 13 (dism.): Con C, 1 cad., (2 p. b. jun.) 2 veces; con B, (2 p. b. jun.) 2 veces; con C, (2 p. b. jun.) 2 veces (6 p.).

Remate la labor y pase el hilo C través de los últimos 6 p. Tire del cabo y remátelo.

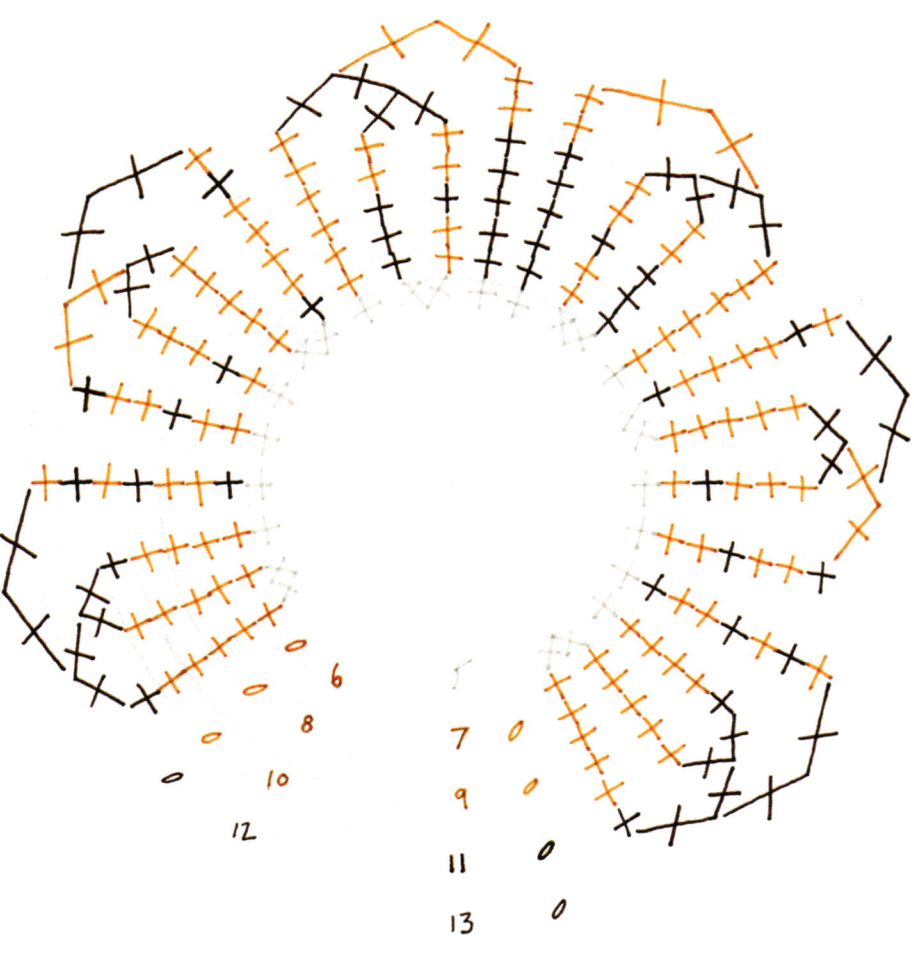

CORONILLA
HILERAS 6-13

LEYENDA DE COLORES

PARA LA CARA, LA CORONILLA, EL CUELLO, LA PARTE CENTRAL DEL CUERPO, LAS PATAS DELANTERAS, LAS PATAS TRASERAS: PATA Y MUSLO DERECHO, LA COLA: RAYAS

En los otros diagramas, las vueltas o hileras alternan azul y negro.

CUELLO

Con el derecho de la labor hacia usted y utilizando un ganchillo de 3,25 mm e hilo A, haga 1 p. r. en el 1.º de los 6 p. b. no trabajados de la hilera 4 de la cara.

Hilera 1 (D.): 1 p. b. en el mismo p. que el p. r., 5 p. b. Incorpore B en el último p. b. y teja 7 p. b. espaciados a intervalos regulares a lo largo del borde de las 8 hileras del 1.er lado de la cabeza, incorporando C en el 6.º p. y haciendo el último p. b. con C; haga 7 p. b. espaciados a intervalos regulares a lo largo del borde de las 8 hileras del otro lado de la cabeza, cambiando a B en los últimos 6 p. b., 1 p. r. en el 1.er p. b. con C, dele la vuelta (20 p.).

Hilera 2 (R.): 5 p. b. con C, 1 p. b. con B, 2 p. b. con C, 1 p. b. con B, 11 p. b. con C, dele la vuelta.

Hilera 3 (aum.): Con A, 1 cad., (1 p. b., 2 p. b. en el p. sig., 1 p. b.) 2 veces; con B, 1 p. b., 2 p. b. en el p. sig., 4 p. b.; con C, 2 p. b.; con B, 4 p. b., 2 p. b. en el p. sig., 1 p. b., 1 p. r. en el 1.er p. b., dele la vuelta (24 p.).

Hilera 4: 7 p. b. con B, 2 p. b. con C, 7 p. b. con B, 8 p. b. con A, dele la vuelta.

Hilera 5: 1 cad., 8 p. b. con A, 6 p. b. con C, 1 p. b. con B, 2 p. b. con C, 1 p. b. con B, 6 p. b. con C, no le dé la vuelta.

Después: 8 p. b. con C, 1 p. r. en el p. sig. y remate la labor dejando un cabo largo de hilo C.

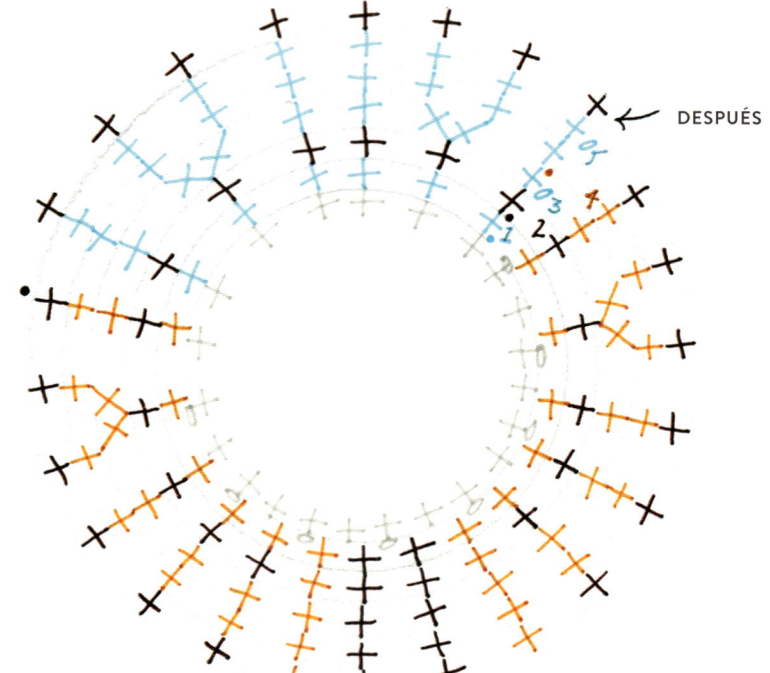

DESPUÉS

CUELLO
HILERAS 1-5 Y «DESPUÉS»

Orejas (haga 2)

Con un ganchillo de 3,25 mm e hilo A, haga 4 cad.

Hilera 1: 1 p. b. en la 2.ª cad. desde la aguja, 1 p. b. en la cad. sig., 3 p. b. en la cad. sig., 1 p. b. en el revés de cada una de las sig. 2 cad., dele la vuelta (7 p.).

Hilera 2 (aum.): 1 cad., 2 p. b. en el p. sig., 2 p. b., 3 p. b. en el p. sig., 2 p. b., 2 p. b. en el p. sig. (11 p.). Remate la labor dejando un cabo largo. Ha completado el interior de la oreja.

Con B, haga otra pieza igual, que será la parte exterior de la oreja. Al final, dé la vuelta a la labor y no remate el hilo.

UNIR LAS PIEZAS DE LA OREJA

Junte las dos piezas, con la parte del interior cara arriba.

Después: Teja 1 cad. y, a continuación, introduciendo el ganchillo por debajo de las 2 laz. de cada p. de la pieza interior y luego de la pieza exterior para unirlas, haga 2 p. b. en el p. sig., 4 p. b., 3 p. b. en el p. sig., 4 p. b., 2 p. b. en el p. sig. (15 p.). Remate la labor dejando un cabo largo.

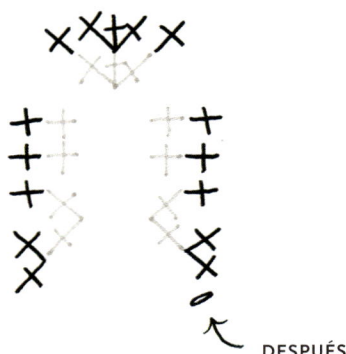

OREJAS
HILERAS 1 Y 2

UNIR LAS PIEZAS DE LA OREJA
INTRODUZCA EL GANCHILLO EN CADA PUNTO DE AMBAS PIEZAS A LA VEZ

Cuerpo

PARTE DELANTERA

Empezando por la parte delantera del cuerpo y utilizando un ganchillo de 3,25 mm e hilo A, haga 10 cad.

Hilera 1 (D.): 1 p. b. en la 2.ª cad. desde la aguja, 1 p. b. en cada una de las sig. 7 cad., 2 p. b. en la última cad., 1 p. b. en el revés de cada una de las sig. 8 cad., dele la vuelta (18 p.).

Hilera 2 (R.) (aum.): 1 cad., (2 p. b. en el p. sig., 2 p. b.) 6 veces, 1 p. r. en el 1.er p. b., dele la vuelta (24 p.).

Hilera 3 (aum.): (2 p. b. en el p. sig., 3 p. b.) 6 veces, dele la vuelta (30 p.).

Hilera 4: 1 cad., 1 p. b. en cada p. b., 1 p. r. en el 1.er p. b., dele la vuelta.

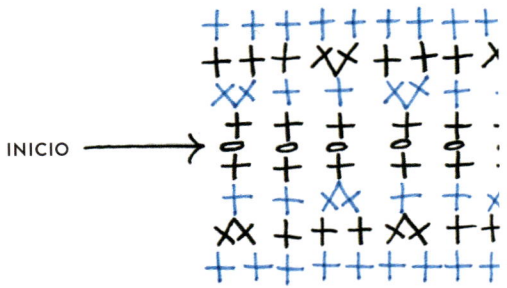

INICIO

PARTE DELANTERA
HILERAS 1-4

PARTE CENTRAL DEL CUERPO

Hilera 1 (D.): 3 p. b. Incorpore B en el último p. b. y desplace el hilo que no use por el revés de la labor. Con B, 24 p. b., dele la vuelta acabando 3 p. antes de llegar al final de la hilera.

Hilera 2 (R.): 1 cad., 24 p. b. con B, 6 p. b. con A, 1 p. r. en el 1.er p. b., dele la vuelta.

Hilera 3: 6 p. b. con A, 24 p. b. con B, dele la vuelta.

Hilera 4: 1 cad., 6 p. b. Incorpore C en el último p. b. y desplace el hilo que no use por el revés de la labor. 2 p. b. con C, 8 p. b. con B, 2 p. b. con C, 6 p. b. con B, 6 p. b. con A, 1 p. r. en el 1.er p. b., dele la vuelta.

Hilera 5: 6 p. b. con A, 6 p. b. con B, (2 p. b. con C, 3 p. b. con B) 2 veces, 2 p. b. con C, 6 p. b. con B, dele la vuelta.

Hilera 6: 1 cad., 7 p. b. con B, (2 p. b. con C, 2 p. b. con B) 2 veces, 2 p. b. con C, 7 p. b. con B, 6 p. b. con A, 1 p. r. en el 1.er p. b., dele la vuelta.

Hilera 7: 6 p. b. con A, 10 p. b. con B, 4 p. b. con C, 10 p. b. con B, dele la vuelta.

Hilera 8: 1 cad., 10 p. b. con B, 1 p. b. con C, 2 p. b. con B, 1 p. b. con C, 10 p. b. con B, 6 p. b. con A, 1 p. r. en el 1.er p. b., dele la vuelta.

Hilera 9: 6 p. b. con A, 2 p. b. con C, 2 p. b. con B, 4 p. b. con C, 1 p. b. con B, 2 p. b. con C, 2 p. b. con B, 2 p. b. con C, 1 p. b. con B, 4 p. b. con C, 2 p. b. con B, 2 p. b. con C, dele la vuelta.

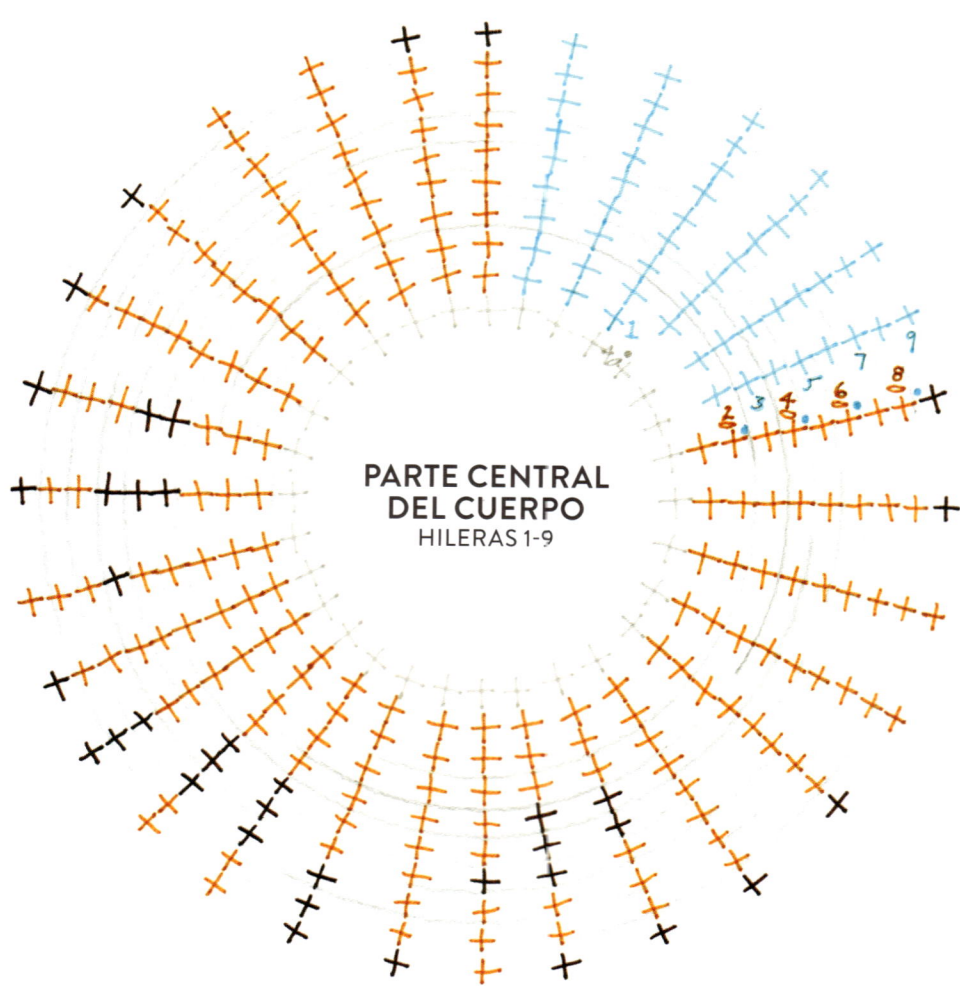

PARTE CENTRAL DEL CUERPO
HILERAS 1-9

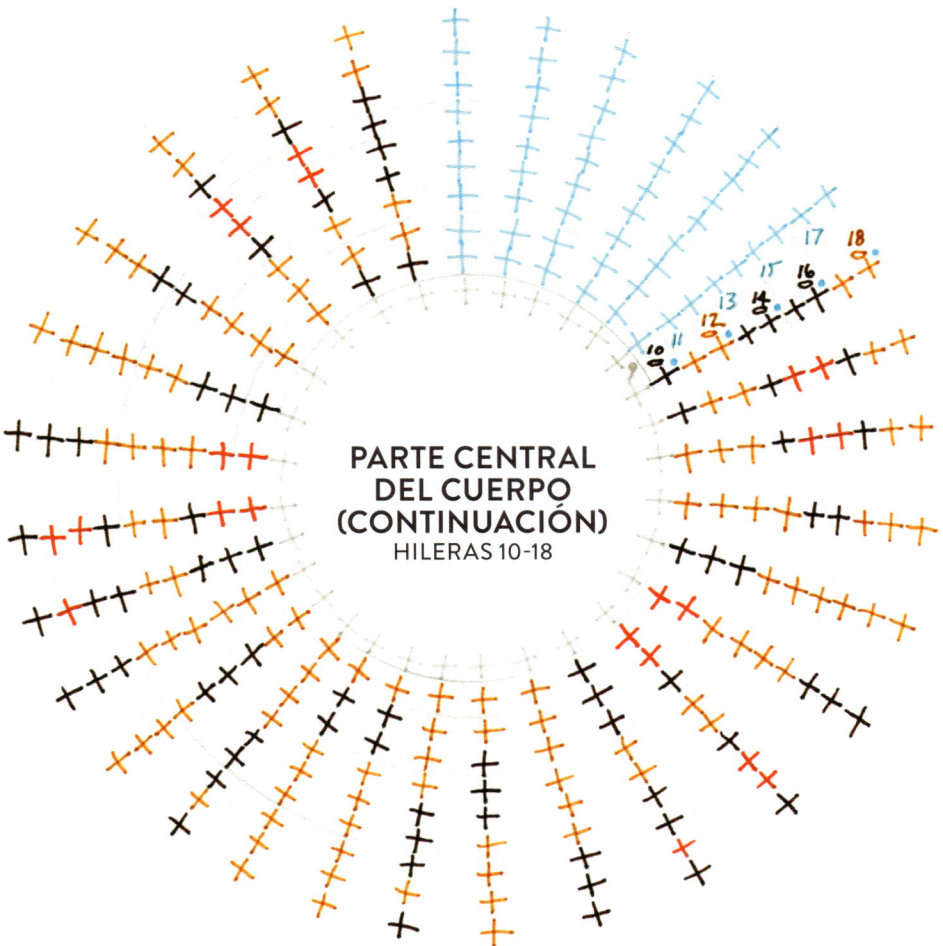

PARTE CENTRAL DEL CUERPO (CONTINUACIÓN)
HILERAS 10-18

Hilera 10: 1 cad., 2 p. b. con C, 2 p. b. con B, 1 p. b. con C. Incorpore D en el último p. b. y teja 2 p. b. con D, 1 p. b. con C, 8 p. b. con B, 1 p. b. con C, 2 p. b. con D, 1 p. b. con C, 2 p. b. con B, 2 p. b. con C, 6 p. b. con A, 1 p. r. en el 1.er p. b., dele la vuelta.

Hilera 11: 6 p. b. con A, 4 p. b. con B, 1 p. b. con C, 2 p. b. con D, 1 p. b. con C, 3 p. b. con B, 2 p. b. con C, 3 p. b. con B, 1 p. b. con C, 2 p. b. con D, 1 p. b. con C, 4 p. b. con B, dele la vuelta.

Hilera 12: 1 cad., 4 p. b. con B, (1 p. b. con C, 1 p. b. con B, 2 p. b. con C, 1 p. b. con B) 3 veces, 1 p. b. con C, 4 p. b. con B, 6 p. b. con A, 1 p. r. en el 1.er p. b., dele la vuelta.

Hilera 13: 6 p. b. con A, 3 p. b. con C, 6 p. b. con B, 1 p. b. con C, 4 p. b. con B, 1 p. b. con C, 6 p. b. con B, 3 p. b. con C, dele la vuelta.

Hilera 14: 1 cad., 1 p. b. con C, 2 p. b. con D, 1 p. b. con C, 5 p. b. con B, 2 p. b. con C, 2 p. b. con B, 2 p. b. con C, 5 p. b. con B, 1 p. b. con C, 2 p. b. con D, 1 p. b. con C, 6 p. b. con A, 1 p. r. en el 1.er p. b., dele la vuelta.

Hilera 15: 6 p. b. con A, 1 p. b. con C, 2 p. b. con D, *1 p. b. con C, 2 p. b. con B, 2 p. b. con C, 2 p. b. con B, 1 p. b. con C**, 2 p. b. con B; repita desde * hasta **, 2 p. b. con D, 1 p. b. con C, dele la vuelta.

Hilera 16: 1 cad., 3 p. b. con C, 2 p. b. con B, 1 p. b. con C, 1 p. b. con D,

2 p. b. con C, (1 p. b. con B, 1 p. b. con C, 1 p. b. con B) 2 veces, 2 p. b. con C, 1 p. b. con D, 1 p. b. con C, 2 p. b. con B, 3 p. b. con C, 6 p. b. con A, 1 p. r. en el 1.er p. b., dele la vuelta.

Hilera 17: 6 p. b. con A, 5 p. b. con B, 1 p. b. con C, 2 p. b. con D, 1 p. b. con C, 6 p. b. con B, 1 p. b. con C, 2 p. b. con D, 1 p. b. con C, 5 p. b. con B, dele la vuelta.

Hilera 18: 1 cad., 5 p. b. con B, 4 p. b. con C, (1 p. b. con B, 1 p. b. con C, 1 p. b. con B) 2 veces, 4 p. b. con C, 5 p. b. con B, 6 p. b. con A, 1 p. r. en el 1.er p. b., dele la vuelta.

Hilera 19: 6 p. b. con A, 1 p. b. con B, 1 p. b. con C, 2 p. b. con D, 6 p. b. con B, 1 p. b. con C, 2 p. b. con B, 1 p. b. con C, 6 p. b. con B, 2 p. b. con D, 1 p. b. con C, 1 p. b. con B, dele la vuelta.

Hilera 20: 1 cad., 1 p. b. con B, 4 p. b. con C, 5 p. b. con B, 1 p. b. con C, 2 p. b. con B, 1 p. b. con C, 5 p. b. con B, 4 p. b. con C, 1 p. b. con B, 6 p. b. con A, 1 p. r. en el 1.er p. b., dele la vuelta.

Hilera 21: 6 p. b. con A, 7 p. b. con B, 2 p. b. con C, (1 p. b. con B, 1 p. b. con C, 1 p. b. con B) 2 veces, 2 p. b. con C, 7 p. b. con B, dele la vuelta.

Hilera 22: 1 cad., 7 p. b. con B, 2 p. b. con C, 6 p. b. con B, 2 p. b. con C, 7 p. b. con B, 6 p. b. con A, 1 p. r. en el 1.er p. b., dele la vuelta.

Hilera 23: 6 p. b. con A, 8 p. b. con B, 2 p. b. con C, (1 p. b. con B, 2 p. b. con C) 2 veces, 8 p. b. con B, dele la vuelta.

Hilera 24: 1 cad., 8 p. b. con B, (2 p. b. con C, 1 p. b. con B) 2 veces, 2 p. b. con C, 8 p. b. con B, 6 p. b. con A, 1 p. r. en el 1.er p. b., dele la vuelta.

Hileras 25 y 26: Repita las hileras 23 y 24.

Hilera 27: 6 p. b. con A, 11 p. b. con B, 2 p. b. con C, 11 p. b. con B, no le dé la vuelta.

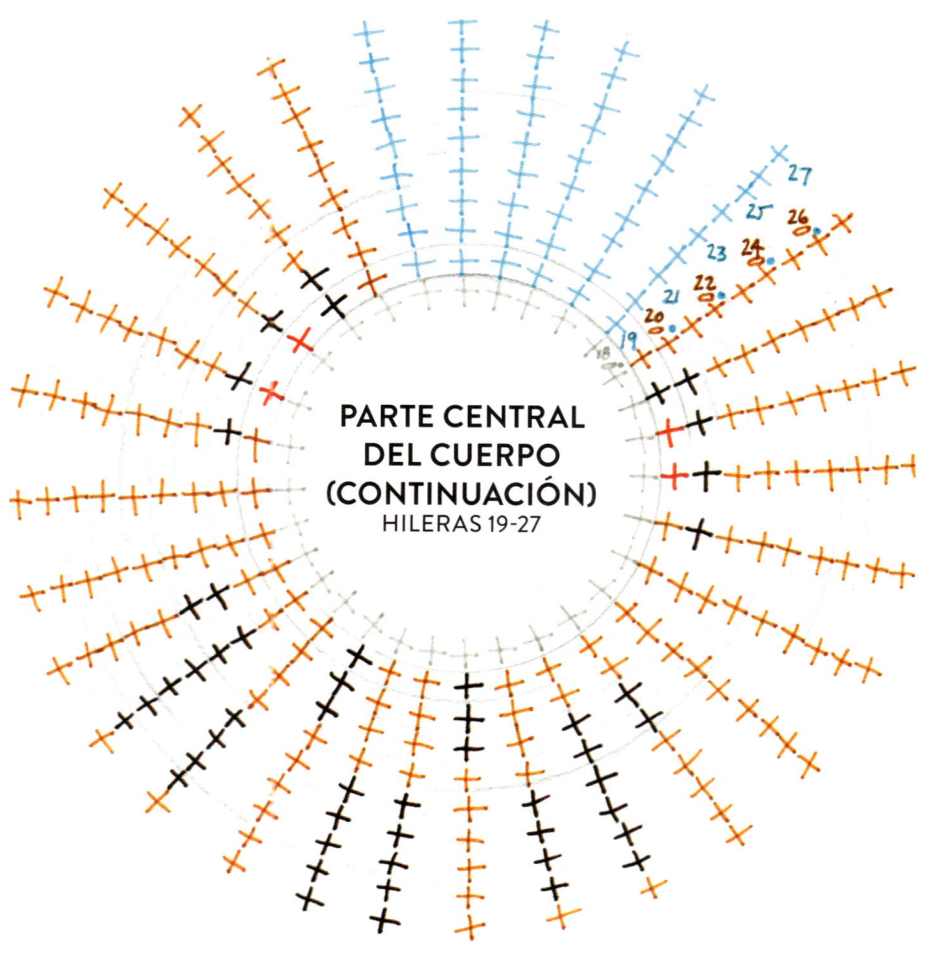

PARTE CENTRAL
DEL CUERPO
(CONTINUACIÓN)
HILERAS 19-27

PARTE TRASERA DEL CUERPO

Se trabaja en redondo.

Continúe con hilo B.

Vuelta 1 (dism.): (2 p. b. jun., 3 p. b.) 6 veces (24 p.).

Antes de continuar, rellene el cuerpo.

Vuelta 2 (dism.): (2 p. b. jun., 2 p. b.) 6 veces (18 p.).

Vuelta 3 (dism.): (2 p. b. jun., 1 p. b.) 6 veces (12 p.).

Vuelta 4 (dism.): (2 p. b. jun.) 6 veces (6 p.).

Corte el hilo y páselo a través de los últimos 6 p. Tire del cabo para cerrar la labor. Remate el hilo.

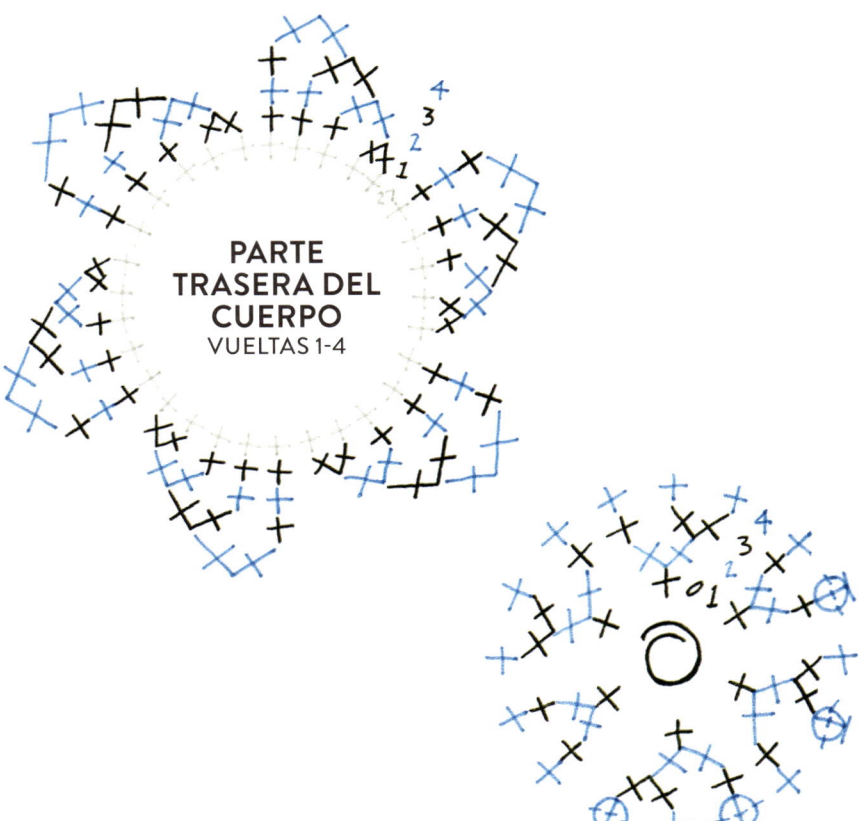

PARTE TRASERA DEL CUERPO
VUELTAS 1-4

Patas delanteras
(haga 2)

DEDOS DE LA PATA DERECHA

Las piñas aparecen en el revés del tejido. Esto será el derecho de la labor. En la página 166 encontrará las instrucciones para hacer piñas. Empezando en la base de la pata y utilizando un ganchillo de 3,25 mm e hilo B, haga un anillo mágico.

Vuelta 1 (R.): 1 cad., 6 p. b. en el anillo (6 p.).

Vuelta 2 (aum.): 2 p. b. en cada uno de los 6 p. (12 p.). Tire del cabo corto para cerrar el anillo.

Vuelta 3 (aum.): (2 p. b. en el p. sig., 2 p. b.) 4 veces (16 p.).

Vuelta 4: 1 p. b. en cada uno de los sig. 8 p. b.; (1 piña, 1 p. b. en el sig. p. b.) 4 veces, dele la vuelta.

PATA DERECHA

Se trabaja en hileras.

Hilera 1 (D.) (dism.): 1 cad., 1 p. b. en el 1.er p. b., (1 p. b., 2 p. b. jun.) 2 veces, 9 p. b. (14 p.).

Hilera 2 (R.) (dism.): 1 cad., 8 p. b., (2 p. b. jun., 1 p. b.) 2 veces, dele la vuelta (12 p.).

Hileras 3 y 4: 1 cad., 1 p. b. en cada p. b., dele la vuelta.

Incorpore C en el último p. b. y desplace el hilo que no use por el revés de la labor.

PATAS DELANTERAS
DEDOS DE LA PATA DERECHA
VUELTAS 1-4

**PATAS DELANTERAS
(CONTINUACIÓN)**
PATA DERECHA
VUELTAS 1-4

PATA

Hilera 5: 1 cad., 6 p. b. con C, 6 p. b. con B, dele la vuelta.

Hilera 6: 1 cad., 1 p. b. en cada p. b. con B, dele la vuelta.

Hilera 7: Repita la hilera 5.

Hileras 8 y 9: 1 cad., 1 p. b. en cada p. b. con B, dele la vuelta.

Hilera 10: 1 cad., 2 p. b. con B, 8 p. b. con C, 2 p. b. con B, dele la vuelta.

Hilera 11: 1 cad., 4 p. b. con B, 4 p. b. con C, 4 p. b. con B, dele la vuelta.

Hileras 12 y 13: 1 cad., 1 p. b. en cada p. b. con B, dele la vuelta.

Hilera 14 (aum.): 1 cad., 3 p. b. con B; con C, (2 p. b. en el p. sig., 3 p. b.) 2 veces, 2 p. b. en el p. sig., dele la vuelta (15 p.).

Hilera 15: 1 cad., 3 p. b. con B, 7 p. b. con C, 5 p. b. con B, dele la vuelta.

Hilera 16 (aum.): 1 cad., (2 p. b. en el p. sig., 4 p. b.) 3 veces con B, dele la vuelta (18 p.).

Hilera 17: 1 cad., 4 p. b. con B, 2 p. b. con C, 12 p. b. con B, dele la vuelta.

Hilera 18: 1 cad., 5 p. b. con B, 2 p. b. con C, 2 p. b. con B, 1 p. b. con C, 1 p. b. con B, 2 p. b. con C, 5 p. b. con B, dele la vuelta.

Hilera 19: 1 cad., 8 p. b. con B, 2 p. b. con C, 1 p. b. con B, 3 p. b. con C, 4 p. b. con B, dele la vuelta. Continúe con hilo B.

Hilera 20 (dism.): 1 cad., (2 p. b. jun., 1 p. b.) 6 veces, dele la vuelta (12 p.).

Hilera 21 (dism.): 1 cad., (2 p. b. jun.) 6 veces (6 p.).

Remate la labor dejando un cabo largo de hilo B al final.

DEDOS DE LA PATA IZQUIERDA

Empezando en la base de la pata y utilizando un ganchillo de 3,25 mm e hilo B, haga un anillo mágico.

Vueltas 1-3: Como las vueltas 1-3 de los dedos de la pata delantera derecha.

Vuelta 4: (1 p. b., 1 piña) 4 veces, 8 p. b. No le dé la vuelta.

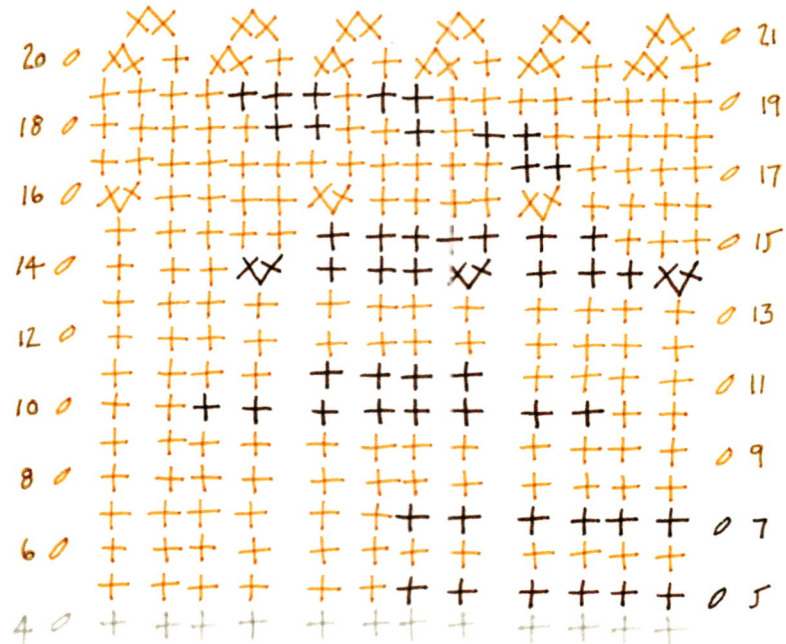

PATAS DELANTERAS (CONTINUACIÓN)
PATA
HILERAS 5-21

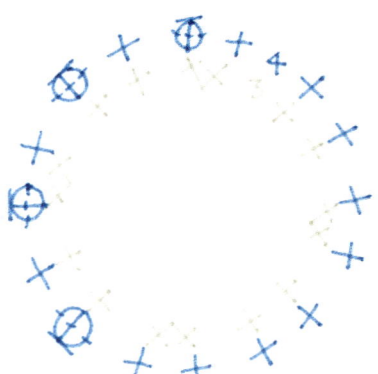

PATAS DELANTERAS (CONTINUACIÓN)
DEDOS DE LA PATA IZQUIERDA
VUELTA 4

PATA IZQUIERDA

Se trabaja en hileras.

Hilera 1 (R.) (dism.): 1 p. b., (1 p. b., 2 p. b. jun.) 2 veces, 9 p. b., dele la vuelta.

Hilera 2 (D.) (dism.): 1 cad., 8 p. b., (2 p. b. jun., 1 p. b.) 2 veces, dele la vuelta (12 p.).

Hileras 3 y 4: Como las hileras 3 y 4 de la pata derecha.

PATA

Hileras 5-21: Como las hileras 5-21 de la pata derecha.

Remate la labor dejando un cabo largo de hilo B al final.

Patas traseras

DEDOS DE LA PATA DERECHA

Empezando en la base de la pata y utilizando un ganchillo de 3,25 mm e hilo B, haga un anillo mágico.

Vueltas 1-4 (R.): Como las vueltas 1-4 de los dedos de la pata delantera derecha.

Vuelta 5 (D.) (dism.): 1 cad., 1 p. b. en el 1.er p. b., (1 p. b., 2 p. b. jun.) 2 veces, 9 p. b. (14 p.).

Vuelta 6 (dism.): (1 p. b., 2 p. b. jun.) 2 veces, 8 p. b. (12 p.).

Vueltas 7 y 8: 1 p. b. en cada p. b. Incorpore C en el último p. b. y desplace el hilo que no use por el revés de la labor.

PATA

Vuelta 9: 6 p. b. con C, 6 p. b. con B.

Vueltas 10 y 11: 1 p. b. en cada p. b. con B.

Vuelta 12: 1 p. b. con B, 6 p. b. con C, 5 p. b. con B.

PATAS DELANTERAS (CONTINUACIÓN)
PATA IZQUIERDA
HILERAS 1 Y 2

PATAS TRASERAS
DEDOS DE LA PATA DERECHA
VUELTAS 5-8

PATAS TRASERAS (CONTINUACIÓN)
PATA
VUELTAS 9-12

PARTE POSTERIOR DE LA PATA

Continúe con hilo B.

Vuelta 13: 1 p. b. en el sig. p. b., acabando en un lado de la pata; 6 cad., sáltese los 6 p. b. de la parte delantera de la pata, 5 p. b.

Vuelta 14: 1 p. b. en el sig. p. b., 1 p. b. en cada una de las sig. 6 cad., 1 p. b. en cada uno de los sig. 5 p. b. Corte el hilo y páselo a través de los p. de la última vuelta. Tire del cabo para cerrar la labor y remátelo.

MUSLO DERECHO

Con el derecho de la pata hacia usted y utilizando un ganchillo de 3,25 mm, incorpore B con 1 p. r. en el 1.º de los 6 p. b. saltados de la hilera 12.

Hilera 1 (D.): 1 p. b. en el mismo p. que el p. r., 1 p. b. en cada uno de los sig. 5 p. b., 1 p. b. en el revés de cada una de las sig. 6 cad., dele la vuelta (12 p.).

Hilera 2 (R.): 1 cad., 1 p. b. en cada p. b., dele la vuelta. Incorpore C en el último p. b. y desplace el hilo que no use por el revés de la labor.

Hilera 3 (aum.): Con C, 1 cad., (2 p. b. en el p. sig., 1 p. b.) 6 veces, dele la vuelta (18 p.).

Hilera 4: 1 cad., 9 p. b. con B, 9 p. b. con C, dele la vuelta.

Hileras 5 y 6: Con B; 1 cad., 1 p. b. en cada p. b., dele la vuelta.

Hilera 7 (aum.): Con C, 1 cad., (2 p. b., 2 p. b. en el p. sig.) 6 veces, dele la vuelta (24 p.).

Hilera 8: Con C, 1 cad., 1 p. b. en cada p. b., dele la vuelta.

Hilera 9: Con B, 1 cad., 1 p. b. en cada p. b., dele la vuelta.

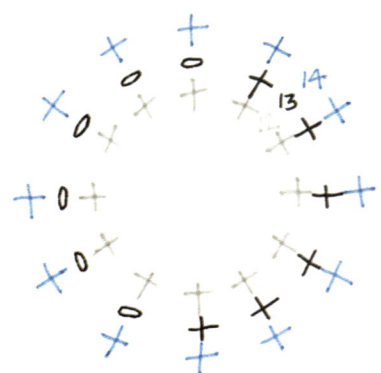

PATAS TRASERAS (CONTINUACIÓN)
PARTE POSTERIOR DE LA PATA
VUELTAS 13 Y 14

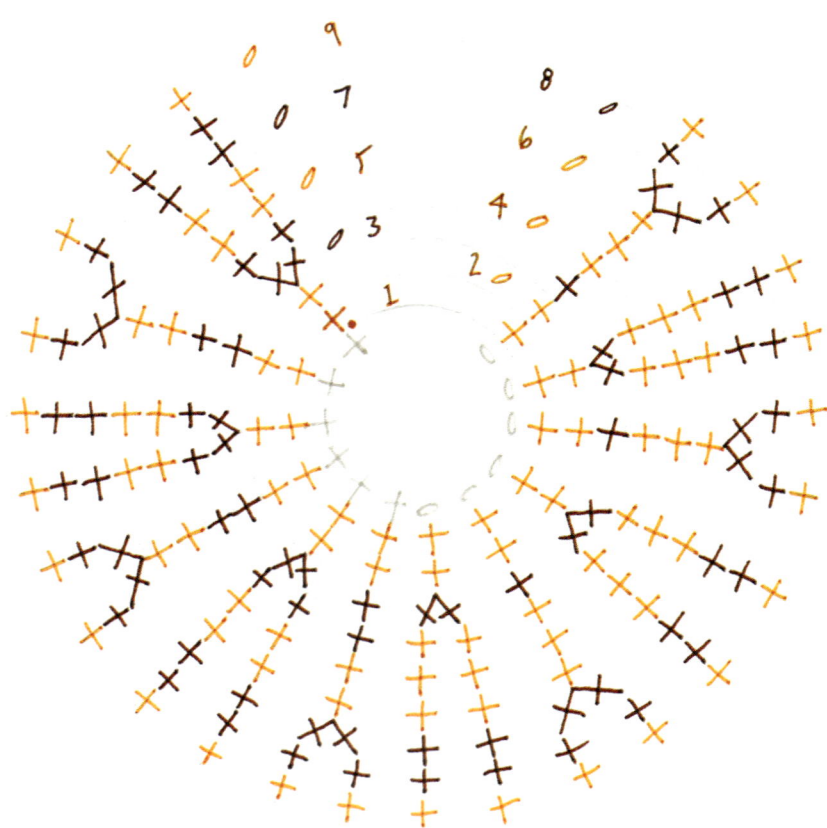

PATAS TRASERAS (CONTINUACIÓN)
MUSLO DERECHO
HILERAS 1-9

Hilera 10: 1 cad., 7 p. b. con B, 2 p. b. con C, incorpore D en el último p. b. y haga 2 p. b. con D, 13 p. b. con B, dele la vuelta.

Hilera 11 (aum.): Con C, 1 cad., (2 p. b. en el p. sig., 3 p. b.) 2 veces, 2 p. b. en el p. sig., 2 p. b.; con B, 1 p. b.; con C, 2 p. b. en el p. sig.; con D, 2 p. b.; con C, 1 p. b., 2 p. b. en el p. sig.; con B, 3 p. b., 2 p. b. en el p. sig., 3 p. b., dele la vuelta (30 p.).

Hilera 12: 1 cad., 11 p. b. con B, 2 p. b. con C, 5 p. b. con B, 12 p. b. con C, dele la vuelta.

Hilera 13: 1 cad., 20 p. b. con B, 2 p. b. con C, 8 p. b. con B, dele la vuelta.

Hilera 14: 1 cad., 8 p. b. con B, 1 p. b. con C, 2 p. b. con D, 1 p. b. con C, 1 p. b. con B, 5 p. b. con C, 12 p. b. con B, dele la vuelta.

Hilera 15 (dism.): Con B, 1 cad., (3 p. b., 2 p. b. jun.) 2 veces, 2 p. b.; con C, 1 p. b.; con D, 2 p. b. jun., 1 p. b.; con C, 1 p. b.; con B, 1 p. b.; con C, 2 p. b. jun., 2 p. b.; con B, 1 p. b., 2 p. b. jun., 3 p. b., 2 p. b. jun., dele la vuelta (24 p.).

Hilera 16 (dism.): Con B, 1 cad., (2 p. b., 2 p. b. jun.) 2 veces, 2 p. b.; con C, 2 p. b. jun., 2 p. b.; con B. (2 p. b. jun., 2 p. b.) 2 veces, 2 p. b. jun., dele la vuelta (18 p.).

Continúe con hilo B.

Hilera 17 (dism.): 1 cad., (1 p. b., 2 p. b. jun.) 6 veces (12 p.).

Hilera 18 (dism.): (2 p. b. jun.) 6 veces (6 p.).

Remate la labor dejando un cabo largo de hilo B al final.

DEDOS DE LA PATA IZQUIERDA

Empezando en la base de la pata y utilizando un ganchillo de 3,25 mm e hilo B, haga un anillo mágico.

Vueltas 1-14: Como las vueltas 1-14 de los dedos de la pata trasera derecha.

MUSLO IZQUIERDO

Siga los diagramas del muslo derecho. Con el revés de la pata hacia usted y utilizando un ganchillo de 3,25 mm, incorpore B con 1 p. r. en el 1.º de los 6 p. b. saltados de la hilera 12.

Hilera 1 (R.): 1 p. b. en el mismo p. que el p. r., 1 p. b. en cada uno de los sig. 5 p. b., 1 p. b. en el revés de cada una de las sig. 6 cad., dele la vuelta (12 p.).

Hilera 2 (D.): 1 cad., 1 p. b. en cada p. b., dele la vuelta. Incorpore C en el último p. b. y desplace el hilo que no use por el revés de la labor.

Hileras 3-18: Como las hileras 3-18 del muslo derecho.

Remate la labor dejando un cabo largo de hilo B al final.

PATAS TRASERAS (CONTINUACIÓN)
MUSLO DERECHO
HILERAS 10-18

Cola

PUNTA

Con un ganchillo de 3,25 mm e hilo C, haga un anillo mágico.

Vuelta 1: 1 cad., 6 p. b. en el anillo (6 p.).

Vuelta 2 (aum.): (2 p. b. en el p. sig., 1 p. b.) 3 veces (9 p.). Tire del cabo corto para cerrar el anillo.

Vueltas 3-7: 1 p. b. en cada p. b. Incorpore B en el último p. b. y desplace el hilo que no use por el revés de la labor.

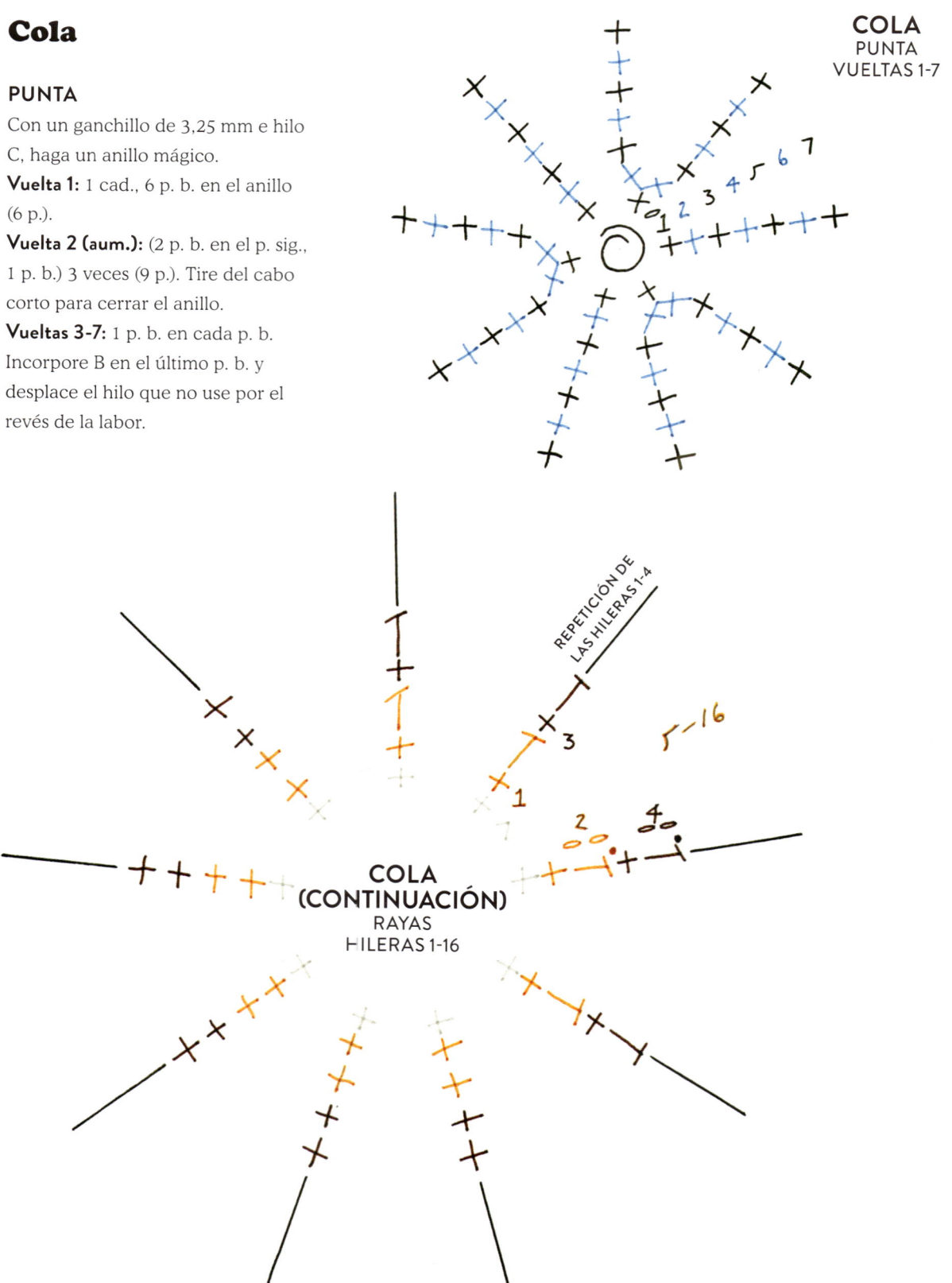

COLA
PUNTA
VUELTAS 1-7

REPETICIÓN DE LAS HILERAS 1-4

5-16

COLA (CONTINUACIÓN)
RAYAS
HILERAS 1-16

RAYAS

Se trabajan en hileras.

Hilera 1 (D.): Con B, 1 p. b. en cada p., dele la vuelta.

Hilera 2 (R.): 2 cad., 2 p. m. a., 5 p. b., 2 p. m. a., 1 p. r. en el 1.er p. m. a., dele la vuelta.

Hileras 3 y 4: Repita las hileras 1 y 2 con hilo C, dele la vuelta.

Hileras 5-16: Repita 3 veces las hileras 1-4.

Hilera 17: Repita la hilera 1.

Hilera 18: 1 cad., 1 p. b. en cada p. b. con B, 1 p. r. en el 1.er p. b., dele la vuelta.

Hileras 19 y 20: Repita las hileras 17 y 18 con hilo C.

Hileras 21 y 22: Repita las hileras 17 y 18 con hilo B.

Remate la labor dejando un cabo largo de hilo B.

COLA (CONTINUACIÓN)
RAYAS
HILERAS 17-22

Montaje

CABEZA

Rellene la cabeza. Con el cabo que ha dejado al rematar la pieza, cósala en su sitio. Haga puntadas alrededor de todo el borde del cuello. Si fuera necesario, introduzca más relleno en el cuello. Con tres hebras del hilo de bordar, haga la nariz con puntadas de satén (*véase* la página 170). Borde también las pupilas de los ojos con puntadas de satén y luego forme los iris haciendo puntadas rectas a su alrededor (*véase* la página 170).

OREJAS

Rellene las orejas ligeramente, de manera que queden planas. Cósalas en su sitio, cerca de la parte posterior de la cabeza, haciendo puntadas a lo largo de los lados inferiores con los cabos que ha dejado al rematar las piezas.

PATAS

Pase el cabo suelto por los puntos de la última hilera. Tire del cabo para cerrar la labor. Cosa juntos los bordes de la pata, haciendo coincidir las hileras y rellenándola a medida que la cose. Aplane la parte superior de cada pata colocando la costura en el centro de la parte interna, que irá pegada al cuerpo. Cosa las patas al cuerpo, haciendo puntadas por la parte superior de los muslos con los cabos que ha dejado al rematar las piezas.

COLA

Rellene la cola. Cósala en su sitio con el cabo que ha dejado al rematar la pieza y colocando los bordes unidos de las hileras en la parte de detrás.

BIGOTES (OPCIONAL)

Incorpore tres bigotes en el cuerpo de los puntos situados a los lados del hocico (*véase* la página 171). Recorte los extremos.

Esconda todos los cabos sueltos.

Maine Coon

LOS MAINE COON SON MÁS GRANDES QUE LOS GATOS ESTÁNDARES,
ASÍ QUE ESTE PROYECTO ES DE MAYOR TAMAÑO. EL LARGO PELAJE
ATIGRADO SE TRABAJA CON HILO JASPEADO.

Materiales

- Spirit de Scheepjes, 56 % algodón, 44 % acrílico
  (210 m por ovillo de 50 g), o cualquier hilo ligero:
  1 x ovillo de 50 g de color 302 Wolf (A)
  2 x ovillo de 50 g de color 305 Gazelle (B)
- Hilo de bordar separable de color verde, como
  Stranded Cotton de Anchor, tono 0266, para
  los ojos
- Hilo de bordar separable de color negro, como
  Stranded Cotton de Anchor, tono 0403, para
  las pupilas
- Hilo de bordar separable de color gris, como
  Stranded Cotton de Anchor, tono 0397, para el
  peludo interior de las orejas
- 6 trozos de 18 cm de hilo de nailon transparente
  de 0,3 mm, para los bigotes (opcionales; no
  adecuados para niños pequeños)

- Aguja de ganchillo de 3,25 mm
- Aguja lanera de punta roma
- Relleno para peluches

Tamaño

- El cuerpo mide unos 27 cm de largo, desde la
  punta de la nariz hasta la parte posterior de las
  patas traseras
- Hace unos 23 cm de alto, desde la coronilla
  (sin contar las orejas)

Tensión

25 puntos y 25 hileras en una muestra de 10 cm
tejida a punto bajo con un ganchillo de 3,25 mm.
Si fuera necesario, utilice un ganchillo de mayor
o menor calibre para obtener la tensión correcta.

Instrucciones

La cabeza, el cuerpo y las patas se trabajan en redondo y en hileras de puntos bajos. La primera hilera del hocico se teje en las lazadas delanteras de la hilera anterior, y la forma se crea con una combinación de puntos bajos, puntos medios altos y puntos altos. Las lazadas traseras se trabajan al empezar a hacer el resto de la cabeza. El cuello se teje en redondo, trabajando en los puntos de la parte inferior del hocico y luego a lo largo de los bordes de las hileras que forman la coronilla. La orejas se trabajan en hileras. Cada una está compuesta por dos piezas que se unen tejiendo en cada punto de las dos piezas a la vez. Las zonas más peludas del pelaje del gato se forman con bucles. La melena leonina se teje por separado y luego se desliza por la cabeza y se cose en su sitio. La cola se trabaja en hileras; la curva se forma al disminuir puntos en las últimas hileras. Los bordes largos de la cola se cosen juntos y, después, se inserta una pequeña cantidad de relleno antes de coserla en su sitio. Las patas se tejen en vueltas continuas e hileras de puntos bajos. Los dedos de las patas se crean tejiendo piñas. Dado que las piñas aparecen en el revés de la labor, hay que dar la vuelta al tejido una vez completados los dedos; después, se sigue tejiendo por el derecho. Los muslos se forman con hileras de puntos bajos y bucles. Se incorporan trozos de hilo en los puntos que rodean la cara, cerca de los bordes de la melena. Se sigue el mismo método para añadir los pelos situados entre los dedos de las patas y en la punta de las orejas. Los pelos más finos de las orejas se hacen con hilo de bordar. Los ojos y la nariz se bordan con hilos de bordar y de ganchillo.

Cuando al inicio de una hilera o vuelta se hacen una o dos cadenetas, estas no cuentan como un punto.

Hocico

Con un ganchillo de 3,25 mm e hilo A, haga un anillo mágico (*véase* la página 163).
Vuelta 1: 1 cad., 6 p. b. en el anillo (6 p.).
Vuelta 2 (aum.): 2 p. b. en cada uno de los 6 p. (12 p.). Tire del cabo corto para cerrar el anillo.
Vuelta 3 (aum.): (2 p. b. en el p. sig., 1 p. b.) 6 veces (18 p.).
Vuelta 4 (aum.): (2 p. b. en el p. sig., 2 p. b.) 6 veces (24 p.).

PARTE DELANTERA DEL

HOCICO

Hilera 1: 1 p. b. en la laz. del. de cada uno de los sig. 16 p., dele la vuelta.
Hilera 2: Sáltese el 1.er p. b., (1 p. b., 1 p. m. a., 3 p. a., 1 p. m. a., 1 p. b.) 2 veces. Incorpore B en el último p. b. y desplace el hilo que no use por el revés de la labor. Con B, 1 p. r. en el sig. p. b., dele la vuelta.

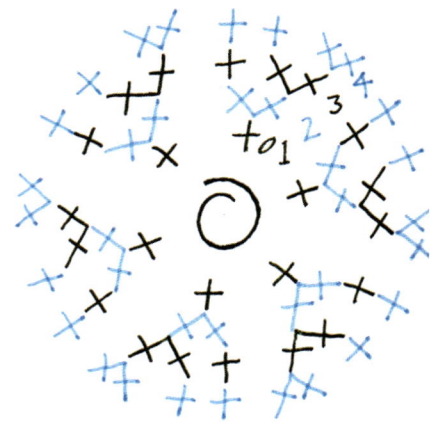

HOCICO
VUELTAS 1-4

LEYENDA DE COLORES

PARA LA CARA, LA PARTE CENTRAL DEL CUERPO Y LA MELENA
En los otros diagramas, las vueltas o hileras alternan azul y negro.

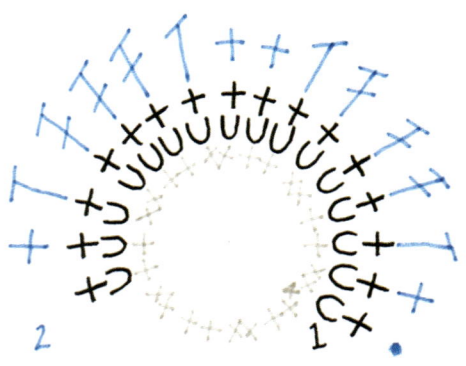

PARTE DELANTERA DEL HOCICO
HILERAS 1 Y 2

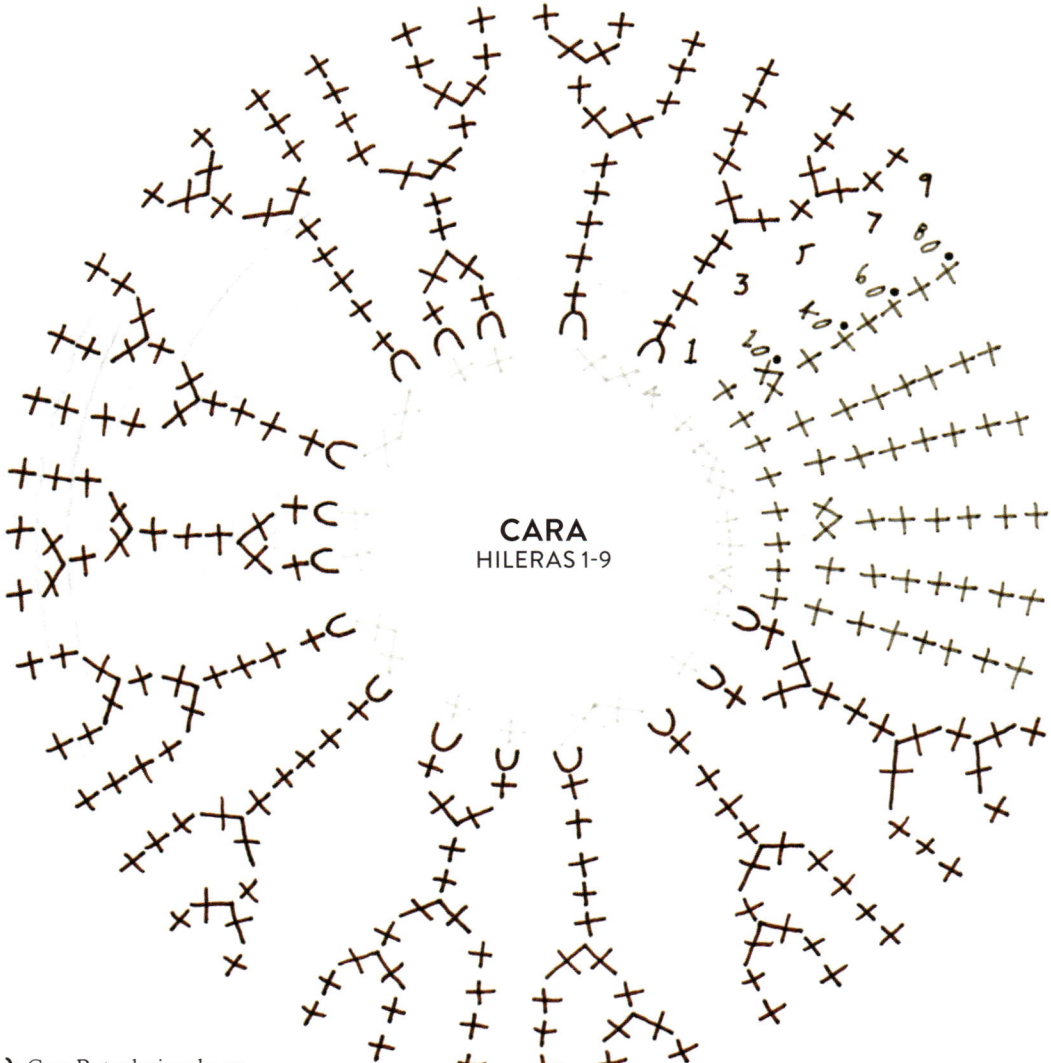

CARA
HILERAS 1-9

CARA

Hilera 1 (D.): Con B, trabajando en la laz. tras. de los p. de la vuelta 4 del hocico, haga 16 p. b.; con A, 8 p. b. tejidos en ambas laz. de los p., dele la vuelta.

Hilera 2 (R.) (dism.): Con A, 1 cad., (2 p. b. jun., 2 p. b.) 2 veces; con B, (2 p. b. jun, 2 p. b.) 4 veces, 1 p. r. en el 1.er p. b., dele la vuelta (18 p.).

Hilera 3: 12 p. b. con B, 6 p. b. con A, dele la vuelta.

Hilera 4: 1 cad., 6 p. b. con A, 12 p. b. con B, 1 p. r. en el 1.er p. b., dele la vuelta.

Hilera 5 (aum.): (2 p. b. en el p. sig., 1 p. b.) 6 veces con B, 6 p. b. con A, dele la vuelta (24 p.).

Hilera 6 (aum.): 1 cad., 6 p. b. con A, (2 p. b. en el p. sig., 2 p. b.) 6 veces con B, 1 p. r. en el 1.er p. b., dele la vuelta (30 p.).

Hilera 7 (aum.): (2 p. b. en el p. sig., 3 p. b.) 6 veces con B, 6 p. b. con A, dele la vuelta (36 p.).

Hilera 8 (aum.): 1 cad., 6 p. b. con A, (2 p. b. en el p. sig., 4 p. b.) 6 veces con B, 1 p. r. en el 1.er p. b., dele la vuelta (42 p.).

Hilera 9: 36 p. b. con B, acabando 6 p. antes de llegar al final, dele la vuelta.

LEYENDA

- ⊙ ANILLO MÁGICO
- ⊘ CADENETA (CAD.)
- ● PUNTO RASO (P. R.)
- ✛ PUNTO BAJO (P. B.)
- ✕✕ 2 P. B. EN EL MISMO P.
- ✴✕ 3 P. B. EN EL MISMO P.
- ✕✕ 2 P. B. JUN.
- ⊤ PUNTO MEDIO ALTO (P. M. A.)
- ⊧ PUNTO ALTO (P. A.)
- ⊕ PIÑA GRANDE
- ⦵ BUCLE

49

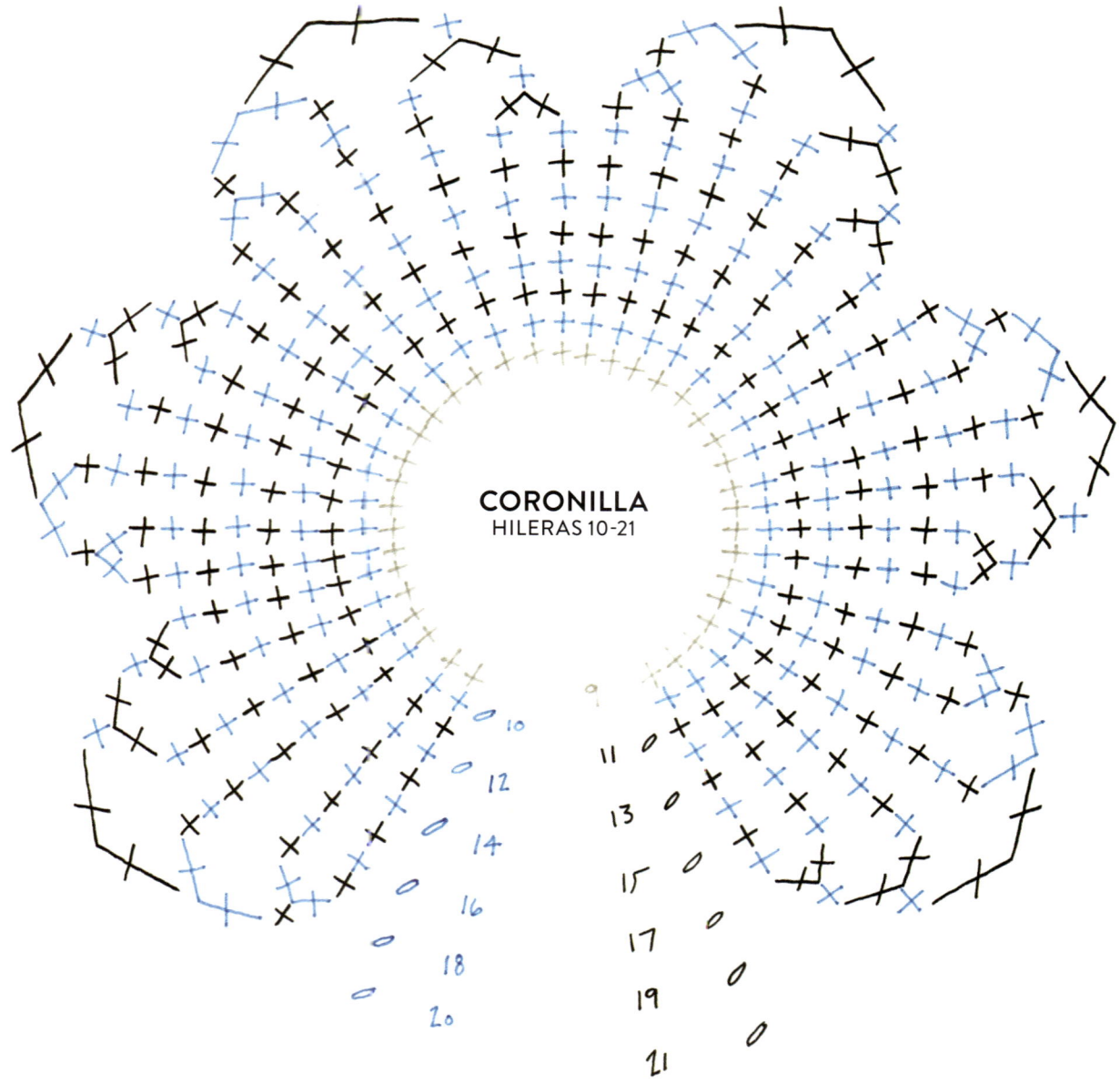

CORONILLA
HILERAS 10-21

CORONILLA

Siga tejiendo en estos 36 p. con B.

Hileras 10-16: 1 cad., 1 p. b. en cada p. b., dele la vuelta.

Hilera 17 (dism.): 1 cad., (2 p. b. jun., 4 p. b.) 6 veces, dele la vuelta (30 p.).

Hilera 18 (dism.): 1 cad., (2 p. b. jun., 3 p. b.) 6 veces, dele la vuelta (24 p.).

Hilera 19 (dism.): 1 cad., (2 p. b. jun., 2 p. b.) 6 veces, dele la vuelta (18 p.).

Hilera 20 (dism.): 1 cad., (2 p. b. jun., 1 p. b.) 6 veces, dele la vuelta (12 p.).

Hilera 21 (dism.): 1 cad., (2 p. b. jun.) 6 veces (6 p.).

Remate la labor y pase el hilo B través de los últimos 6 p. Tire del cabo y remátelo.

CUELLO

Con el derecho de la labor hacia usted y utilizando un ganchillo de 3,25 mm e hilo B, 1 p. r. en el 1.º de los 6 p. b. no trabajados de la hilera 2 de la cara.

Vuelta 1: 1 p. b. en el mismo p. que el p. r., 5 p. b., 22 p. b. espaciados a intervalos regulares a lo largo del borde de las hileras de la cabeza, dele la vuelta (28 p.).

Vuelta 2 (aum.): 2 p. b. en el p. sig., 4 p. b., 2 p. b. en el p. sig., (2 p. b., 2 p. b. en el p. sig.) 3 veces, 4 p. b., (2 p. b. en el p. sig., 2 p. b.) 3 veces (36 p.).

Vueltas 3-7: 1 p. b. en cada p. b.

Vuelta 8: 12 p. b., 1 p. r. en el p. sig. y remate la labor dejando un cabo largo.

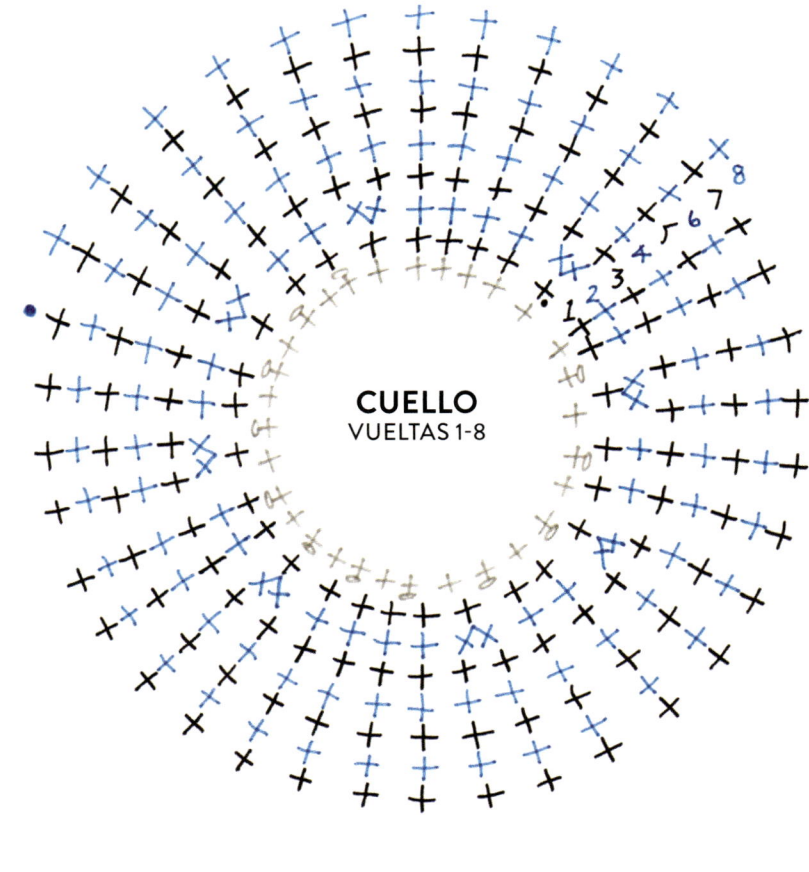

CUELLO
VUELTAS 1-8

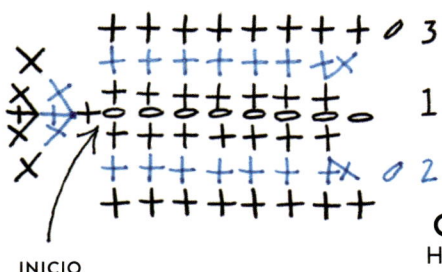

INICIO

OREJAS
HILERAS 1-3

Orejas (haga 2)

Con un ganchillo de 3,25 mm e hilo A, haga 8 cad.

Hilera 1: 1 p. b. en la 2.ª cad. desde la aguja, 1 p. b. en cada una de las sig. 5 cad., 3 p. b. en la cad. sig., 1 p. b. en el revés de cada una de las sig. 6 cad., dele la vuelta (15 p.).

Hilera 2 (aum.): 1 cad., 2 p. b. en el p. sig., 6 p. b., 3 p. b. en el p. sig., 6 p. b., 2 p. b. en el p. sig., dele la vuelta (19 p.).

Hilera 3: 1 cad., 9 p. b., 3 p. b. en el p. sig., 9 p. b. (21 p.). Remate la labor dejando un cabo

largo. Ha completado el interior. Con B, haga otra pieza igual, que será la parte exterior de la oreja. Al final, dé la vuelta a la labor y no remate el hilo.

UNIR LAS PIEZAS DE LA OREJA

Junte las dos piezas, con la parte del interior cara arriba.

Después: Teja 1 cad. y, a continuación, introduciendo el ganchillo por debajo de las 2 laz. de cada p. de la pieza interior y luego de la pieza exterior para unirlas, haga 2 p. b. en el p. sig., 9 p. b., 3 p. b. en el p. sig., 9 p. b., 2 p. b. en el p. sig. (25 p.). Remate la labor dejando un cabo largo.

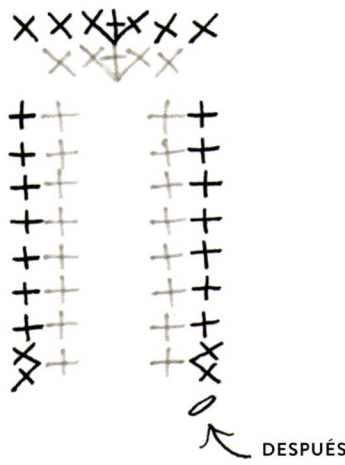

DESPUÉS

UNIR LAS PIEZAS DE LA OREJA
INTRODUZCA EL GANCHILLO EN CADA PUNTO DE AMBAS PIEZAS A LA VEZ

Cuerpo

Los bucles aparecen en el revés del tejido. Esto será el derecho de la labor. En la página 166 encontrará las instrucciones para hacer bucles.

PARTE DELANTERA

Empezando por la parte delantera del cuerpo y utilizando un ganchillo de 3,25 mm e hilo A, haga 10 cad.

Hilera 1 (D.): 1 p. b. en la 2.ª cad. desde la aguja, 1 p. b. en cada una de las sig. 7 cad., 2 p. b. en la última cad., 1 p. b. en el revés de cada una de las sig. 8 cad., dele la vuelta (18 p.).

Hilera 2 (R.) (aum.): 1 cad., (2 bucles en el sig. p. b., 2 bucles) 6 veces, 1 p. r. en el 1.er p., dele la vuelta (24 p.).

Hilera 3 (aum.): (2 p. b. en el p. sig., 3 p. b.) 6 veces, dele la vuelta (30 p.).

Hilera 4 (aum.): 1 cad., (2 bucles en el sig. p. b., 4 bucles) 6 veces, 1 p. r. en el 1.er p., dele la vuelta (36 p.).

Hilera 5 (aum.): (2 p. b. en el p. sig., 5 p. b.) 6 veces, dele la vuelta (42 p.).

Hilera 6 (aum.): 1 cad., (2 bucles en el sig. p. b., 6 bucles) 6 veces, 1 p. r. en el 1.er p., dele la vuelta (48 p.).

Hilera 7 (aum.): (2 p. b. en el p. sig., 7 p. b.) 6 veces, dele la vuelta (54 p.).

Hilera 8: 1 cad., 1 bucle. en cada p. b., 1 p. r. en el 1.er p., dele la vuelta.

PARTE CENTRAL DEL CUERPO

Hilera 1 (D.): 5 p. b. Incorpore B en el último p. b. y desplace el hilo que no use por el revés de la labor. Con B, 44 p. b., dele la vuelta acabando 5 p. antes de llegar al final de la hilera.

Hilera 2 (R.): 1 cad., 44 p. b. con B, 10 bucles con A, 1 p. r. en el 1.er p. b., dele la vuelta.

Hilera 3: 10 p. b. con A, 44 p. b. con B, dele la vuelta.

Hileras 4-25: Repita 11 veces las hileras 2 y 3.

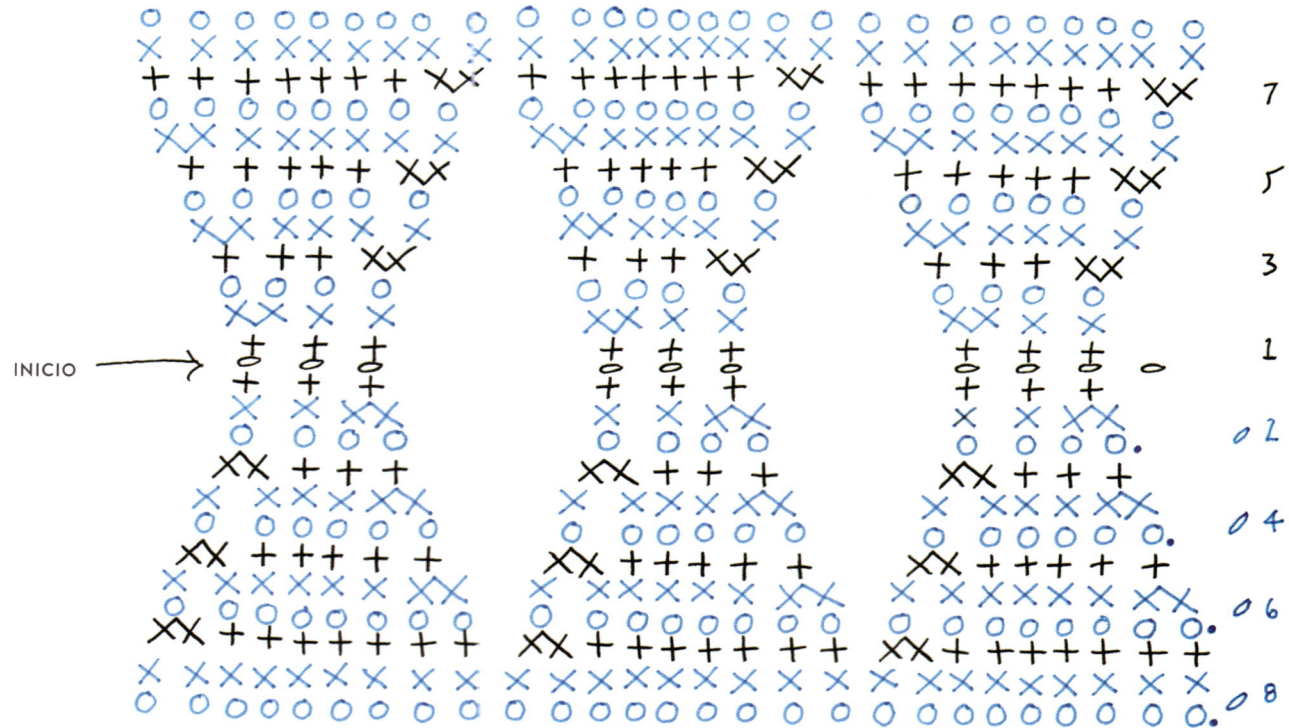

INICIO

CUERPO
PARTE DELANTERA
HILERAS 1-8

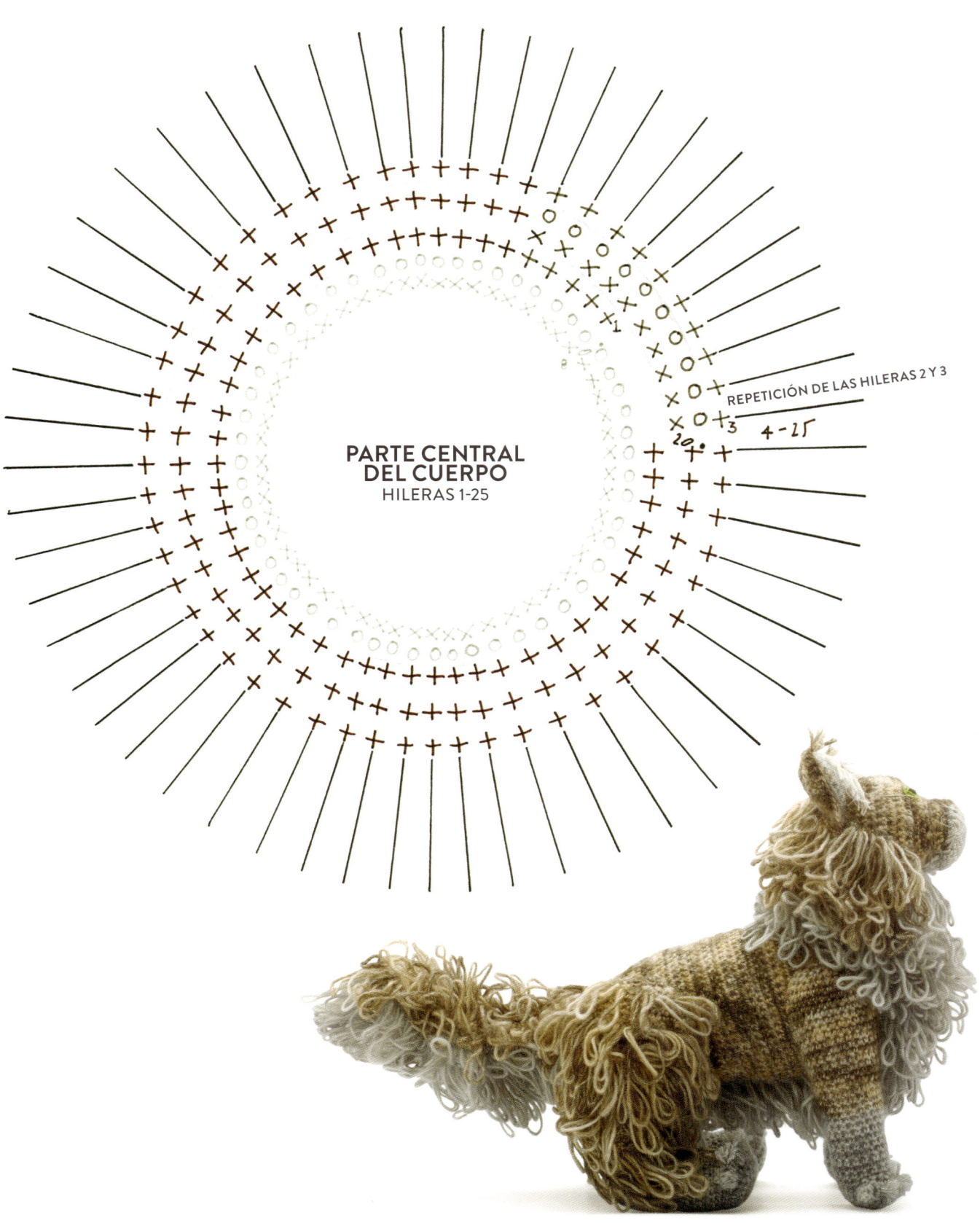

**PARTE CENTRAL
DEL CUERPO**
HILERAS 1-25

REPETICIÓN DE LAS HILERAS 2 Y 3

4-25

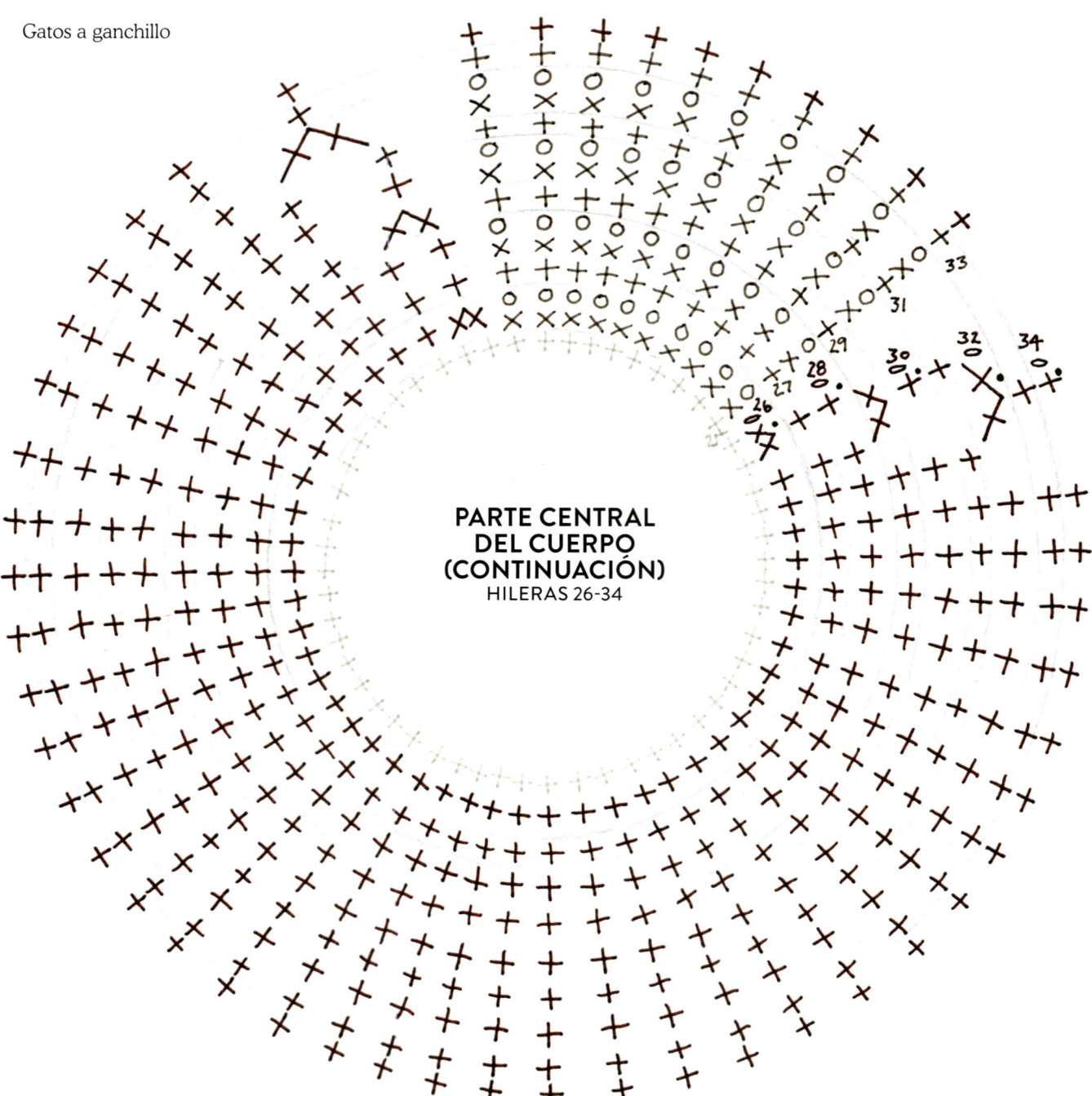

PARTE CENTRAL DEL CUERPO (CONTINUACIÓN)
HILERAS 26-34

Hilera 26 (dism.): Con B, 1 cad., 2 p. b. jun., 40 p. b., 2 p. b. jun.; con A, 10 bucles, 1 p. r. en el 1.ᵉʳ p. b., dele la vuelta.

Hilera 27: 10 p. b. con A, 42 p. b. con B, dele la vuelta.

Hilera 28: 1 cad., 42 p. b. con B, 10 bucles con A, 1 p. r. en el 1.ᵉʳ p. b., dele la vuelta.

Hilera 29 (dism.): Con A, 10 p. b.; con B, 2 p. b. jun., 38 p. b., 2 p. b. jun., dele la vuelta (50 p.).

Hilera 30: 1 cad., 40 p. b. con B, 10 bucles con A, 1 p. r. en el 1.ᵉʳ p. b., dele la vuelta.

Hilera 31: 10 p. b. con A, 40 p. b. con B, dele la vuelta.

Hilera 32 (dism.): Con B, 1 cad., 2 p. b. jun., 36 p. b., 2 p. b. jun.; con A, 10 bucles, 1 p. r. en el 1.ᵉʳ p. b., dele la vuelta.

Hilera 33: 10 p. b. con A, 38 p. b. con B, dele la vuelta.

Hilera 34: 1 cad., 1 p. b. en cada p. con B, 1 p. r. en el 1.ᵉʳ p. b., dele la vuelta.

PARTE TRASERA DEL CUERPO

Se trabaja en redondo. Siga con hilo B.

Vuelta 1 (dism.): (2 p. b. jun., 6 p. b.) 6 veces (42 p.).

Vuelta 2 (dism.): (2 p. b. jun., 5 p. b.) 6 veces (36 p.).

Antes de continuar, rellene el cuerpo.

Vuelta 3 (dism.): (2 p. b. jun., 4 p. b.) 6 veces (30 p.).

Vuelta 4 (dism.): (2 p. b. jun., 3 p. b.) 6 veces (24 p.).

Vuelta 5 (dism.): (2 p. b. jun., 2 p. b.) 6 veces (18 p.).

Vuelta 6 (dism.): (2 p. b. jun., 1 p. b.) 6 veces (12 p.).

Vuelta 7 (dism.): (2 p. b. jun.) 6 veces (6 p.).

Corte el hilo y páselo a través de los últimos 6 p. Tire del cabo para cerrar la labor. Remate el hilo.

Patas delanteras
(haga 2)

Las piñas aparecen en el revés del tejido. Esto será el derecho de la labor. En la página 166 encontrará las instrucciones para hacer piñas grandes. Empezando en la base de la pata y utilizando un ganchillo de 3,25 mm e hilo A, haga un anillo mágico.

Vuelta 1 (R.): 1 cad., 6 p. b. en el anillo (6 p.).

Vuelta 2 (aum.): 2 p. b. en cada uno de los 6 p. (12 p.). Tire del cabo corto para cerrar el anillo.

Vuelta 3 (aum.): (2 p. b. en el p. sig., 1 p. b.) 6 veces (18 p.).

Vuelta 4 (aum.): (2 p. b. en el p. sig., 2 p. b.) 6 veces (24 p.).

Vuelta 5: 12 p. b.; (1 p. b., 1 piña grande, 1 p. b.) 4 veces, dele la vuelta.

**PARTE TRASERA
DEL CUERPO**
VUELTAS 1-7

PATAS DELANTERAS
VUELTAS 1-5

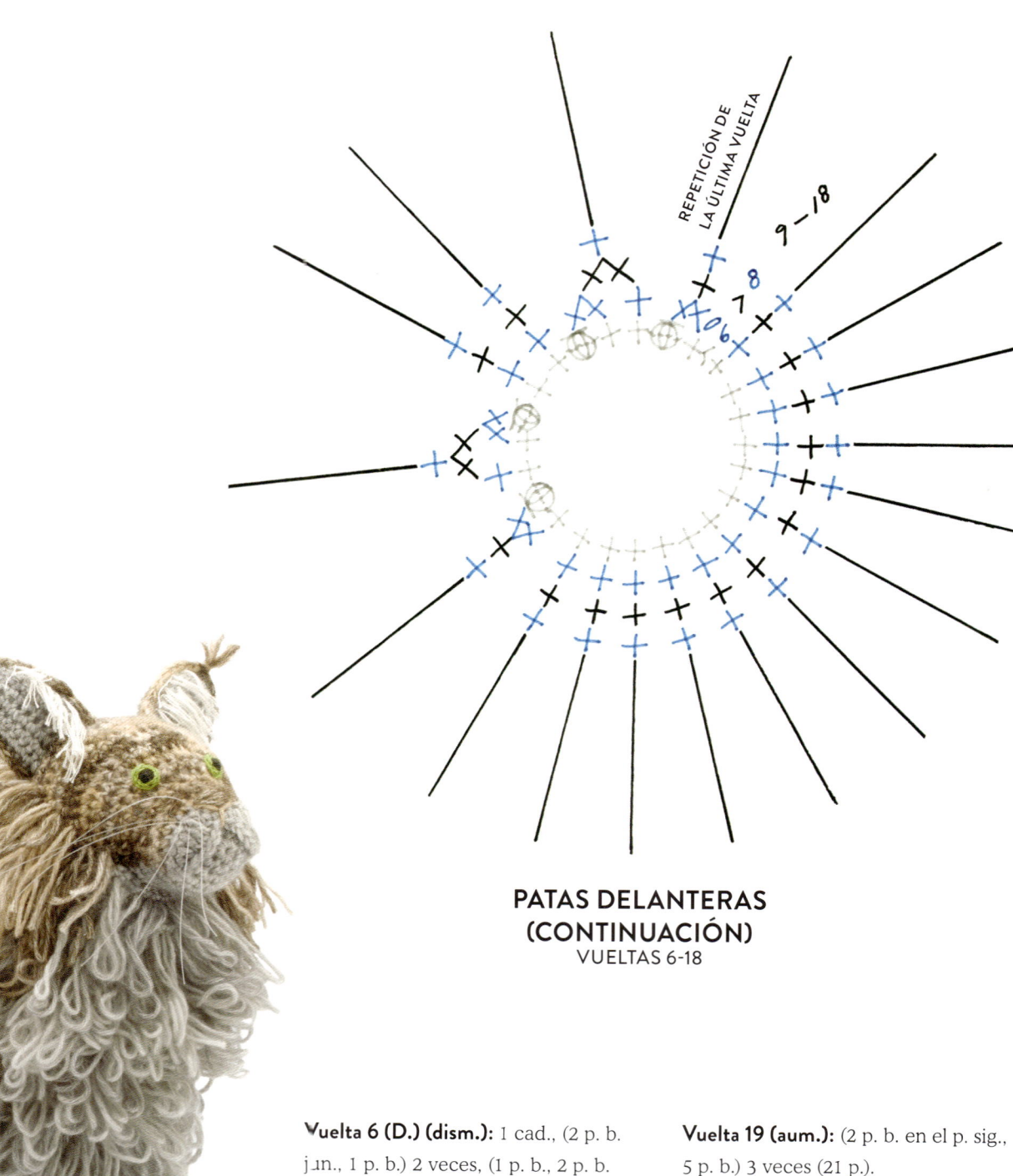

PATAS DELANTERAS (CONTINUACIÓN)
VUELTAS 6-18

Vuelta 6 (D.) (dism.): 1 cad., (2 p. b. jun., 1 p. b.) 2 veces, (1 p. b., 2 p. b. jun.) 2 veces, 12 p. b. (20 p.).

Vuelta 7 (dism.): (1 p. b., 2 p. b. jun., 1 p. b.) 2 veces, 12 p. b. (18 p.).

Vueltas 8-16: 1 p. b. en cada p. b. Incorpore B en el último p. b. Continúe con hilo B.

Vueltas 17 y 18: 1 p. b. en cada p. b.

Vuelta 19 (aum.): (2 p. b. en el p. sig., 5 p. b.) 3 veces (21 p.).

Vueltas 20 y 22: 1 p. b. en cada p. b.

Vuelta 23 (aum.): (2 p. b. en el p. sig., 6 p. b.) 3 veces (24 p.).

Vueltas 24-26: 1 p. b. en cada p. b.

Vuelta 27 (aum.): (2 p. b. en el p. sig., 7 p. b.) 3 veces (27 p.).

Vueltas 28-30: 1 p. b. en cada p. b.

PATAS DELANTERAS (CONTINUACIÓN)
VUELTAS 19-30

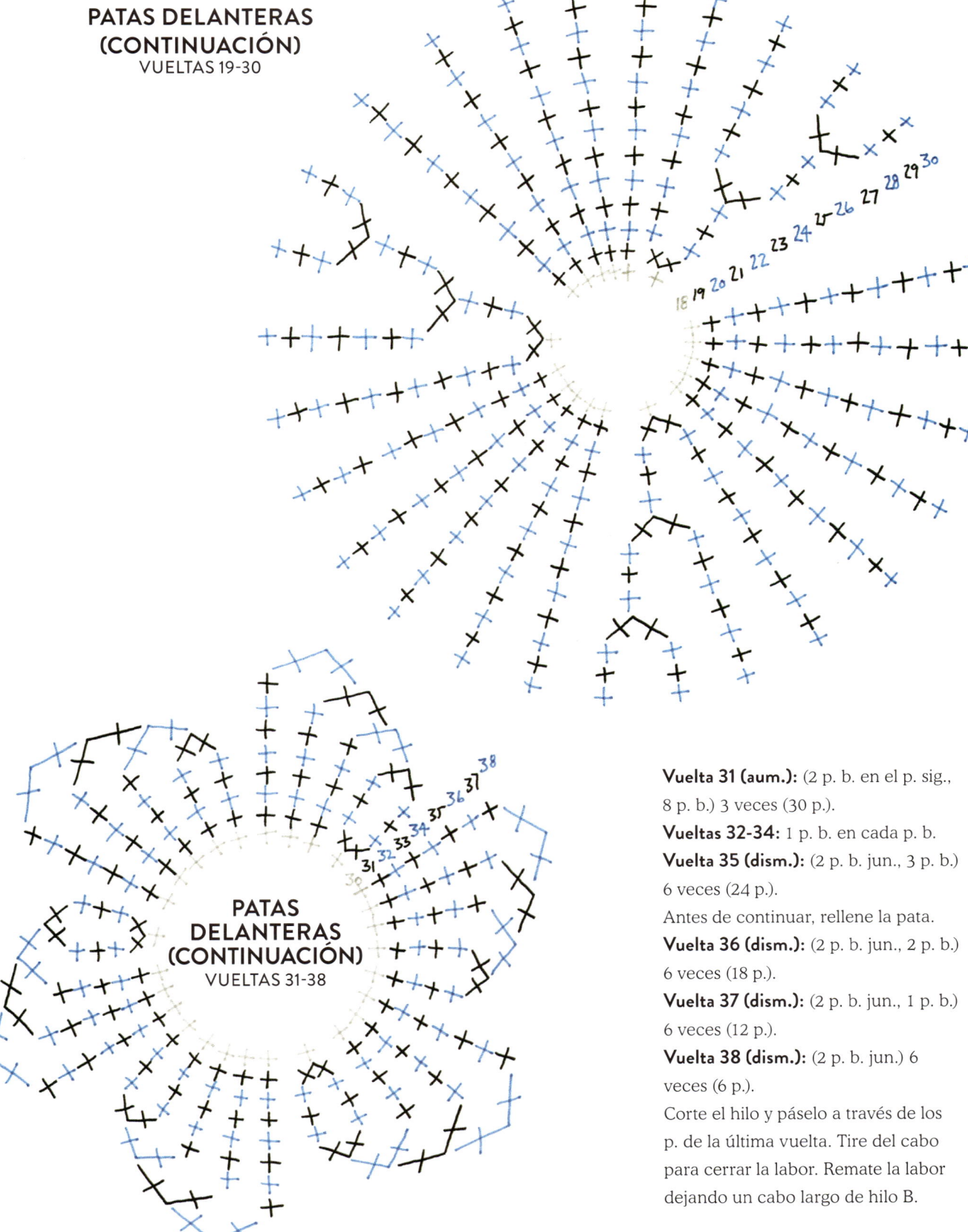

PATAS DELANTERAS (CONTINUACIÓN)
VUELTAS 31-38

Vuelta 31 (aum.): (2 p. b. en el p. sig., 8 p. b.) 3 veces (30 p.).

Vueltas 32-34: 1 p. b. en cada p. b.

Vuelta 35 (dism.): (2 p. b. jun., 3 p. b.) 6 veces (24 p.).

Antes de continuar, rellene la pata.

Vuelta 36 (dism.): (2 p. b. jun., 2 p. b.) 6 veces (18 p.).

Vuelta 37 (dism.): (2 p. b. jun., 1 p. b.) 6 veces (12 p.).

Vuelta 38 (dism.): (2 p. b. jun.) 6 veces (6 p.).

Corte el hilo y páselo a través de los p. de la última vuelta. Tire del cabo para cerrar la labor. Remate la labor dejando un cabo largo de hilo B.

Patas traseras

DEDOS DE LA PATA DERECHA

Empezando en la base de la pata y utilizando un ganchillo de 3,25 mm e hilo A, haga un anillo mágico.

Vueltas 1-16: Como las vueltas 1-16 de las patas delanteras.

PARTE POSTERIOR DE LA PATA

Vuelta 17: 3 p. b., acabando en un lado de la pata; 9 cad., sáltese los 9 p. b. de la parte delantera de la pata, 6 p. b.

Vuelta 18: 3 p. b., 1 p. b. en cada una de las sig. 9 cad., 6 p. b.

Vuelta 19 (dism.): (2 p. b. jun., 1 p. b.) 6 veces (12 p.).

Corte el hilo y páselo a través de los p. de la última vuelta. Tire del cabo para cerrar la labor y remátelo.

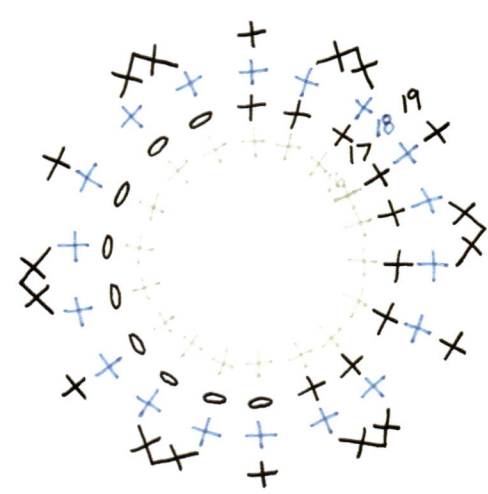

PATAS TRASERAS
PARTE POSTERIOR DE LA PATA
VUELTAS 17-19

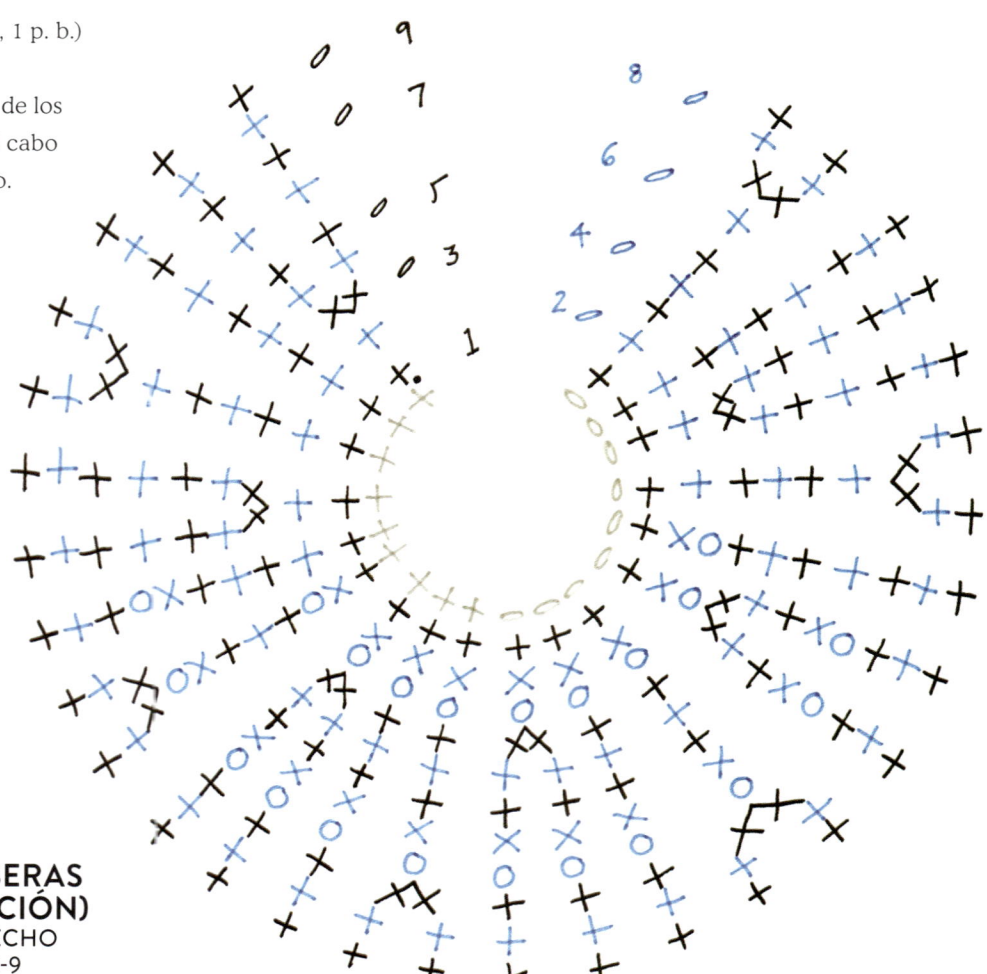

PATAS TRASERAS (CONTINUACIÓN)
MUSLO DERECHO
HILERAS 1-9

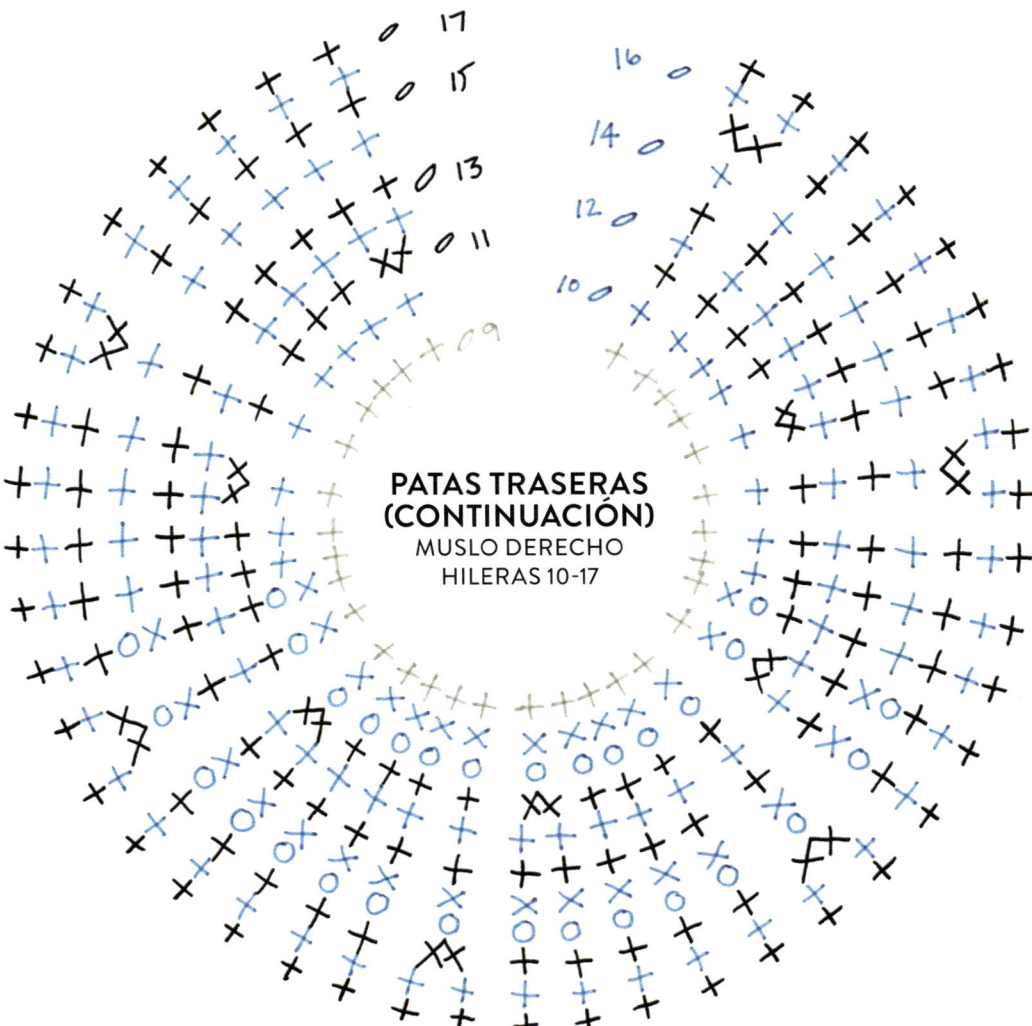

PATAS TRASERAS
(CONTINUACIÓN)
MUSLO DERECHO
HILERAS 10-17

MUSLO DERECHO

Con el derecho de la pata hacia usted y utilizando un ganchillo de 3,25 mm, incorpore B con 1 p. r. en el 1.º de los 9 p. b. saltados de la hilera 16.

Hilera 1 (D.): 1 p. b. en el mismo p. que el p. r., 8 p. b., 1 p. b. en el revés de cada una de las sig. 9 cad., dele la vuelta (18 p.).

Hilera 2 (R.): 1 cad., 4 p. b., 9 bucles, 5 p. b., dele la vuelta.

Hilera 3 (aum.): 1 cad., (2 p. b. en el p. sig., 2 p. b.) 6 veces, dele la vuelta (24 p.).

Hileras 4 y 5: 1 cad., 1 p. b. en cada p. b., dele la vuelta.

Hilera 6: 1 cad., 6 p. b., 12 bucles, 6 p. b., dele la vuelta.

Hilera 7 (aum.): 1 cad., (3 p. b., 2 p. b. en el p. sig.) 6 veces, dele la vuelta (30 p.).

Hileras 8 y 9: 1 cad., 1 p. b. en cada p. b., dele la vuelta.

Hilera 10: 1 cad., 8 p. b., 14 bucles, 8 p. b., dele la vuelta.

Hilera 11 (aum.): 1 cad., (2 p. b. en el p. sig., 4 p. b.) 6 veces, dele la vuelta (36 p.).

Hileras 12 y 13: 1 cad., 1 p. b. en cada p. b., dele la vuelta.

Hilera 14: 1 cad., 10 p. b., 16 bucles, 10 p. b., dele la vuelta.

Hilera 15 (aum.): 1 cad., (5 p. b., 2 p. b. en el p. sig.) 6 veces, dele la vuelta (42 p.).

Hileras 16 y 17: 1 cad., 1 p. b. en cada p. b., dele la vuelta.

Hilera 18: 1 cad., 12 p. b., 18 bucles, 12 p. b., dele la vuelta.

Hileras 19-21: 1 cad., 1 p. b. en cada p. b., dele la vuelta.

Hilera 22: Repita la hilera 18.

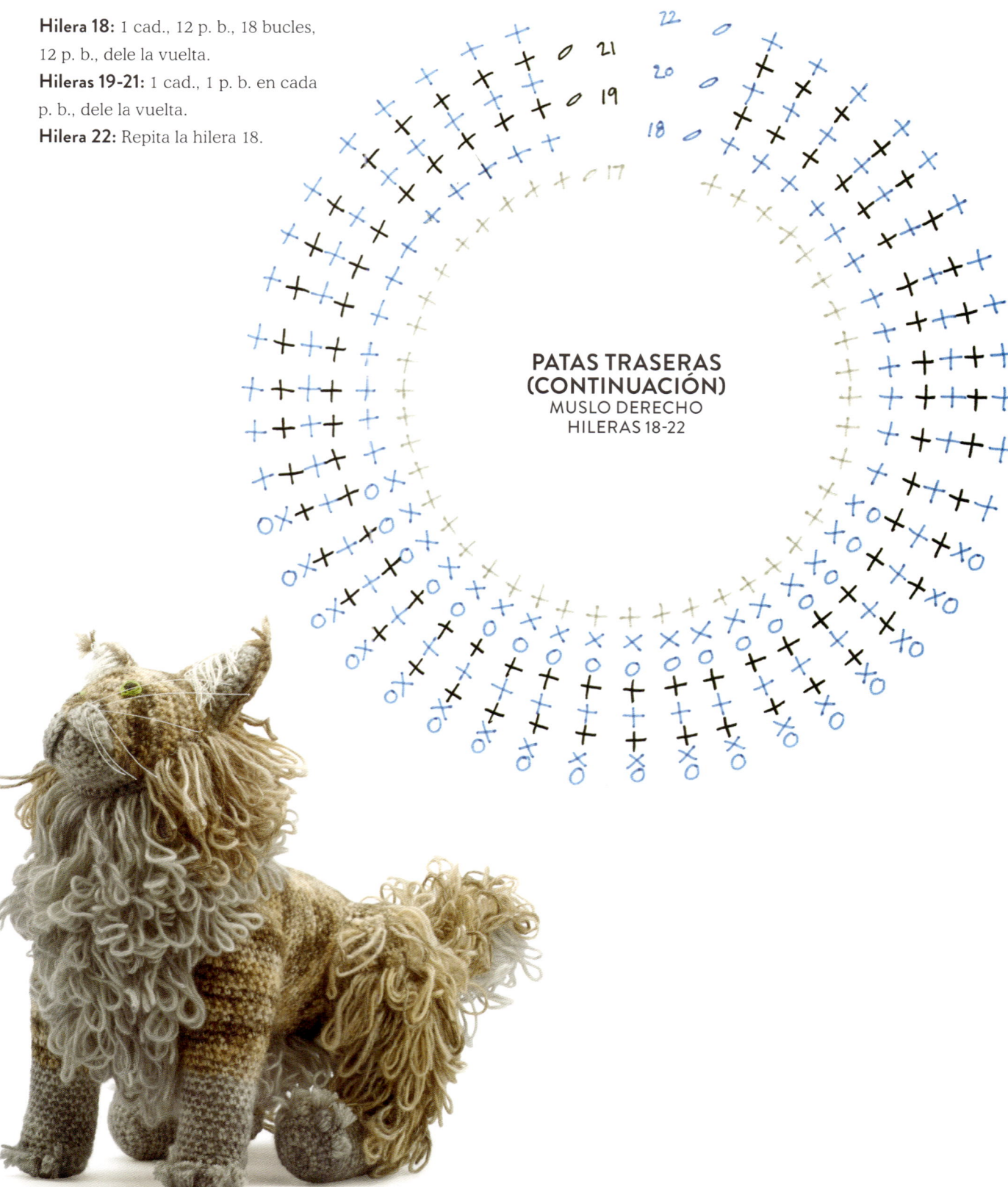

PATAS TRASERAS (CONTINUACIÓN)
MUSLO DERECHO
HILERAS 18-22

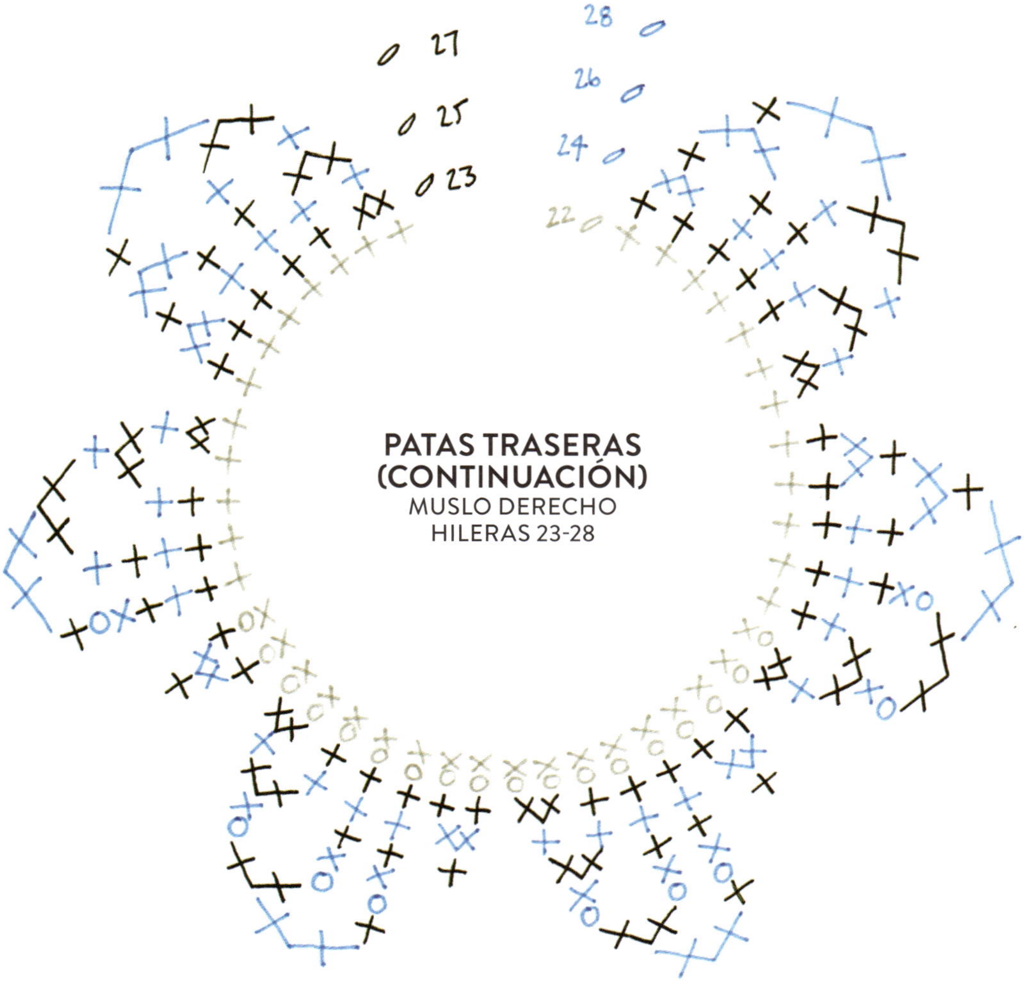

**PATAS TRASERAS
(CONTINUACIÓN)**
MUSLO DERECHO
HILERAS 23-28

Hilera 23 (dism.): 1 cad., (2 p. b. jun., 5 p. b.) 6 veces, dele la vuelta (36 p.).

Hilera 24 (dism.): 1 cad., (2 p. b. jun., 4 p. b.) 6 veces, dele la vuelta (30 p.).

Hilera 25 (dism.): 1 cad., (2 p. b. jun., 3 p. b.) 6 veces, dele la vuelta (24 p.).

Hilera 26 (dism.): 1 cad., 2 p. b. jun., 2 p. b., 2 p. b. jun., 2 bucles, (sáltese el p. sig., 3 bucles) 2 veces, sáltese el p. sig., 1 bucle, 2 p. b., 2 p. b. jun., 2 p. b., dele la vuelta (18 p.).

Hilera 27 (dism.): 1 cad., (2 p. b. jun., 1 p. b.) 6 veces, dele la vuelta (12 p.).

Hilera 28 (dism.): 1 cad., (2 p. b. jun.) 6 veces, dele la vuelta (6 p.). Remate la labor dejando un cabo largo.

DEDOS DE LA PATA IZQUIERDA

Empezando en la base de la pata y utilizando un ganchillo de 3,25 mm e hilo A, haga un anillo mágico.

Vueltas 1-16: Como las vueltas 1-16 de las patas delanteras.

PARTE POSTERIOR DE LA PATA

Vueltas 17-19: Como las vueltas 17-19 de la pata trasera derecha.

MUSLO IZQUIERDO

Con el derecho de la pata hacia usted y utilizando un ganchillo de 3,25 mm, incorpore B con 1 p. r. en el revés de la 1.ª de las 9 cad. de la hilera 17.

Hilera 1 (D.): 1 p. b. en el mismo p. que el p. r., 1 p. b. en el revés de cada

una de las sig. 8 cad., 1 p. b. en cada uno de los sig. 9 p. b. saltados de la vuelta 16, dele la vuelta (18 p.).

Hileras 2-28: Como las hileras 2-28 del muslo derecho.

Remate la labor dejando un cabo largo.

**PATAS TRASERAS
(CONTINUACIÓN)**
MUSLO IZQUIERDO
HILERA 1

Melena

Con un ganchillo de 3,25 mm e hilo A, haga 56 cad.

Hilera 1 (D.): 1 p. b. en la 2.ª cad. desde la aguja, 1 p. b. en cada cad. hasta el final, dele la vuelta (55 p.).

Hilera 2 (R.): 1 cad., 1 bucle en cada cad. hasta el final, dele la vuelta.

Hileras 3-5: 1 cad., 1 p. b. en cada p., dele la vuelta.

Hileras 6-9: Repita las hileras 2-5.

Hilera 10: 1 cad., 15 bucles. Incorpore B en el último p. y desplace el hilo que no use por el revés de la labor. 40 bucles con B, dele la vuelta.

Hilera 11: 1 cad., 40 p. b. con B, 15 p. b. con A, dele la vuelta.

Hilera 12: 1 cad., 15 p. b. con A, 40 p. b. con B, dele la vuelta.

Hilera 13: Repita la hilera 11.

Hilera 14: 1 cad., 15 bucles con A, 40 bucles con B, dele la vuelta.

Hileras 15 y 16: Repita las hileras 11 y 12.

Hilera 17 (dism.): Con A, 1 cad., 40 p. b. con B, (2 p. b. jun., 1 p. b.) 5 veces, dele la vuelta (50 p.).

Hilera 18: 1 cad., 10 bucles con A, 40 bucles con B, dele la vuelta. Remate la labor dejando un cabo largo de hilo A y otro de hilo B.

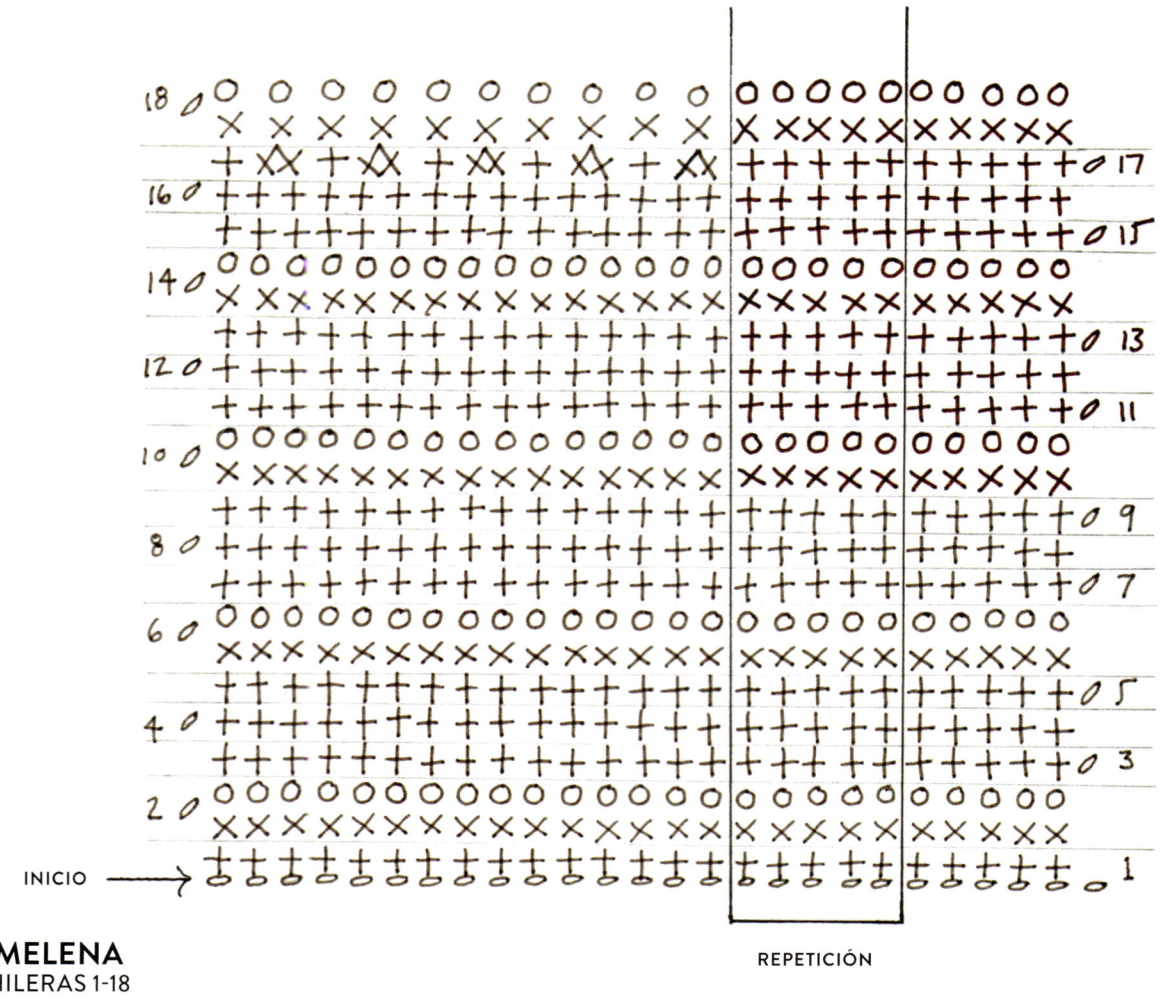

INICIO →

MELENA
HILERAS 1-18

REPETICIÓN

Cola

Con un ganchillo de 3,25 mm e hilo A, haga 36 cad.

Hilera 1 (D.): 1 p. b. en la 2.ª cad. desde la aguja, 1 p. b. en cada una de las sig. 33 cad., 3 p. b. en la última cad., 1 p. b. en el revés de cada una de las sig. 34 cad., dele la vuelta (71 p.).

Hilera 2 (R.) (aum.): 1 cad., 35 bucles, 3 bucles en el sig. p. b., 35 bucles, dele la vuelta (73 p.).

Hilera 3 (aum.): 1 cad., 36 p. b., 3 p. b. en el p. sig., 36 p. b., dele la vuelta (75 p.).

Hilera 4 (aum.): 1 cad., 37 p. b., 3 p. b. en el p. sig., 37 p. b., dele la vuelta (77 p.).

Hilera 5 (aum.): 1 cad., 38 p. b., 3 p. b. en el p. sig., 38 p. b., dele la vuelta (79 p.).

Hilera 6 (aum.): 1 cad., 39 bucles, 3 bucles en el sig. p. b., 39 bucles, dele la vuelta (81 p.).

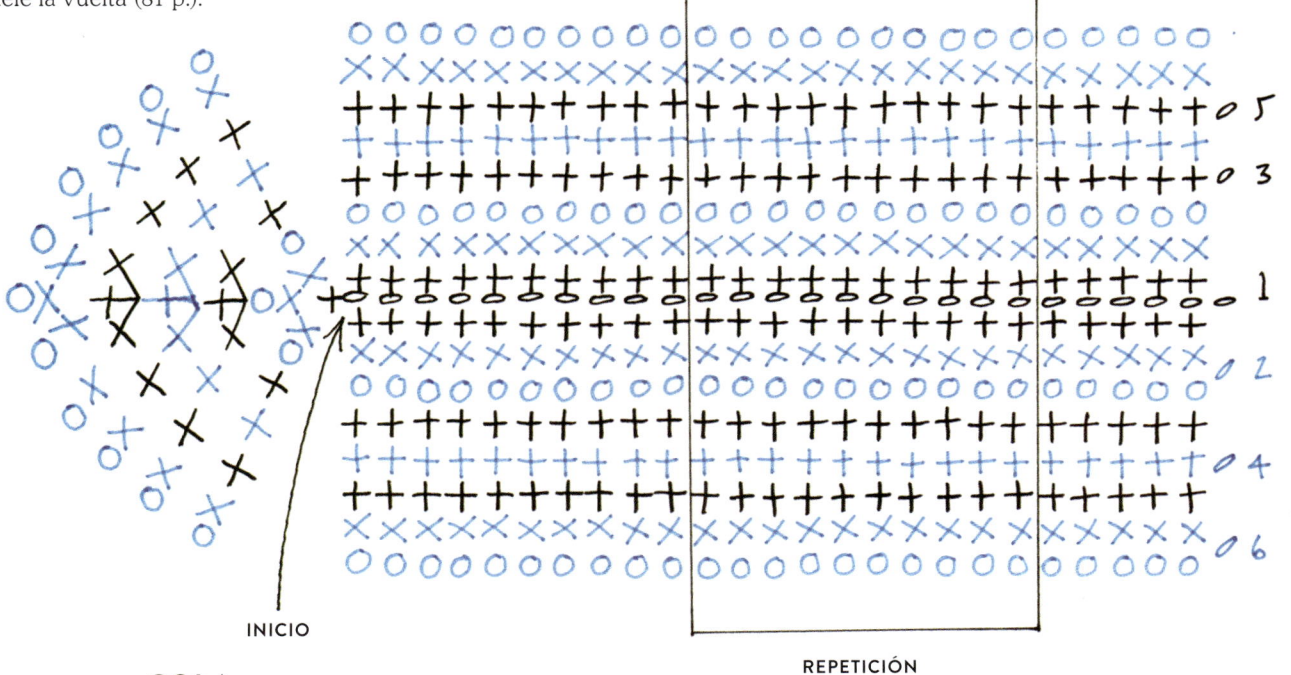

INICIO

COLA
HILERAS 1-6

REPETICIÓN

Hilera 7 (dism.): 1 cad., 38 p. b., 2 p. b. jun., 1 p. b., 2 p. b. jun., 38 p. b. Incorpore B en el último p. b., dele la vuelta (79 p.).

Continúe con hilo B.

Hilera 8 (dism.): 1 cad., 38 bucles, sáltese el sig. p. b., 1 bucle, sáltese el sig. p. b., 38 bucles, dele la vuelta (77 p.).

Hilera 9 (dism.): 1 cad., 12 p. b., (2 p. b. jun., 1 p. b.) 6 veces, 6 p. b., 2 p. b. jun., 1 p. b., 2 p. b. jun., 6 p. b., (1 p. b., 2 p. b. jun.) 6 veces, 12 p. b., dele la vuelta (63 p.).

Hilera 10 (dism.): 1 cad., 29 p. b., 2 p. b. jun., 1 p. b., 2 p. b. jun., 29 p. b., dele la vuelta (61 p.)

Hilera 11 (dism.): 1 cad., 28 p. b., 2 p. b. jun., 1 p. b., 2 p. b. jun., 28 p. b., dele la vuelta (59 p.)

Hilera 12 (dism.): 1 cad., 28 bucles, sáltese el sig. p. b., 1 bucle, sáltese el sig. p. b., 28 bucles, dele la vuelta (57 p.).

Remate la labor dejando un cabo largo de hilo B al final.

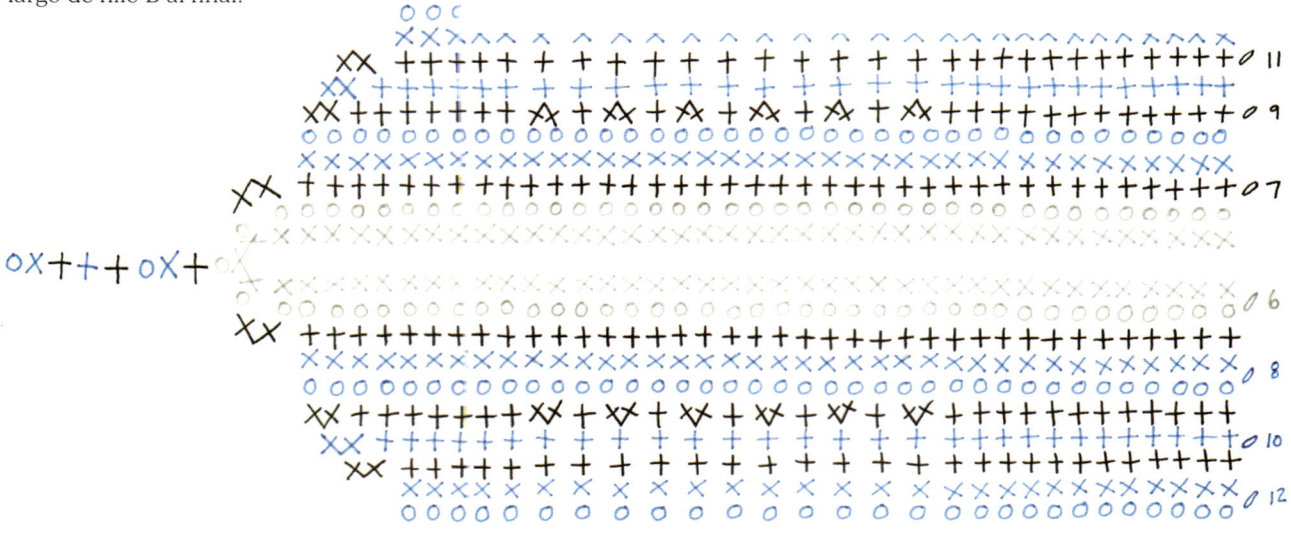

COLA (CONTINUACIÓN)
HILERAS 7-12

Montaje

CABEZA

Rellene la cabeza. Con el cabo que ha dejado al rematar la pieza, cósala en su sitio. Haga puntadas alrededor de todo el borde del cuello. Remeta los bucles que quedaran cubiertos por la cabeza dentro del cuello, asegurándose de no atrapar en los puntos los bucles que rodean el cuello. Si fuera necesario, introduzca más relleno en el cuello. Utilizando tres hebras del hilo de bordar, haga las pupilas de los ojos con puntadas de satén y luego forme los iris haciendo puntadas rectas alrededor de cada ojo (*véase* la página 170). Con B, borde un punto mosca (*véase* la página 170) para crear la nariz y complétala con puntadas de satén.

OREJAS

Rellene las orejas ligeramente, de manera que queden planas. Cósalas en su sitio, cerca de la parte posterior de la cabeza, haciendo puntadas a lo largo de los lados inferiores con los cabos que ha dejado al rematar las piezas. Los pelos de las orejas se hacen con borlas (*véase* la página 171), que se incorporan pasándolas alrededor de los cuerpos de los puntos. Utilice dos hebras de 10 cm de hilo de bordar para cada borla. Añada las borlas al interior de cada oreja, en los cuerpos de los 7 puntos de la hilera 2 y de los 8 puntos de la hilera 3 más cercanos al centro de la cabeza. Recorte los extremos. Para crear las borlas que formarán los pelos de las puntas de las orejas, utilice 3 trozos de 10 cm de hilo B Incorpore una en el 2.º de los 3 puntos que forman la punta de cada oreja. Recorte los extremos.

PATAS

Pase el cabo suelto por los puntos de la última hilera de cada pata trasera. Tire del cabo para cerrar la labor. Cosa juntos los bordes de la pata, haciendo coincidir las hileras y rellenándola a medida que la cose. Aplane la parte superior de cada pata trasera colocando la costura en el centro de la parte interna, que irá pegada al cuerpo. Aplane la parte superior de las patas delanteras. Cosa las patas en su sitio, haciendo puntadas por la parte superior de los muslos con los cabos que ha dejado al rematar las piezas. Asegúrese de no atrapar en los puntos los bucles de las patas traseras. Los pelos de los dedos de las patas se hacen como los de las puntas de las orejas. Utilice dos trozos de 10 cm de hilo A para cada borla. Incorpore una borla en los dos puntos situados entre cada dedo de las cuatro patas. Recorte los extremos.

COLA

Con el cabo que ha dejado al rematar la pieza, doble la cola a lo largo y cosa los bordes largos juntos con un sobrehilado (*véase* la página 169). Rellene la cola ligeramente, de manera que quede plana. Cósala en su sitio, haciendo puntadas alrededor de todo el borde.

MELENA

Cosa juntos los bordes cortos de la melena, haciendo coincidir las hileras. Deslice la melena por la cabeza del gato. Alinee la sección de la melena de color A con la parte delantera de la cabeza, por debajo del mentón, y ponga la parte posterior de la melena de manera que coincida con la línea de puntos de detrás de las orejas. Con los cabos que ha dejado al rematar la pieza, cosa la última hilera de la melena a la cabeza, haciendo puntadas alrededor de todo el borde. Incorpore borlas en los lados de la cara, junto a la última hilera de la melena, empezando delante del borde de cada oreja y acabando en la sección de la melena de color A. Utilice un trozo de 10 cm de hilo B para cada borla. Recorte los extremos de las borlas para darles un aspecto pulcro, asegurándose de no cortar los bucles de la melena.

BIGOTES (OPCIONAL)

Incorpore tres bigotes en el cuerpo de los puntos situados a los lados del hocico (*véase* la página 171). Recorte los extremos.
Esconda todos los cabos sueltos.

Siamés

PARA CREAR LA GRADACIÓN CROMÁTICA DE LA CARA Y LAS PATAS
DE ESTE SIAMÉS BLUE POINT SENTADO, SE UTILIZA UNA COMBINACIÓN
DE TONOS GRISES, TANTO NEUTROS COMO MIXTOS.

Materiales

- Karisma de Drops, 100 % lana (100 m por ovillo
  de 50 g), o cualquier hilo ligero:
  1 x ovillo de 50 g de color 16 Dark Grey Mix (A)
  1 x ovillo de 50 g de color 21 Medium Grey Mix (B)
  1 x ovillo de 50 g de color 44 Light Grey Mix (C)
  1 x ovillo de 50 g de color 72 Light Pearl Grey (D)
- Hilo de bordar separable de color azul, como
  Stranded Cotton de DMC, tono 813, para los ojos
- Hilo de bordar separable metalizado de color
  negro, como Light Effects de DMC, tono E310,
  para la nariz y las pupilas
- 6 trozos de 12 cm de hilo de nailon transparente
  de 0,3 mm, para los bigotes (opcionales; no
  adecuados para niños pequeños)
- Aguja de ganchillo de 3,25 mm
- Aguja lanera de punta roma
- Relleno para peluches
- Marcadores de puntos

Tamaño

- Mide unos13,5 cm de largo, desde la punta de la
  nariz hasta la parte posterior de las patas traseras
- Hace unos 17,5 cm de alto, desde la coronilla (sin
  contar las orejas)

Tensión

22 puntos y 24 hileras en una muestra de 10 cm
tejida a punto bajo con un ganchillo de 3,25 mm.
Si fuera necesario, utilice un ganchillo de mayor o
menor calibre para obtener la tensión correcta.

Instrucciones

La cabeza, el cuello y el cuerpo son una sola pieza, que se trabaja en vueltas e hileras de puntos bajos. La tonalidad de la cara y de las patas se crea cambiando a hilos más claros en vueltas consecutivas. La parte frontal de la cabeza se teje en redondo y la superior en hileras. El cuello se trabaja en hileras, tejiendo en los bordes de las hileras que forman la coronilla y en los puntos de la parte inferior del hocico. La forma del cuerpo se obtiene tejiendo hileras cortas, trabajando primero solo en algunos puntos de la hilera anterior y luego, al final de cada una de las hileras siguientes, en un punto no trabajado. La orejas se trabajan en hileras. Cada una está compuesta por dos piezas idénticas que se unen tejiendo en cada punto de las dos piezas a la vez. La forma ahusada de la cola se hace con puntos bajos y puntos medios altos, y la curva se crea disminuyendo los puntos de la última hilera. Los bordes largos de la cola se cosen juntos y, después, se inserta una pequeña cantidad de relleno antes de coserla en su sitio. Los dedos de las patas se crean tejiendo piñas. Las piñas aparecen en el revés del tejido. Los muslos de las patas traseras deben rellenarse ligeramente. De este modo, quedarán flexibles y podrán doblarse fácilmente para formar la posición sentada. Los ojos y la nariz se bordan con hilos de bordar separables.

Cuando al inicio de una hilera o vuelta se hacen una o dos cadenetas, estas no cuentan como un punto.

Cabeza y cuerpo

CABEZA

Empezando en la parte delantera del hocico y utilizando un ganchillo de 3,25 mm e hilo A, haga un anillo mágico (*véase* la página 163).

Vuelta 1: 1 cad., 6 p. b. en el anillo (6 p.).

Vuelta 2 (aum.): 2 p. b. en cada uno de los 6 p. (12 p.). Tire del cabo corto para cerrar el anillo.

Vueltas 3 y 4: 1 p. b. en cada p. b.

Vuelta 5: (2 p. b. en el p. sig., 1 p. b.) 6 veces. Incorpore B en el último p. b. (18 p.).

Vuelta 6: Con B, 1 p. b. en cada p. b.

Vuelta 7 (aum.): (1 p. b., 2 p. b. en el p. sig.) 6 veces, 6 p. b. Incorpore C en el último p. b. (24 p.).

Vuelta 8 (aum.): (1 p. b., 2 p. b. en el p. sig., 1 p. b.) 6 veces acabando 6 p. antes de llegar al final, dele la vuelta (30 p.).

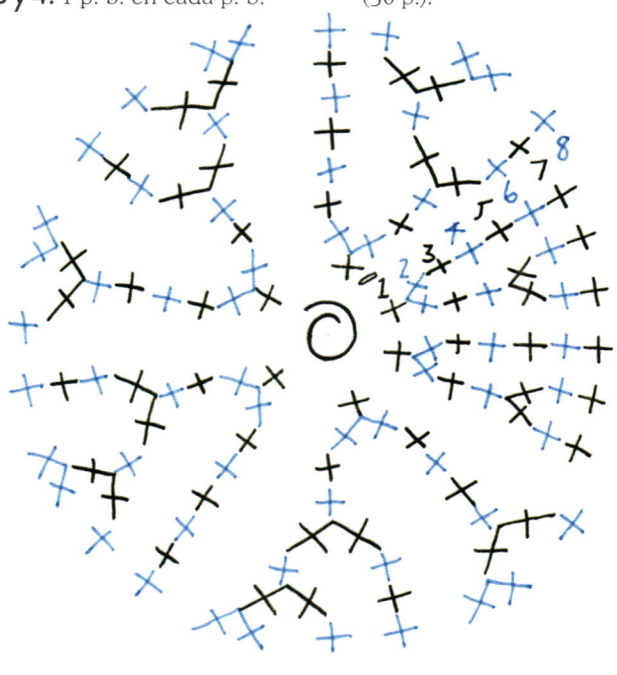

CABEZA
VUELTAS 1-8

LEYENDA

⟋ CADENETA (CAD.)

● PUNTO RASO (P. R.)

╋ PUNTO BAJO (P. B.)

⤬ 2 P. B. EN EL MISMO P.

⤬ 2 P. B. JUN.

⤝ 6 P. B. JUN.

⊕ PIÑA

CORONILLA

Hilera 1 (R.): 1 cad., 24 p. b.
Incorpore D en el último p. b., dele la vuelta.
Siga tejiendo con D en estos 24 p.

Hilera 2 (D.): 1 cad., 1 p. b. en cada p. b., dele la vuelta.

Hileras 3-5: Repita la última hilera.

Hilera 6 (dism.): 1 cad., (2 p. b. jun., 2 p. b.) 6 veces, dele la vuelta (18 p.).

Hilera 7 (dism.): 1 cad., (2 p. b. jun., 1 p. b.) 6 veces, dele la vuelta (12 p.).

Hilera 8 (dism.): 1 cad., (2 p. b. jun.) 6 veces (6 p.).

Hilera 9: 1 cad., 6 p. b. jun.
[(introduzca el ganchillo en el p. sig., e. h. y sáquela por el p.) 6 veces, tiene 7 laz. en la aguja, e. h. y sáquela por las 7 laz.], dele la vuelta (1 p.).

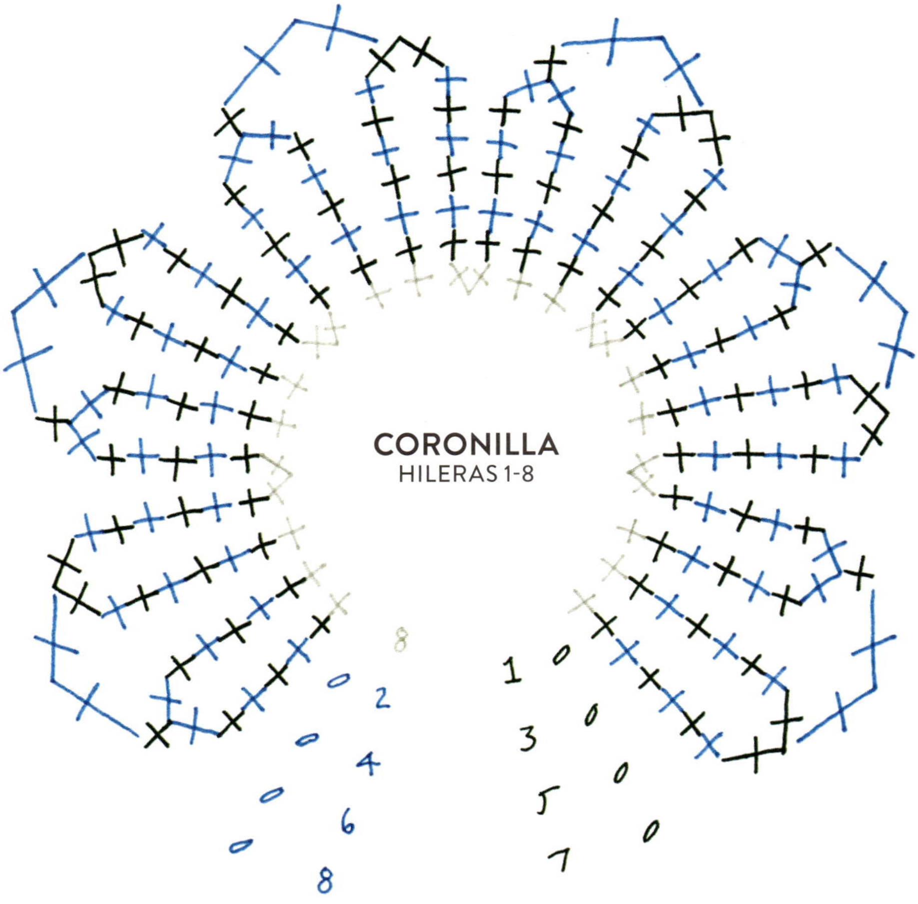

CORONILLA
HILERA 9

CUELLO

Hilera 1 (D.): 1 cad., gire la labor y teja 7 p. b. a intervalos regulares a lo largo del borde de las hileras de la cabeza, 1 p. b. en cada uno de los 6 p. b. no trabajados de la vuelta 7 de la cabeza, 7 p. b. a intervalos regulares a lo largo del borde de las hileras de la cabeza, 1 p. r. en el 1.er p. b., dele la vuelta (20 p.).

Hilera 2 (R.): 1 p. b. en cada p. b., dele la vuelta.

Hilera 3 (aum.): 1 cad., (2 p. b., 2 p. b. en el p. sig., 2 p. b.) 4 veces, 1 p. r. en el 1.er p. b., dele la vuelta (24 p.).

Hilera 4: 1 p. b. en cada p. b., dele la vuelta.

Hilera 5: 1 cad., 1 p. b. en cada p. b., 1 p. r. en el 1.er p. b., dele la vuelta.

CORONILLA
HILERAS 1-8

CUELLO
HILERAS 1-5

69

PARTE DELANTERA DEL CUERPO

Hilera 1 (R.): 14 p. b., 1 p. r., dele la vuelta.

Hilera 2 (D.) (aum.): 1 p. b. en el mismo p. que el p. r., 1 p. b., 2 p. b. en cada uno de los sig. 2 p., 2 p. b., 1 p. r., dele la vuelta (26 p.).

Hilera 3: 1 p. b. en el mismo p. que el p. r., 9 p. b., 1 p. r., dele la vuelta.

Hilera 4 (aum.): 1 p. b. en el mismo p. que el p. r., 4 p. b., 2 p. b. en cada uno de los sig. 2 p., 5 p. b., 1 p. r., dele la vuelta (28 p.).

Hilera 5: 1 p. b. en el mismo p. que el p. r., 15 p. b., 1 p. r., dele la vuelta.

Hilera 6 (aum.): 1 p. b. en el mismo p. que el p. r., 7 p. b., 2 p. b. en cada uno de los sig. 2 p., 8 p. b., 1 p. r., dele la vuelta (30 p.).

Hilera 7: 1 p. b. en el mismo p. que el p. r., 21 p. b., 1 p. r., dele la vuelta.

Hilera 8: 1 p. b. en el mismo p. que el p. r., 23 p. b., 1 p. r., dele la vuelta.

Hilera 9: 1 p. b. en el mismo p. que el p. r., 25 p. b., 1 p. r., dele la vuelta.

Hilera 10: 1 p. b. en el mismo p. que el p. r., 27 p. b., 1 p. r., dele la vuelta.

Hilera 11: 1 p. b. en el mismo p. que el p. r., 29 p. b., 1 p. r. en el 1.er p. b., dele la vuelta.

Antes de continuar, rellene la cabeza y el cuello.

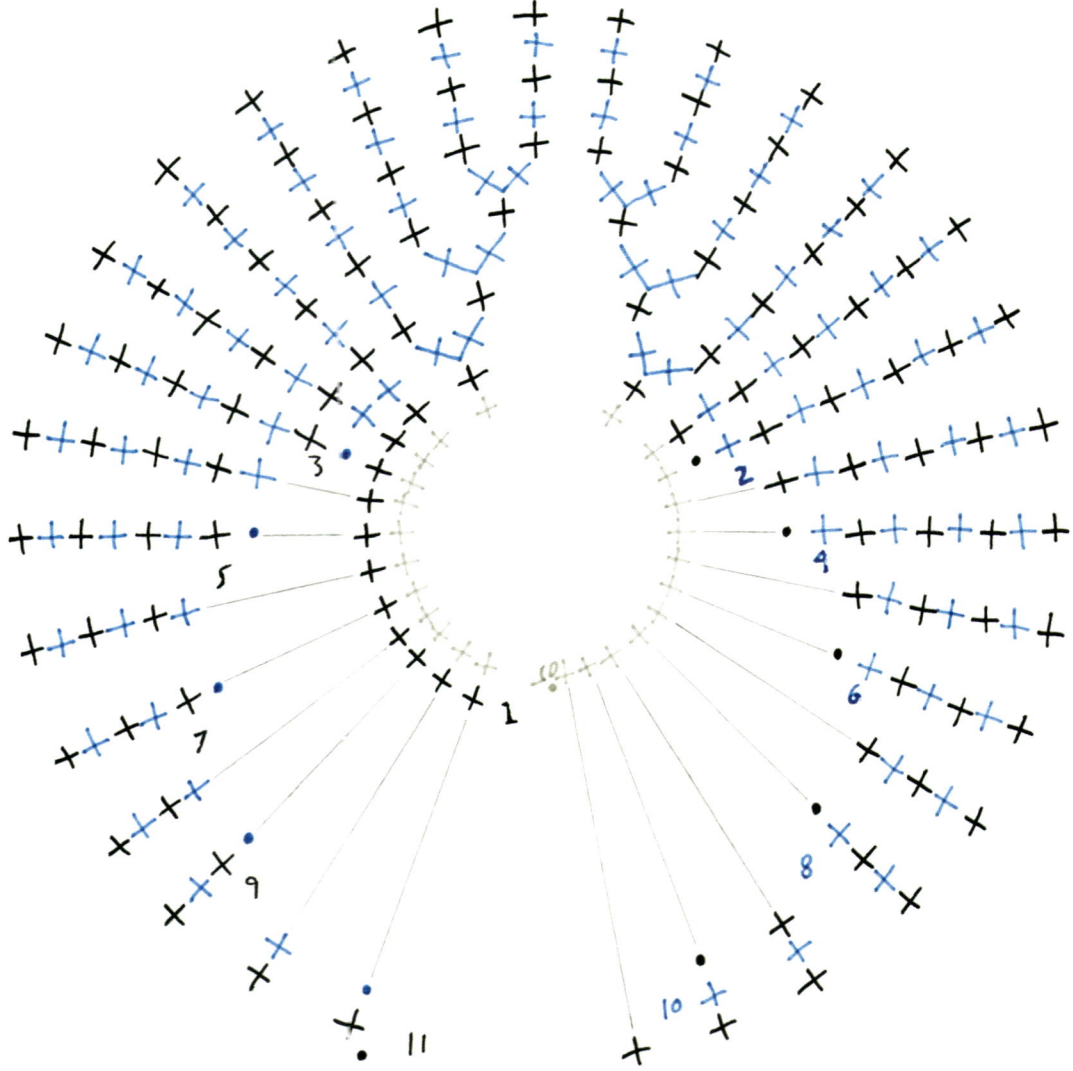

PARTE DELANTERA DEL CUERPO
HILERAS 1-11

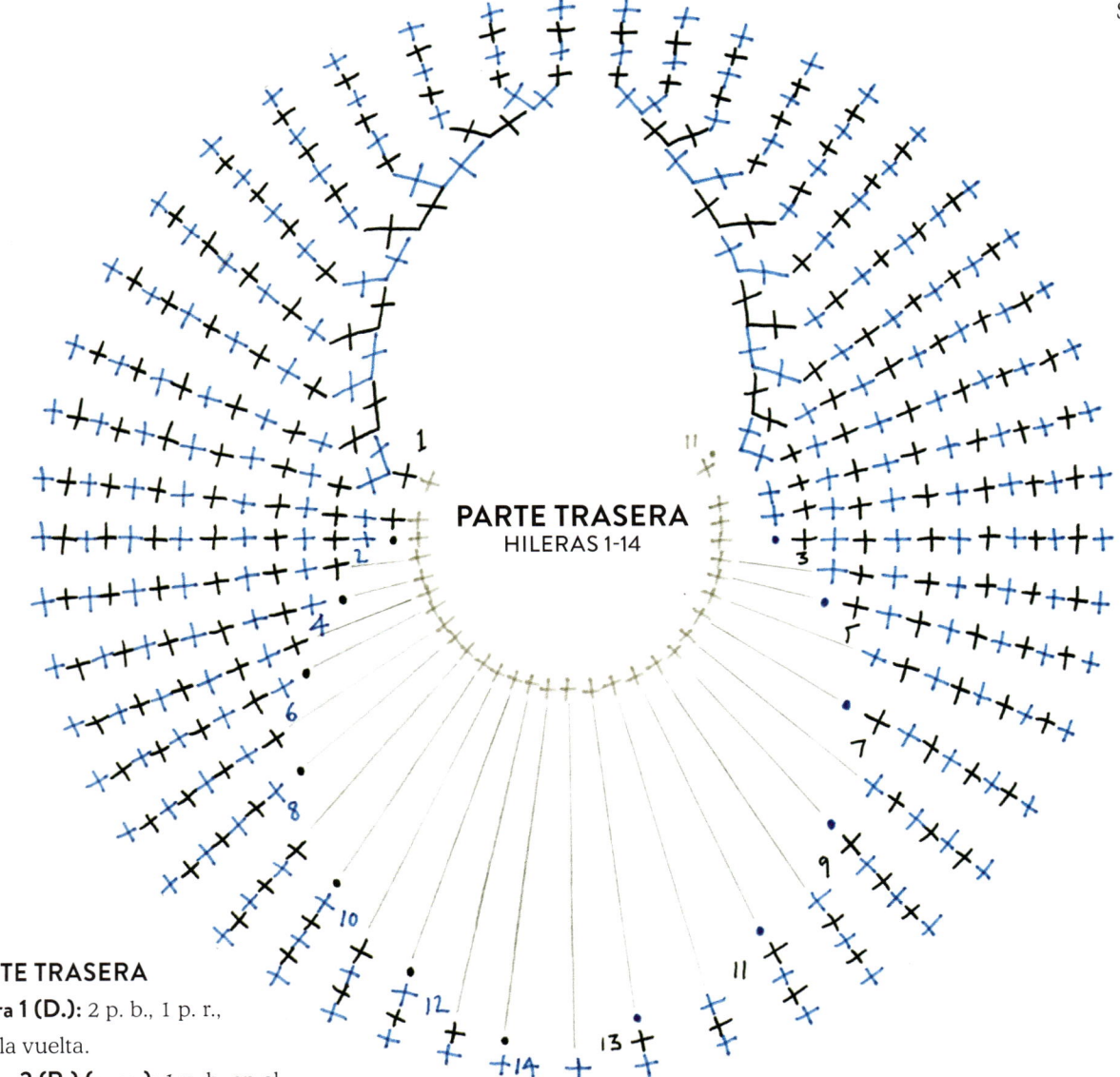

PARTE TRASERA
HILERAS 1-14

PARTE TRASERA

Hilera 1 (D.): 2 p. b., 1 p. r., dele la vuelta.

Hilera 2 (R.) (aum.): 1 p. b. en el mismo p. que el p. r., 1 p. b., 2 p. b. en cada uno de los sig. 2 p., 2 p. b., 1 p. r., dele la vuelta (32 p.).

Hilera 3 (aum.): 1 p. b. en el mismo p. que el p. r., 3 p. b., 2 p. b. en cada uno de los sig. 2 p., 4 p. b., 1 p. r., dele la vuelta (34 p.).

Hilera 4 (aum.): 1 p. b. en el mismo p. que el p. r., 5 p. b., 2 p. b. en cada uno de los sig. 2 p., 6 p. b., 1 p. r., dele la vuelta (36 p.).

Hilera 5 (aum.): 1 p. b. en el mismo p. que el p. r., 7 p. b., 2 p. b. en cada uno de los sig. 2 p., 8 p. b., 1 p. r., dele la vuelta (38 p.).

Hilera 6 (aum.): 1 p. b. en el mismo p. que el p. r., 9 p. b., 2 p. b. en cada uno de los sig. 2 p., 10 p. b., 1 p. r., dele la vuelta (40 p.).

Hilera 7 (aum.): 1 p. b. en el mismo p. que el p. r., 11 p. b., 2 p. b. en cada uno de los sig. 2 p., 12 p. b., 1 p. r., dele la vuelta (42 p.).

Hilera 8 (aum.): 1 p. b. en el mismo p. que el p. r., 13 p. b., 2 p. b. en cada uno de los sig. 2 p., 14 p. b., 1 p. r., dele la vuelta (44 p.).

Hilera 9 (aum.): 1 p. b. en el mismo p. que el p. r., 15 p. b., 2 p. b. en cada uno de los sig. 2 p., 16 p. b., 1 p. r., dele la vuelta (46 p.).

Hilera 10 (aum.): 1 p. b. en el mismo p. que el p. r., 17 p. b., 2 p. b. en cada uno de los sig. 2 p., 18 p. b., 1 p. r., dele la vuelta (48 p.).

Hilera 11: 1 p. b. en el mismo p. que el p. r., 41 p. b., 1 p. r., dele la vuelta.

Hilera 12: 1 p. b. en el mismo p. que el p. r., 43 p. b., 1 p. r., dele la vuelta.

Hilera 13: 1 p. b. en el mismo p. que el p. r., 45 p. b., 1 p. r., dele la vuelta.

Hilera 14: 1 p. b. en el mismo p. que el p. r., 47 p. b., 1 p. r. en el 1.er p. b., dele la vuelta.

PARTE CENTRAL DEL CUERPO

Hilera 1 (D.) (dism.): 4 p. b., 2 p. b. jun., 36 p. b., 2 p. b. jun., 4 p. b., dele la vuelta (46 p.).

Hilera 2 (R.) (dism.): 1 cad., 4 p. b., 2 p. b. jun., 34 p. b., 2 p. b. jun., 4 p. b., 1 p. r. en el 1.er p. b., dele la vuelta (44 p.)

Hilera 3 (dism.): 4 p. b., 2 p. b. jun., 32 p. b., 2 p. b. jun., 4 p. b., dele la vuelta (42 p.).

Hilera 4 (dism.): 1 cad., 4 p. b., 2 p. b. jun., 30 p. b., 2 p. b. jun., 4 p. b., 1 p. r. en el 1.er p. b., dele la vuelta (40 p.)

Hilera 5 (dism.): 4 p. b., 2 p. b. jun., 28 p. b., 2 p. b. jun., 4 p. b., dele la vuelta (38 p.).

Hilera 6 (dism.): 1 cad., 4 p. b., 2 p. b. jun., 26 p. b., 2 p. b. jun., 4 p. b., 1 p. r. en el 1.er p. b., dele la vuelta (36 p.)

Hilera 7 (dism.): 4 p. b., 2 p. b. jun., 24 p. b., 2 p. b. jun., 4 p. b., dele la vuelta (34 p.).

Hilera 8 (dism.): 1 cad., 4 p. b., 2 p. b. jun., 22 p. b., 2 p. b. jun., 4 p. b., 1 p. r. en el 1.er p. b., dele la vuelta (32 p.)

Hilera 9 (dism.): 4 p. b., 2 p. b. jun., 20 p. b., 2 p. b. jun., 4 p. b., dele la vuelta (30 p.).

Hilera 10: 1 cad., 1 p. b. en cada p. b., 1 p. r. en el 1.er p. b., dele la vuelta.

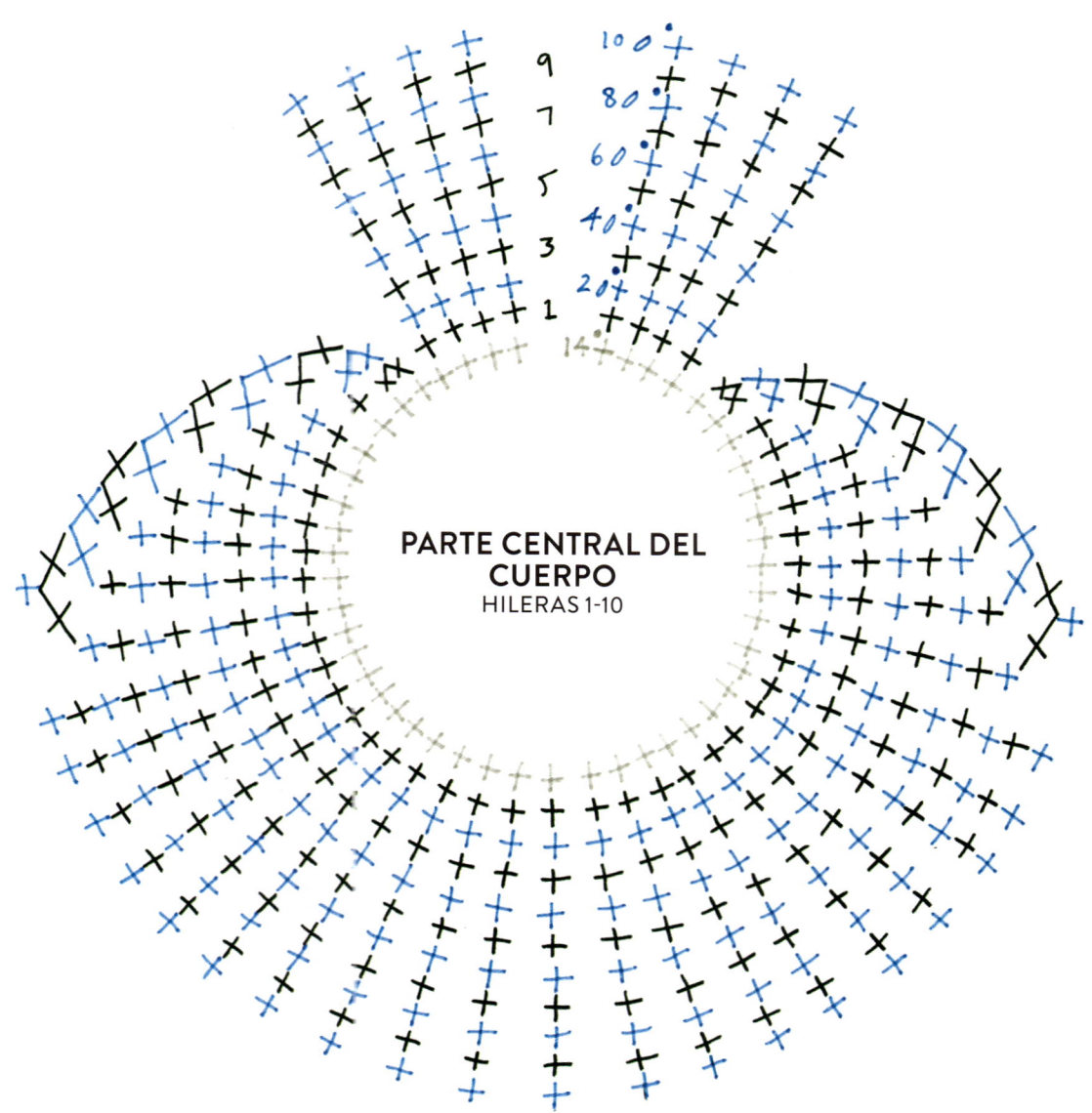

PARTE CENTRAL DEL CUERPO
HILERAS 1-10

PARTE TRASERA DEL CUERPO

Se trabaja en redondo.

Vuelta 1 (dism.): (2 p. b. jun., 3 p. b.) 6 veces (24 p.).

Antes de continuar, rellene el cuerpo.

Vuelta 2 (dism.): (2 p. b. jun., 2 p. b.) 6 veces (18 p.).

Vuelta 3 (dism.): (2 p. b. jun., 1 p. b.) 6 veces (12 p.).

Vuelta 4 (dism.): (2 p. b. jun.) 6 veces (6 p.).

Corte el hilo y páselo a través de los últimos 6 p. Tire del cabo para cerrar la labor. Remate el hilo.

Orejas (haga 2)

Con un ganchillo de 3,25 mm e hilo B, haga 5 cad.

Hilera 1: 1 p. b. en la 2.ª cad. desde la aguja, 1 p. b. en cada una de las sig. 2 cad., 3 p. b. en la cad. sig., 1 p. b. en el revés de cada una de las sig. 3 cad., dele la vuelta (9 p.).

Hilera 2 (aum.): 1 cad., 2 p. b. en el p. sig., 3 p. b., 3 p. b. en el p. sig., 3 p. b., 2 p. b. en el p. sig. (13 p.). Remate la labor dejando un cabo largo. Ha completado el interior de la oreja. Con A, haga otra pieza igual, que será la parte exterior de la oreja. Al final, dé la vuelta a la labor y no remate el hilo.

UNIR LAS PIEZAS DE LA OREJA

Junte las dos piezas, con la parte del interior cara arriba.

Después: Teja 1 cad. y, a continuación, insertando el ganchillo por debajo de las 2 laz. de cada p. de la pieza interior y luego de la exterior, haga 2 p. b. en el p. sig., 5 p. b., 3 p. b. en el p. sig., 5 p. b., 2 p. b. en el p. sig. (17 p.). Remate la labor dejando un cabo largo.

PARTE TRASERA DEL CUERPO
VUELTAS 1-4

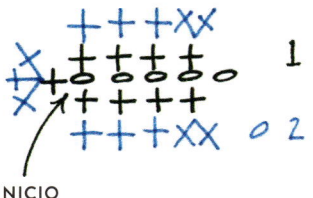

INICIO

OREJAS
HILERAS 1 Y 2

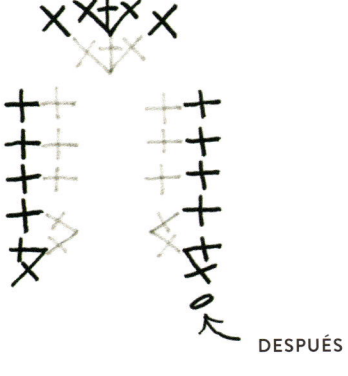

DESPUÉS

UNIR LAS PIEZAS DE LA OREJA
INTRODUZCA EL GANCHILLO EN CADA PUNTO DE AMBAS PIEZAS A LA VEZ

Patas delanteras
(haga 2)

Las piñas aparecen en el revés del tejido. Esto será el derecho de la labor. En la página 166 encontrará las instrucciones para hacer piñas. Empezando en la base de la pata y utilizando un ganchillo de 3,25 mm e hilo A, haga un anillo mágico.

Vuelta 1 (R.): 1 cad., 6 p. b. en el anillo (6 p.).

Vuelta 2 (aum.): 2 p. b. en cada uno de los 6 p. (12 p.). Tire del cabo corto para cerrar el anillo.

Vuelta 3 (aum.): 7 p. b., (2 p. b. en el p. sig., 1 p. b.) 2 veces, 1 p. b. (14 p.).

Vuelta 4: 6 p. b.; (1 piña, 1 p. b.) 4 veces, dele la vuelta.

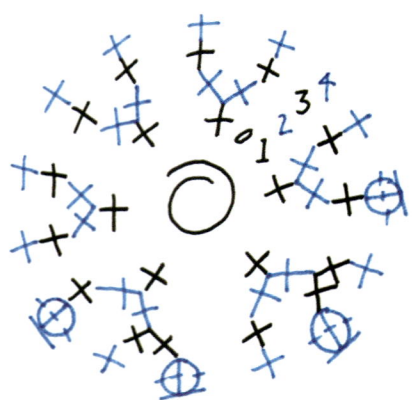

PATAS DELANTERAS
VUELTAS 1-4

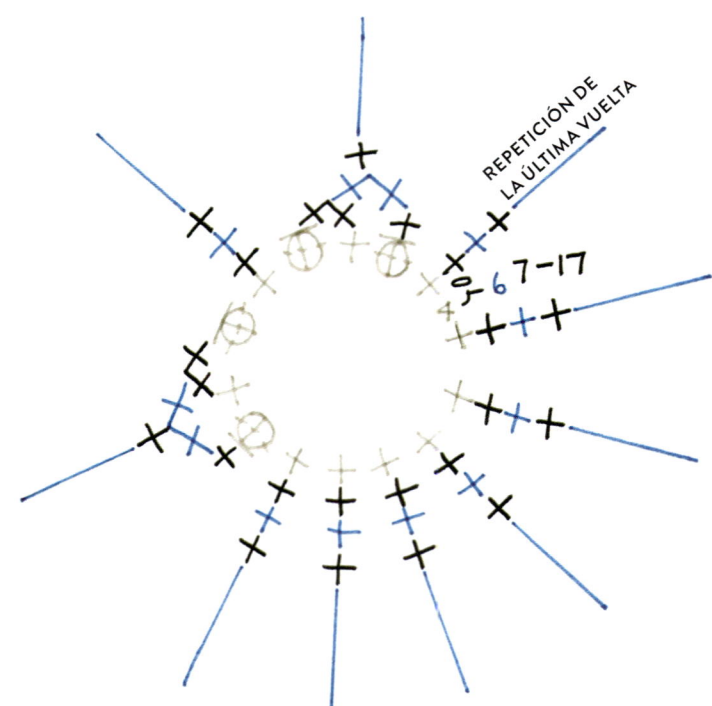

PATAS DELANTERAS (CONTINUACIÓN)
VUELTAS 5-17

Vuelta 5 (D.) (dism.): 1 cad., 1 p. b. en el 1.er p. b., (1 p. b., 2 p. b. jun.) 2 veces, 7 p. b. (12 p.).

Vuelta 6 (dism.): (1 p. b., 2 p. b. jun.) 2 veces, 6 p. b. (10 p.).

Vuelta 7: 1 p. b. en cada p. b. Incorpore B en el último p. b.

Vueltas 8-15: 1 p. b. en cada p. b. con B. Incorpore C en el último p. b. de la vuelta 15.

Vueltas 16 y 17: 1 p. b. en cada p. b. con C. Incorpore D en el último p. b. de la vuelta 17.

Continúe con hilo D.

Vuelta 18 (aum.): (2 p. b. en el p. sig., 4 p. b.) 2 veces (12 p.).

Vuelta 19: 1 p. b. en cada p. b.

Vuelta 20 (aum.): (2 p. b. en el p. sig., 3 p. b.) 3 veces (15 p.).

Vueltas 21-23: 1 p. b. en cada p. b. Antes de continuar, rellene la pata.

Vuelta 24 (dism.): (2 p. b. jun., 1 p. b.) 5 veces (10 p.).

Vuelta 25 (dism.): (2 p. b. jun.) 5 veces (5 p.).

Corte el hilo y páselo a través de los p. de la última vuelta. Tire del cabo para cerrar la labor y remátelo dejando un trozo largo de hilo D.

18 19 20 21 22 23 24 25

PATAS DELANTERAS (CONTINUACIÓN)
VUELTAS 18-25

Patas traseras
(haga 2)

Siga los diagramas de las patas traseras del gato azul ruso dormido, en las páginas 143 y 144.
Empezando en la parte delantera de la pata y utilizando un ganchillo de 3,25 mm e hilo A, haga 6 cad.

Vuelta 1 (R.): 1 p. b. en la 2.ª cad. desde la aguja, (1 piña, 1 p. b. en la cad. sig.) 2 veces, 1 p. b. en el revés de cada cad. hasta el final (10 p.).

Vuelta 2 (aum.): 1 p. b., 1 piña en el mismo p., 3 p. b., 1 piña, 1 p. b. en el mismo p., 2 p. b. en el p. sig., 3 p. b., 2 p. b. en el p. sig., dele la vuelta (14 p.).

Vuelta 3 (D.): 1 cad., 1 p. b. en cada p.

Vuelta 4: 1 p. b. en cada p. b. Incorpore B en el último p. b. Continúe con hilo B.

Vueltas 5 y 6: 1 p. b. en cada p. b.

Vuelta 7 (dism.): (1 p. b., 2 p. b. jun.) 2 veces, 8 p. b. (12 p.).

Vuelta 8: 1 p. b. en cada p. b.

Vuelta 9 (dism.): (2 p. b. jun., 1 p. b.) 2 veces, 6 p. b. (10 p.).

Vueltas 10-14: 1 p. b. en cada p. b.

PARTE POSTERIOR DE LA PATA

Vuelta 15: 2 p. b., acabando en un lado de la pata; 5 cad., sáltese los 5 p. b. de la parte delantera de la pata, 3 p. b.

Vuelta 16: 2 p. b., 1 p. b. en cada una de las sig. 5 cad., 3 p. b.

Corte el hilo y páselo a través de los p. de la última vuelta. Tire del cabo para cerrar la labor y remátelo.

MUSLO

Con el derecho de la pata hacia usted y utilizando un ganchillo de 3,25 mm, incorpore B con 1 p. r. en el 1.º de los 5 p. b. saltados.

Vuelta 1: 1 p. b. en el mismo p. que el p. r., 1 p. b. en cada uno de los sig. 4 p. b., 1 p. b. en el revés de cada una de las sig. 5 cad. (10 p.).

Vuelta 2 (aum.): (2 p. b. en el p. sig., 1 p. b.) 5 veces (15 p.).

Vuelta 3 (aum.): (2 p. b. en el p. sig., 2 p. b.) 5 veces. Incorpore C en el último p. b. (20 p.).

Vuelta 4 (aum.): Con C, (2 p. b. en el p. sig., 3 p. b.) 5 veces (25 p.).

Vuelta 5 (aum.): (2 p. b. en el p. sig., 4 p. b.) 5 veces. Incorpore D en el último p. b. (30 p.). Continúe con hilo D.

Vueltas 6-11: 1 p. b. en cada p. b.

Vuelta 12 (dism.): (2 p. b. jun., 3 p. b.) 6 veces (24 p.).

Antes de continuar, rellene la pata y luego el muslo ligeramente.

Vuelta 13 (dism.): (2 p. b. jun., 2 p. b.) 6 veces (18 p.).

Vuelta 14 (dism.): (2 p. b. jun., 1 p. b.) 6 veces (12 p.).

Vuelta 15 (dism.): (2 p. b. jun.) 6 veces (6 p.).

Corte el hilo y páselo a través de los p. de la última vuelta. Tire del cabo para cerrar la labor y remátelo dejando un trozo largo de hilo D.

Cola

Con un ganchillo de 3,25 mm e hilo A, haga 31 cad.

Hilera 1: 1 p. b. en la 2.ª cad. desde la aguja, 1 p. b. en cada una de las sig. 28 cad., 3 p. b. en la última cad., 1 p. b. en el revés de cada una de las sig. 29 cad., dele la vuelta (61 p.).

Hilera 2 (dism.): 2 cad., 8 p. m. a., 2 p. b., (2 p. b. jun., 1 p. b.) 4 veces, 8 p. b., 3 p. b. en el p. sig., 8 p. b., (1 p. b., 2 p. b. jun.) 4 veces, 2 p. b., 8 p. m. a. (55 p.).

Remate la labor dejando un cabo largo al final.

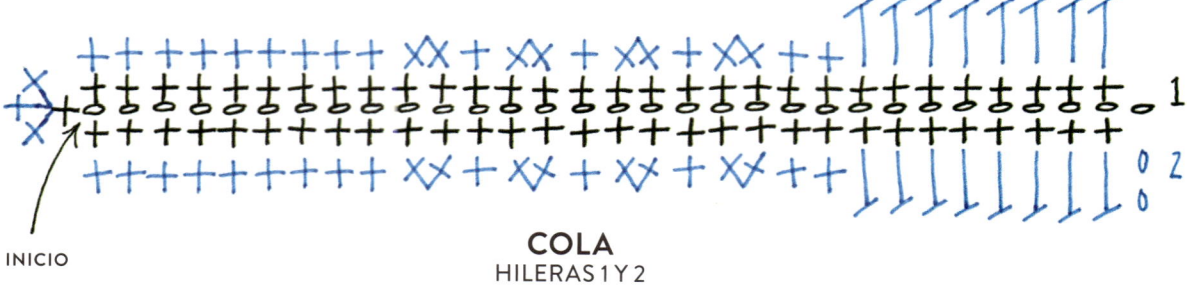

INICIO

COLA
HILERAS 1 Y 2

Montaje

CABEZA

Con tres hebras del hilo de bordar metalizado, haga la nariz con puntadas de satén (*véase* la página 170). Con el mismo hilo de la nariz, borde las pupilas de los ojos. Para formar los iris, haga puntadas rectas alrededor de las pupilas (*véase* la página 170).

OREJAS

Rellene las orejas ligeramente, de manera que queden planas. Cósalas en su sitio, cerca de la parte posterior de la cabeza, haciendo puntadas a lo largo de los lados inferiores con los cabos que ha dejado al rematar las piezas.

PATAS

Aplane la parte superior de las patas y cósalas en su sitio, haciendo puntadas por la parte superior de los muslos con los cabos que ha dejado al rematar las piezas.

COLA

Con el cabo que ha dejado al rematar la pieza, doble la cola a lo largo y cosa los bordes largos juntos con un sobrehilado (*véase* la página 169). Con la ayuda del extremo de la aguja de ganchillo, introduzca una pequeña cantidad de relleno en la cola. Cosa la cola en su sitio, de manera que se enrosque hacia arriba o alrededor de un lado del cuerpo.

BIGOTES (OPCIONAL)

Incorpore tres bigotes en el cuerpo de los puntos situados a los lados del hocico (*véase* la página 171). Recorte los extremos.
Esconda todos los cabos sueltos.

Exótico de pelo corto

LOS CARACTERÍSTICOS RASGOS FACIALES DE LOS GATOS EXÓTICOS DE PELO CORTO SE FORMAN TRABAJANDO EL HOCICO CON PUNTOS DE DIFERENTES ALTURAS Y COLOCANDO LOS DETALLES BORDADOS MÁS JUNTOS.

Materiales

- Haworth Tweed de Sirdar, 50 % lana merina, 50 % nailon (165 m por ovillo de 50 g), o cualquier hilo ligero:
  1 x ovillo de 50 g de color F001-0911 Cotton Grass Cream (A)
  1 x ovillo de 50 g de color F001-0910 Harewood Chestnut (B)
- Hilo de bordar separable marrón, como Stranded Cotton de Anchor, tono 0944, para los ojos
- Hilo de bordar separable de color negro, como Stranded Cotton de Anchor, tono 0403, para las pupilas
- Hilo de bordar separable rosa, como Stranded Cotton de Anchor, tono 0969, para la nariz
- 6 trozos de 12 cm de hilo de nailon transparente de 0,3 mm, para los bigotes (opcionales; no adecuados para niños pequeños)

- Aguja de ganchillo de 3,25 mm
- Aguja lanera de punta roma
- Relleno para peluches

Tamaño

- El cuerpo mide unos16,5 cm de largo, desde la punta de la nariz hasta la parte posterior de las patas traseras
- Hace unos 15,5 cm de alto, desde la coronilla (sin contar las orejas)

Tensión

21 puntos y 22 hileras en una muestra de 10 cm tejida a punto bajo con un ganchillo de 3,25 mm. Si fuera necesario, utilice un ganchillo de mayor o menor calibre para obtener la tensión correcta.

Instrucciones

La cabeza, el cuerpo y las patas se
trabajan en redondo y en hileras de
puntos bajos utilizando dos colores.
La primera hilera del hocico se teje
en las lazadas delanteras de la hilera
anterior, y la forma se crea con una
combinación de puntos bajos, puntos
medios altos, puntos altos y puntos rasos. Las lazadas traseras se trabajan al
empezar a hacer el resto de la cabeza.
El cuello se teje con dos colores trabajando en hileras; se empieza tejiendo
en los puntos de la parte inferior del
hocico y luego a lo largo de los bordes
de las hileras que forman la coronilla.
La orejas se trabajan en hileras. Cada
una está compuesta por dos piezas
que se unen tejiendo en cada punto
de las dos piezas a la vez. La curva de
la cola se forma al tejer puntos bajos
y puntos medios altos en la parte trasera de la cola en hileras alternas. Las
patas se tejen en vueltas continuas de
puntos bajos. Los dedos de las patas
se crean tejiendo piñas. Dado que las
piñas aparecen en el revés de la labor,
hay que dar la vuelta al tejido una
vez completados los dedos; después,
se sigue tejiendo por el derecho. Los
ojos y la nariz se bordan con hilos de
bordar separables.

LEYENDA DE COLORES

PARA LA CARA, EL CUELLO, LA
PARTE CENTRAL DEL CUERPO Y
LAS RAYAS DE LA COLA
En los otros diagramas, las vueltas o
hileras alternan azul y negro.

Cuando al inicio de una hilera o
vuelta se hacen una o dos cadenetas,
estas no cuentan como un punto.

Hocico

Con un ganchillo de 3,25 mm e hilo
A, haga un anillo mágico (*véase* la
página 163).
Vuelta 1: 1 cad., 6 p. b. en el anillo
(6 p.).
Vuelta 2 (aum.): 2 p. b. en cada uno
de los 6 p. (12 p.). Tire del cabo corto
para cerrar el anillo.

PARTE DELANTERA DEL

HOCICO

Hilera 1: 1 p. b. en la laz. del. de cada
uno de los sig. 8 p., dele la vuelta.
Hilera 2: Sáltese el 1.ᵉʳ p. b., (1 p. m.
a., 1 p. a.) en el sig. p. b., 1 p. m. a.,
2 p. r., 1 p. m. a., (1 p. a., 1 p. m. a.) en
el sig. p. b. Incorpore B en el último
p. b. y desplace el hilo que no use por
el revés de la labor. Con B, 1 p. r. en
el sig. p. b., dele la vuelta.

LEYENDA

- ⟲ ANILLO MÁGICO
- ⟋ CADENETA (CAD.)
- • PUNTO RASO (P. R.)
- + PUNTO BAJO (P. B.)
- ⋈ 2 P. B. EN EL MISMO P.
- ⁂ 3 P. B. EN EL MISMO P.
- ⋈ 2 P. B. JUN.
- ⊤ PUNTO MEDIO ALTO (P. M. A.)
- ⫯ PUNTO ALTO (P. A.)
- ⊕ PIÑA
- ∩ SOLO EN LA LAZADA TRASERA
- ∪ SOLO EN LA LAZADA DELANTERA

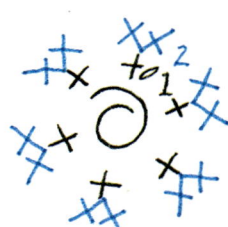

HOCICO
VUELTAS 1-2

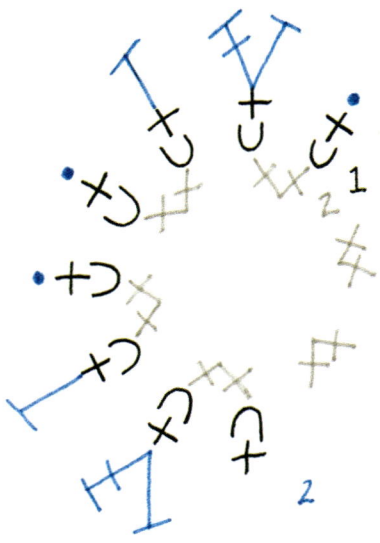

**PARTE DELANTERA
DEL HOCICO**

VUELTAS 1-2

CARA

Hilera 1 (D.): Con B, trabajando en la laz. tras. de los p. de la vuelta 2 del hocico, haga 8 p. b.; con A, 4 p. b. tejidos en ambas laz. de los p., dele la vuelta.

Hilera 2 (R.) (aum.): Con A, 1 cad., 1 p. b., 2 p. b. en cada uno de los sig. 2 p., 1 p. b.; con B, (2 p. b. en el p. sig., 1 p. b.) 2 veces, (1 p. b., 2 p. b. en el p. sig.) 2 veces, 1 p. r. en el 1.er p. b., dele la vuelta (18 p.).

Hilera 3 (aum.): (2 p. b. en el p. sig., 1 p. b.) 6 veces con B, 6 p. b. con A, dele la vuelta (24 p.).

Hilera 4 (aum.): 1 cad., 6 p. b. con A, (2 p. b. en el p. sig., 2 p. b.) 6 veces con B, 1 p. r. en el 1.er p. b., dele la vuelta (30 p.).

Hilera 5: 24 p. b. con B, acabando 6 p. antes de llegar al final, dele la vuelta.

Continúe con B. No remate el hilo A.

CORONILLA

Hilera 6 (R.): 1 cad., 24 p. b., dele la vuelta.

Siga tejiendo en estos 24 p.

Hilera 7 (D.): 1 cad., 1 p. b. en cada p. b., dele la vuelta.

Hileras 8-10: Repita la hilera 7.

Hilera 11 (dism.): (2 p. b. jun., 2 p. b.) 6 veces, dele la vuelta (18 p.).

Hilera 12 (dism.): 1 cad., (2 p. b. jun., 1 p. b.) 6 veces, dele la vuelta (12 p.).

Hilera 13 (dism.): 1 cad., (2 p. b. jun.) 6 veces, dele la vuelta (6 p.).

Corte el hilo y páselo a través de los últimos 6 p. Tire del cabo. Remate el hilo.

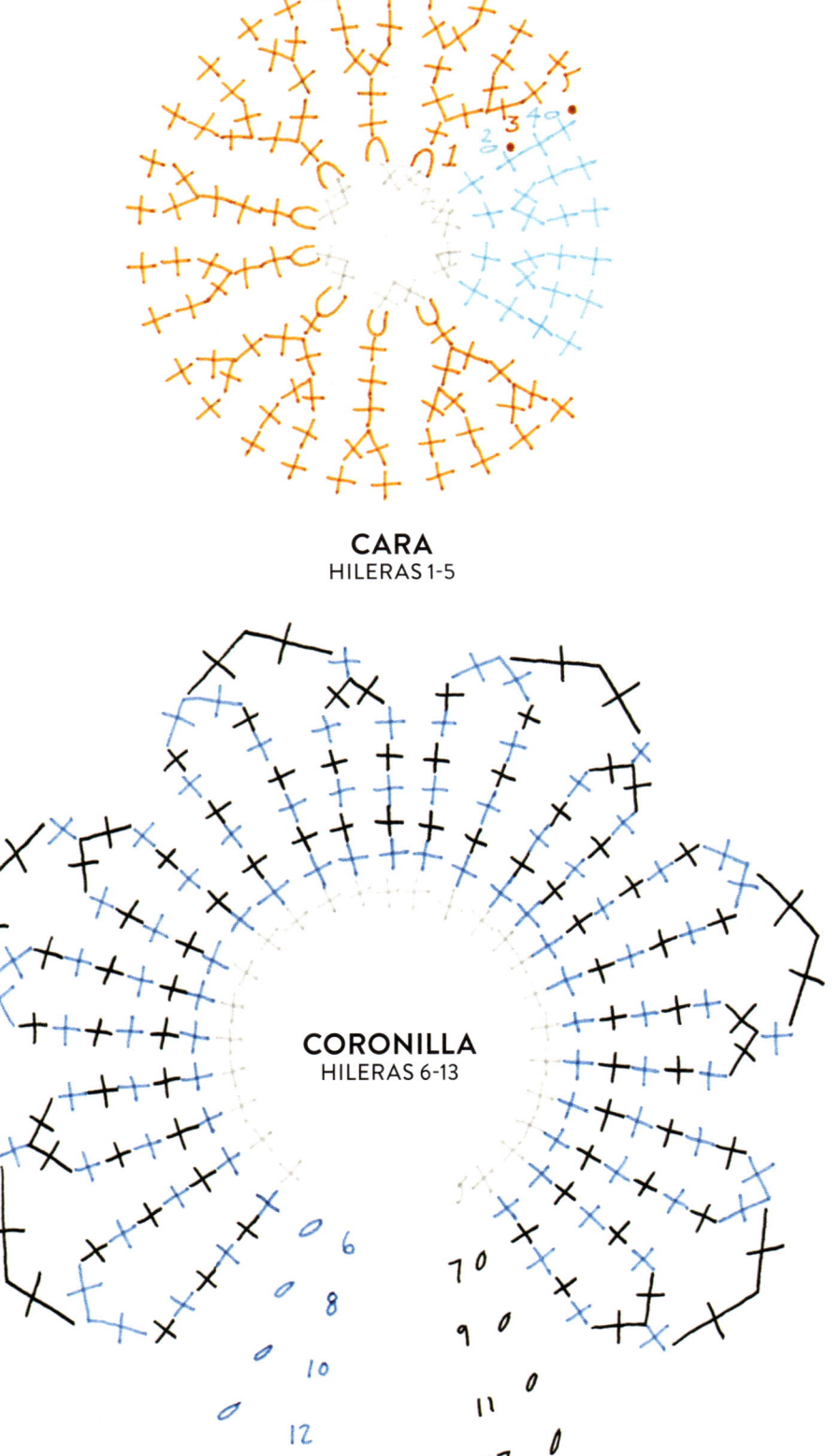

CARA
HILERAS 1-5

CORONILLA
HILERAS 6-13

CUELLO

Con el derecho de la labor hacia usted y usando un ganchillo de 3,25 mm e hilo A, haga 1 p. r. en el 1.º de los 6 p. b. no trabajados de la hilera 4 de la cara.

Hilera 1 (D.): 1 p. b. en el mismo p. que el p. r., 5 p. b. Incorpore B en el último p. b. y desplace el hilo que no use por el revés de la labor. Con B, teja 14 p. b. espaciados a intervalos regulares a lo largo del borde de las hileras de la cabeza, 1 p. r. en el 1.er p. b., dele la vuelta (20 p.).

Hilera 2 (R.) (aum.): *(1 p. b., 2 p. b. en el p. sig., 1 p. b.) 2 veces**, 2 p. b.; repita desde * hasta ** con B; repita desde * hasta ** con A, dele la vuelta (26 p.).

Hilera 3: Con A, 1 cad., 8 p. b.; con B, 18 p. b., 1 p. r. en el 1.er p. b. Remate la labor dejando un cabo largo de hilo A y otro de hilo B.

CUELLO
HILERAS 1-3

Orejas (haga 2)

Con un ganchillo de 3,25 mm e hilo A, haga 3 cad.

Hilera 1: 1 p. b. en la 2.ª cad. desde la aguja, 3 p. b. en la última cad., 1 p. b. en el revés de la cad. sig., dele la vuelta (5 p.).

Remate la labor dejando un cabo largo. Ha completado el interior de la oreja. Con B, haga otra pieza igual, que será la parte exterior de la oreja. Al final, dé la vuelta a la labor y no remate el hilo.

UNIR LAS PIEZAS DE LA OREJA

Junte las dos piezas, con la parte del interior cara arriba.

Después: Teja 1 cad. y, a continuación, introduciendo el ganchillo por debajo de las 2 laz. de cada p. de la pieza interior y luego de la pieza exterior para unirlas, haga (2 p. b. en el p. sig., 1 p. b.) 2 veces, 2 p. b. en el p. sig. (8 p.). Remate la labor dejando un cabo largo.

INICIO

OREJAS
HILERA 1

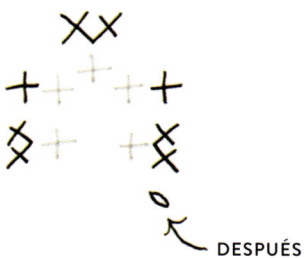

DESPUÉS

**UNIR LAS PIEZAS
DE LA OREJA**
INTRODUZCA EL GANCHILLO
EN CADA PUNTO DE AMBAS
PIEZAS A LA VEZ

Cuerpo

PARTE DELANTERA

Empezando por la parte delantera
del cuerpo y utilizando un ganchillo
de 3,25 mm e hilo A, haga un anillo
mágico.

Vuelta 1: 1 cad., 6 p. b. en el anillo
(6 p.).

Vuelta 2 (aum.): 2 p. b. en cada uno
de los 6 p. (12 p.). Tire del cabo corto
para cerrar el anillo.

Vuelta 3 (aum.): (2 p. b. en el p. sig.,
1 p. b.) 6 veces (18 p.).

Vueltas 4-6 (aum.): Siga aumentado
6 p. en cada vuelta tal como se
muestra hasta que haya 36 p.

Vueltas 7-17: 1 p. b. en cada p. b.

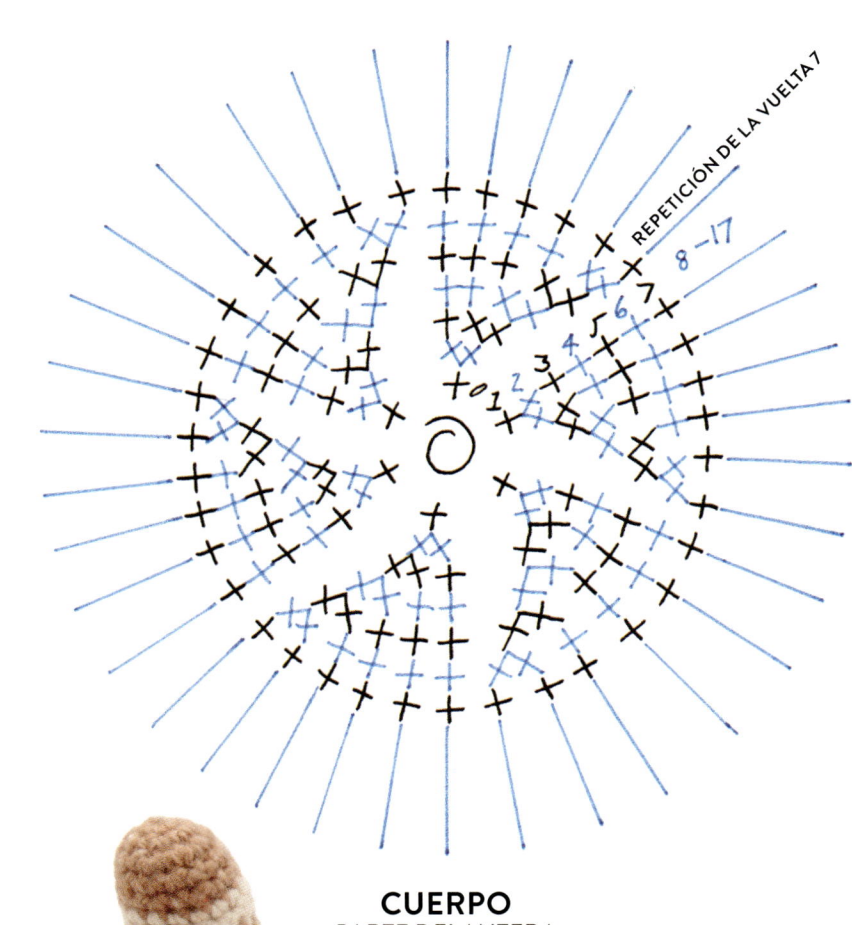

CUERPO
PARTE DELANTERA
VUELTAS 1-17

PARTE CENTRAL DEL CUERPO

Se trabaja en hileras.

Hilera 1 (D.): 21 p. b. Incorpore B en el último p. b. y desplace el hilo que no use por el revés de la labor. 12 p. b. con B, 3 p. b. con A, dele la vuelta.

Hilera 2 (R.): 1 cad., 2 p. b. con A, 14 p. b. con B, 20 p. b. con A, 1 p. r. en el 1.er p. b., dele la vuelta.

Hilera 3: 19 p. b. con A, 16 p. b. con B, 1 p. b. con A, dele la vuelta.

Hilera 4: Con B, 1 cad., 18 p. b.; con A, 18 p. b., 1 p. r. en el 1.er p. b., dele la vuelta.

Hilera 5: 18 p. b. con A, 18 p. b. con B, dele la vuelta.

Hileras 6-13: Repita 4 veces las hileras 4 y 5.

Hilera 14 (dism.): 1 cad., *(2 p. b. jun., 4 p. b.) 3 veces** con B; repita desde * hasta ** con A, 1 p. r. en el 1.er p. b., dele la vuelta (30 p.).

Hilera 15 (dism.): *(2 p. b. jun., 3 p. b.) 3 veces** con A; repita desde * hasta ** con B, no le dé la vuelta (24 p.).

Antes de continuar, rellene el cuerpo.

REPETICIÓN DE LAS HILERAS 4 Y 5

PARTE CENTRAL DEL CUERPO
HILERAS 1-13

PARTE CENTRAL DEL CUERPO (CONTINUACIÓN)
HILERAS 14-15

PARTE TRASERA DEL CUERPO

Se trabaja en redondo.

Continúe con hilo B.

Vuelta 1 (dism.): (2 p. b. jun., 2 p. b.)
6 veces (18 p.).

Vuelta 2 (dism.): (2 p. b. jun., 1 p. b.)
6 veces (12 p.).

Vuelta 3 (dism.): (2 p. b. jun.) 6 veces
(6 p.).

Corte el hilo y páselo a través de los
últimos 6 p. Tire del cabo para cerrar
la labor. Remate el hilo.

**PARTE TRASERA
DEL CUERPO**
VUELTAS 1-3

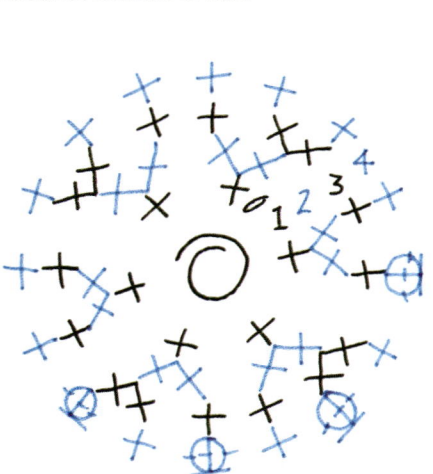

PATAS DELANTERAS
VUELTAS 1-4

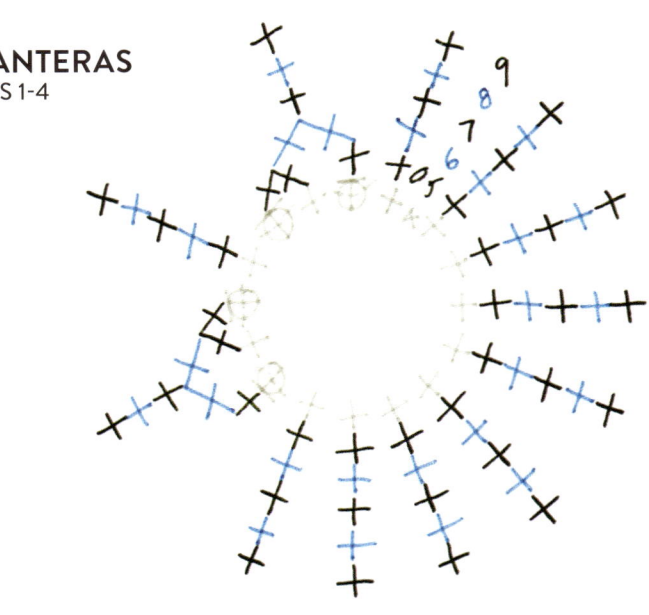

PATAS DELANTERAS (CONTINUACIÓN)
VUELTAS 5-9

Patas delanteras
(haga 2)

Las piñas aparecen en el revés del
tejido. Esto será el derecho de la
labor. En la página 166 encontrará las
instrucciones para hacer piñas.
Empezando en la base de la pata y
utilizando un ganchillo de 3,25 mm
e hilo A, haga un anillo mágico.

Vuelta 1 (R.): 1 cad., 6 p. b. en el
anillo (6 p.).

Vuelta 2 (aum.): 2 p. b. en cada uno
de los 6 p. (12 p.). Tire del cabo corto
para cerrar el anillo.

Vuelta 3 (aum.): (2 p. b. en el p. sig.,
2 p. b.) 4 veces (16 p.).

Vuelta 4: 8 p. b.; (1 piña, 1 p. b.)
4 veces, dele la vuelta.

Vuelta 5 (D.) (dism.): 1 cad., 1 p. b.
en el 1.er p. b., (1 p. b., 2 p. b. jun.)
2 veces, 9 p. b. (14 p.).

Vuelta 6 (dism.): (1 p. b., 2 p. b. jun.)
2 veces, 8 p. b. (12 p.).

Vueltas 7-9: 1 p. b. en cada p. b.

Vuelta 10 (aum.): (2 p. b. en el p. sig., 3 p. b.) 3 veces (15 p.).

Vueltas 11-14: 1 p. b. en cada p. b.

Vuelta 15 (aum.): (2 p. b. en el p. sig., 4 p. b.) 3 veces (18 p.).

Vueltas 16-19: 1 p. b. en cada p. b.

Antes de continuar, rellene la pata.

Vuelta 20 (dism.): (2 p. b. jun., 1 p. b.) 6 veces (12 p.).

Vuelta 21 (dism.): (2 p. b. jun.) 6 veces (6 p.).

Corte el hilo y páselo a través de los p. de la última vuelta. Tire del cabo para cerrar la labor. Remate la labor dejando un cabo largo.

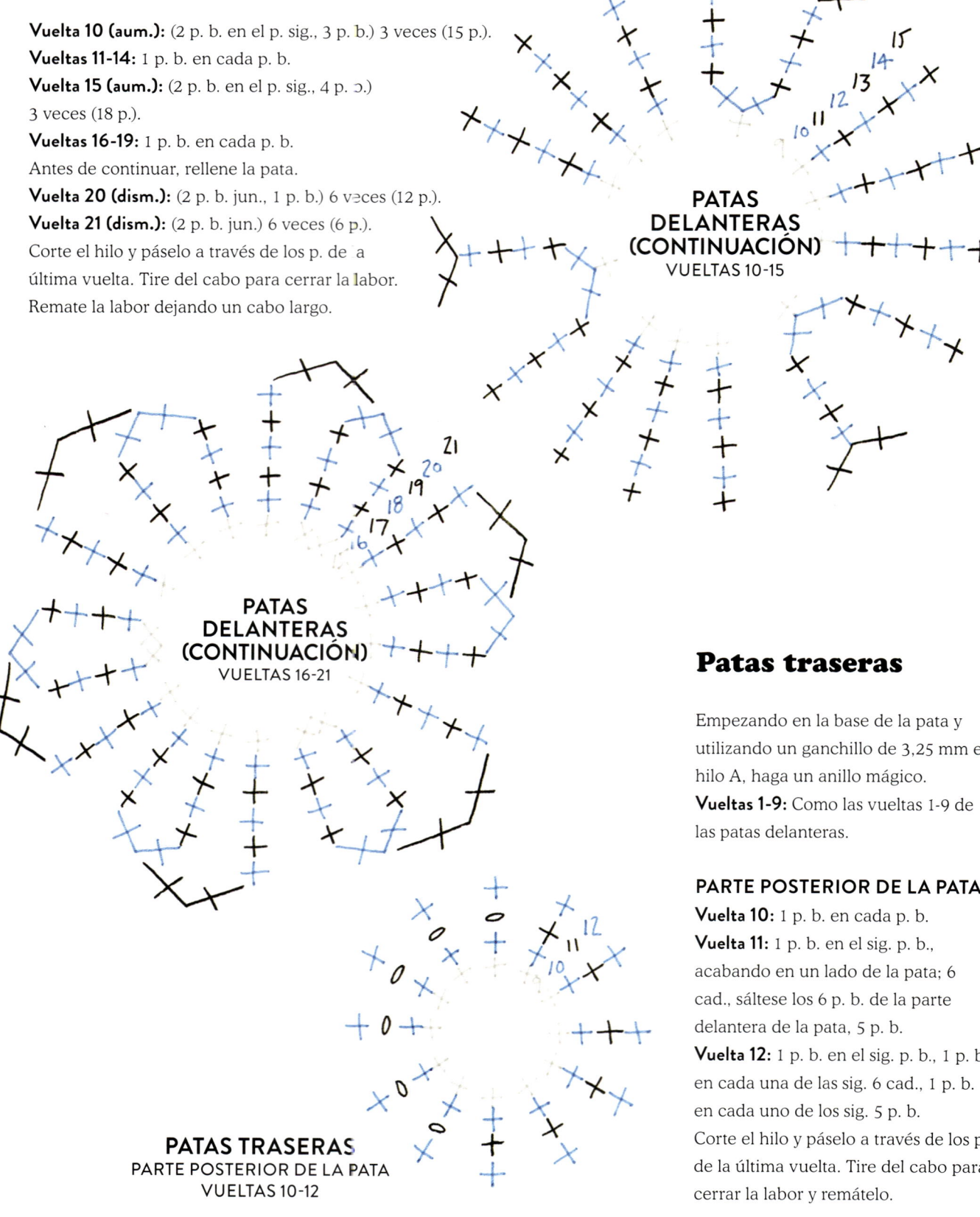

PATAS DELANTERAS (CONTINUACIÓN)
VUELTAS 10-15

PATAS DELANTERAS (CONTINUACIÓN)
VUELTAS 16-21

PATAS TRASERAS
PARTE POSTERIOR DE LA PATA
VUELTAS 10-12

Patas traseras

Empezando en la base de la pata y utilizando un ganchillo de 3,25 mm e hilo A, haga un anillo mágico.

Vueltas 1-9: Como las vueltas 1-9 de las patas delanteras.

PARTE POSTERIOR DE LA PATA

Vuelta 10: 1 p. b. en cada p. b.

Vuelta 11: 1 p. b. en el sig. p. b., acabando en un lado de la pata; 6 cad., sáltese los 6 p. b. de la parte delantera de la pata, 5 p. b.

Vuelta 12: 1 p. b. en el sig. p. b., 1 p. b. en cada una de las sig. 6 cad., 1 p. b. en cada uno de los sig. 5 p. b.

Corte el hilo y páselo a través de los p. de la última vuelta. Tire del cabo para cerrar la labor y remátelo.

MUSLO

Con el derecho de la pata hacia usted y utilizando un ganchillo de 3,25 mm e hilo A, haga 1 p. r. en el 1.º de los 6 p. b. saltados de la hilera 12.

Vuelta 1: 1 p. b. en el mismo p. que el p. r., 1 p. b. en cada uno de los sig. 5 p. b., 1 p. b. en el revés de cada una de las sig. 6 cad. (12 p.).

Vuelta 2: 1 p. b. en cada p. b. Incorpore B en el último p. b. Continúe con hilo B.

Vuelta 3 (aum.): (2 p. b. en el p. sig., 1 p. b.) 6 veces (18 p.).

Vueltas 4 y 5: 1 p. b. en cada p. b.

Vuelta 6 (aum.): (2 p. b. en el p. sig., 2 p. b.) 6 veces (24 p.).

Vueltas 7 y 8: 1 p. b. en cada p. b.

Vuelta 9 (aum.): (2 p. b. en el p. sig., 3 p. b.) 6 veces (30 p.).

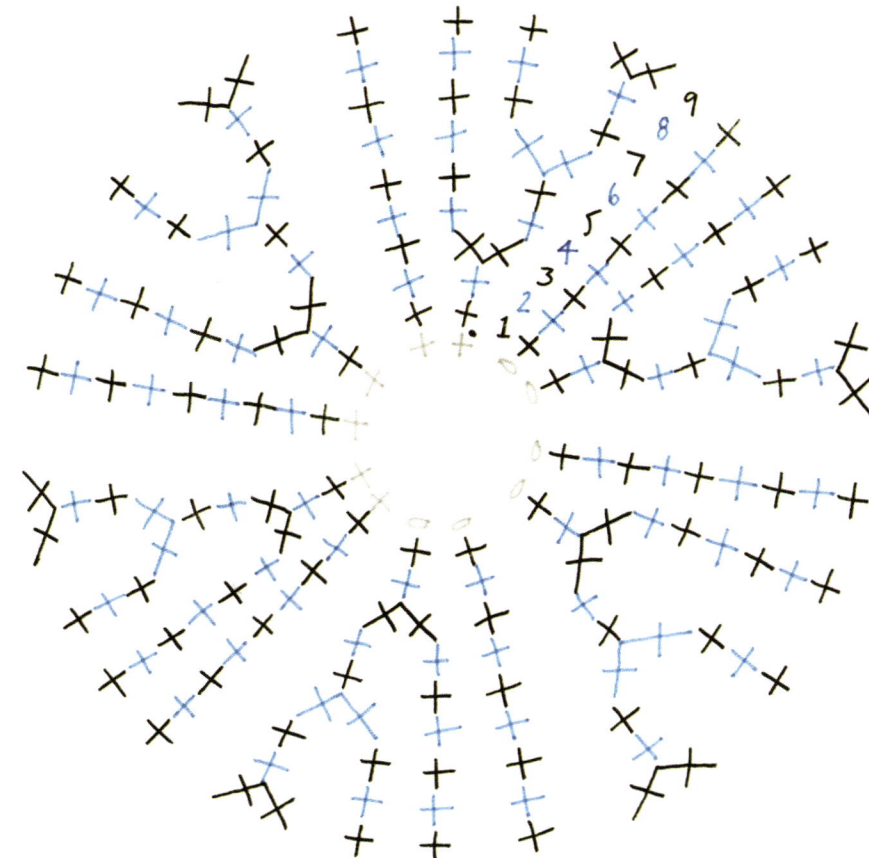

PATAS TRASERAS (CONTINUACIÓN)
MUSLO
VUELTAS 1-9

PATAS TRASERAS (CONTINUACIÓN)
MUSLO
VUELTAS 10-15

Vueltas 10 y 11: 1 p. b. en cada p. b.

Vuelta 12 (dism.): (2 p. b. jun., 3 p. b.) 6 veces (24 p.).

Antes de continuar, rellene la pata.

Vuelta 13 (dism.): (2 p. b. jun., 2 p. b.) 6 veces (18 p.).

Vuelta 14 (dism.): (2 p. b. jun., 1 p. b.) 6 veces (12 p.).

Vuelta 15 (dism.): (2 p. b. jun.) 6 veces (6 p.).

Corte el hilo y páselo a través de los p. de la última vuelta. Tire del cabo para cerrar la labor y remátelo dejando un trozo largo de hilo B al final.

Cola

PUNTA

Con un ganchillo de 3,25 mm e hilo B, haga un anillo mágico.

Vuelta 1: 1 cad., 5 p. b. en el anillo (5 p.).

Vuelta 2 (aum.): 2 p. b. en cada uno de los 5 p. (10 p.). Tire del cabo corto para cerrar el anillo.

Vuelta 3 (aum.): (2 p. b. en el p. sig., 1 p. b.) 5 veces (15 p.).

Vueltas 4 y 5: 1 p. b. en cada p. b. Incorpore A en el último p. b. y desplace el hilo que no use por el revés de la labor.

RAYAS

Se trabajan en hileras.

Hilera 1 (D.): Con A, 1 p. b. en cada p., dele la vuelta.

Hilera 2 (R.): 2 cad., 3 p. m. a., 9 p. b., 3 p. m. a., 1 p. r. en el 1.er p. m. a., dele la vuelta.

Hileras 3 y 4: Con B, repita las hileras 1 y 2.

Hileras 5-16: Repita 3 veces las hileras 1-4.

Remate la labor dejando un cabo largo de hilo B.

COLA
PUNTA
VUELTAS 1-5

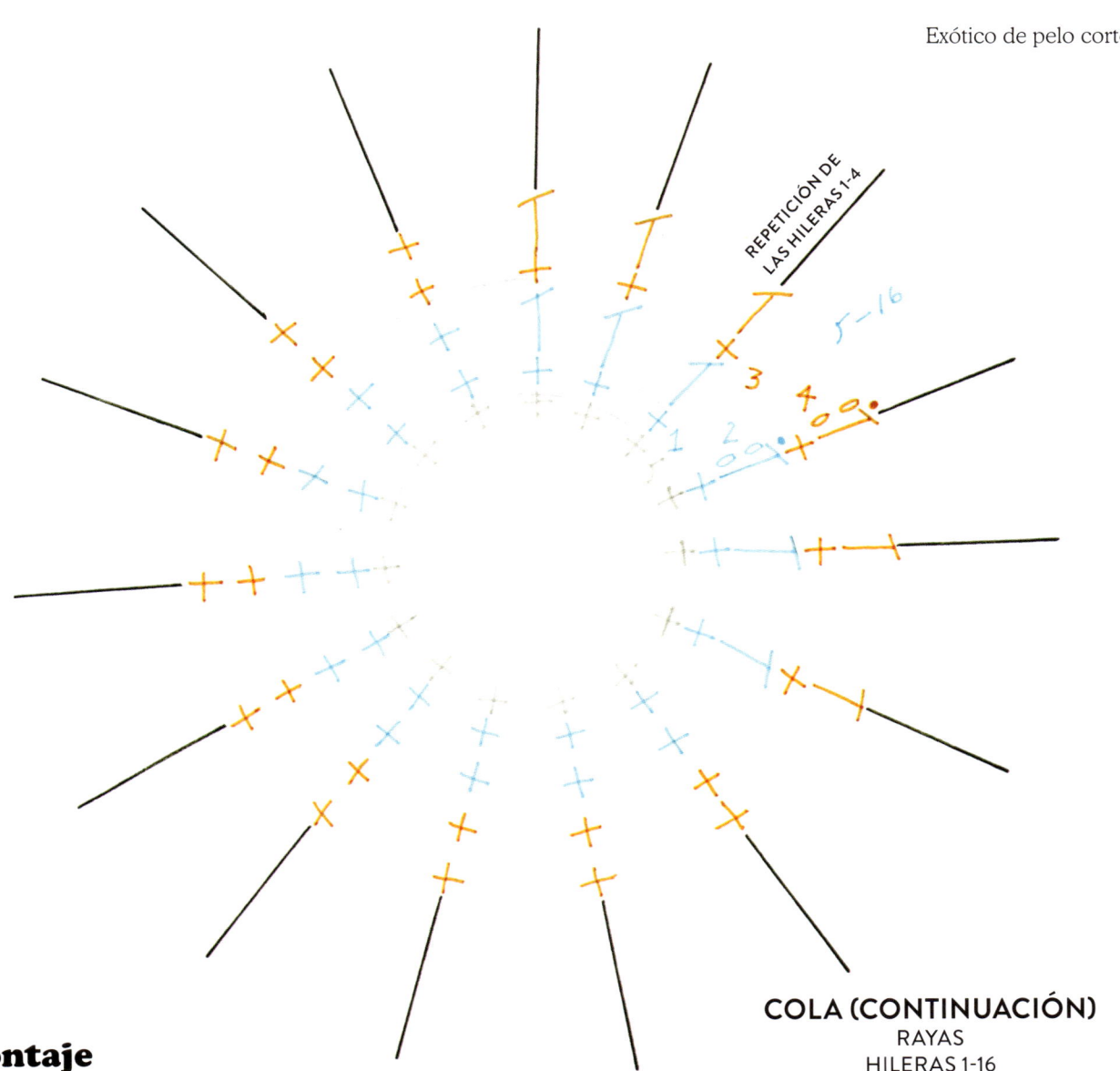

REPETICIÓN DE LAS HILERAS 1-4

5-16

3

4

1

2

COLA (CONTINUACIÓN)
RAYAS
HILERAS 1-16

Montaje

CABEZA

Rellene la cabeza. Con los cabos que ha dejado al rematar la pieza, cósala en su sitio. Haga puntadas alrededor de todo el borde del cuello. Si fuera necesario, introduzca más relleno en el cuello. Utilizando tres hebras del hilo de bordar, haga la nariz y las pupilas de los ojos con puntadas de satén (*véase* la página 170). Para formar los iris, haga puntadas rectas alrededor de las pupilas (*véase* la página 170).

OREJAS

Rellene las orejas ligeramente, de manera que queden planas. Cósalas en su sitio, cerca de la parte posterior de la cabeza, haciendo puntadas a lo largo de los lados inferiores con los cabos que ha dejado al rematar las piezas.

PATAS

Aplane la parte superior de las patas y cósalas en su sitio, haciendo puntadas por la parte superior de los muslos con los cabos que ha dejado al rematar las piezas.

COLA

Rellene la cola. Cósala en su sitio con el cabo que ha dejado al rematar la pieza y colocando los bordes unidos de las hileras en la parte de detrás.

BIGOTES (OPCIONAL)

Incorpore tres bigotes en el cuerpo de los puntos situados a los lados del hocico (*véase* la página 171). Recorte los extremos.
Esconda todos los cabos sueltos.

Gato calicó

LAS MANCHAS DEL PELAJE DE LOS GATOS CALICÓ SE HACEN CON SIMPLES CAMBIOS DE COLOR. SI DESEA ADAPTAR EL PATRÓN PARA CREAR OTROS GATOS DE PELO CORTO, SIMPLEMENTE MODIFIQUE LOS COLORES Y OMITA LAS MANCHAS.

Materiales

- Lima de Drops, 65 % lana, 35 % alpaca (100 m por ovillo de 50 g), o cualquier hilo ligero:
  1 x ovillo de 50 g de color 1101 White (A)
- Soft Tweed Mix de Drops, 50 % lana, 25 % alpaca, 25 % viscosa (130 m por ovillo de 50 g), o cualquier hilo ligero:
  1 x ovillo de 50 g de color 09 Raven (B)
  1 x ovillo de 50 g de color 18 Carrot Cake (C)
- Hilo de bordar separable de color verde, como Stranded Cotton de DMC, tono 3364, para los ojos
- Hilo de bordar separable metalizado de color negro, como Light Effects de DMC, tono E310, para la nariz y las pupilas
- 6 trozos de 12 cm de hilo de nailon transparente de 0,3 mm, para los bigotes (opcionales; no adecuados para niños pequeños)
- Aguja de ganchillo de 3,25 mm

- Aguja lanera de punta roma
- Relleno para peluches

Tamaño

- Mide unos13,5 cm de largo, desde la punta de la nariz hasta la parte posterior de las patas traseras
- Hace unos 18 cm de alto, desde la coronilla (sin contar las orejas)

Tensión

21 puntos y 21 hileras en una muestra de 10 cm tejida a punto bajo con un ganchillo de 3,25 mm. Si fuera necesario, utilice un ganchillo de mayor o menor calibre para obtener la tensión correcta.

Instrucciones

La cabeza, el cuello y el cuerpo son una sola pieza, que se trabaja en vueltas e hileras de puntos bajos. Las manchas se crean con sencillos cambios de color. El cuello se hace tejiendo en los bordes de las hileras que forman la coronilla y en los puntos de la parte inferior del hocico. La forma del cuerpo se obtiene tejiendo hileras cortas, trabajando primero solo en algunos puntos de la hilera anterior y luego, al final de cada una de las hileras siguientes, en un punto no trabajado. Cada oreja está compuesta por dos piezas, la interior y la exterior. Las piezas exteriores se hacen de diferentes colores. Las dos piezas que forman cada oreja se unen tejiendo en cada punto de ambas piezas a la vez. La cola se teje con dos colores trabajando en hileras de puntos bajos y puntos medios altos, que crean la curva. Los dedos de las patas se hacen tejiendo piñas, que aparecen en el revés del tejido. Los muslos de las patas traseras deben rellenarse ligeramente. De este modo, quedarán flexibles y podrán doblarse fácilmente para formar la posición sentada. Los ojos y la nariz se bordan con hilos de bordar separables.

Cuando al inicio de una hilera o vuelta se hacen una o dos cadenetas, estas no cuentan como un punto.

Cabeza y cuerpo

CABEZA

Empezando en la parte delantera del hocico y utilizando un ganchillo de 3,25 mm e hilo A, haga un anillo mágico (*véase* la página 163).

Vuelta 1: 1 cad., 6 p. b. en el anillo (6 p.).

Vuelta 2 (aum.): 2 p. b. en cada uno de los 6 p. (12 p.). Tire del cabo corto para cerrar el anillo.

Vueltas 3 y 4: 1 p. b. en cada p. b. Dele la vuelta al final de la última vuelta.

CARA

Se trabaja en hileras.

Hilera 1 (R.) (aum.): 1 cad., 2 p. b. en el p. sig., 1 p. b., (1 p. b., 2 p. b. en el p. sig.) 3 veces, (2 p. b. en el p. sig., 1 p. b.) 2 veces. Incorpore B en el último p. b. y desplace el hilo que no use por el revés de la labor, 1 p. r. en el 1.er p. b., dele la vuelta (18 p.).

Hilera 2 (D.): 4 p. b. con B, 4 p. b. con A. Incorpore C en el último p. b. 4 p. b. con C, 6 p. b. con A, dele la vuelta.

Hilera 3 (aum.): 1 cad., 6 p. b. con A; con C, 1 p. b., (2 p. b. en el p. sig.,

LEYENDA DE COLORES

PARA LA CARA, LA CORONILLA: HILERAS 5-7, LA PARTE TRASERA, LA PARTE CENTRAL DEL CUERPO, LAS PATAS DELANTERAS: VUELTAS 13-25, LA COLA: HILERAS 1-22

En los otros diagramas, las vueltas o hileras alternan azul y negro.

1 p. b.) 2 veces; con A, 2 p. b. en cada uno de los sig. 2 p.; con B, (1 p. b., 2 p. b. en el p. sig.) 2 veces, 1 p. b., 1 p. r. en el 1.er p. b., dele la vuelta (24 p.).

Hilera 4 (aum.): Con B, (1 p. b., 2 p. b. en el p. sig., 1 p. b.) 2 veces, 1 p. b., 2 p. b. en el p. sig.; con A, 2 p. b.; con C, 2 p. b. en el p. sig., 1 p. b., (1 p. b., 2 p. b. en el p. sig., 1 p. b.) 2 veces, acabando 6 p. antes de llegar al final, dele la vuelta (30 p.).

LEYENDA

- ⊙ ANILLO MÁGICO
- ⊘ CADENETA (CAD.)
- • PUNTO RASO (P. R.)
- + PUNTO BAJO (P. B.)
- ⨉ 2 P. B. EN EL MISMO P.
- ⨉ 3 P. B. EN EL MISMO P.
- ⨉ 2 P. B. JUN.
- ⨉ 6 P. B. JUN.
- ⊕ PIÑA

CABEZA
VUELTAS 1-4

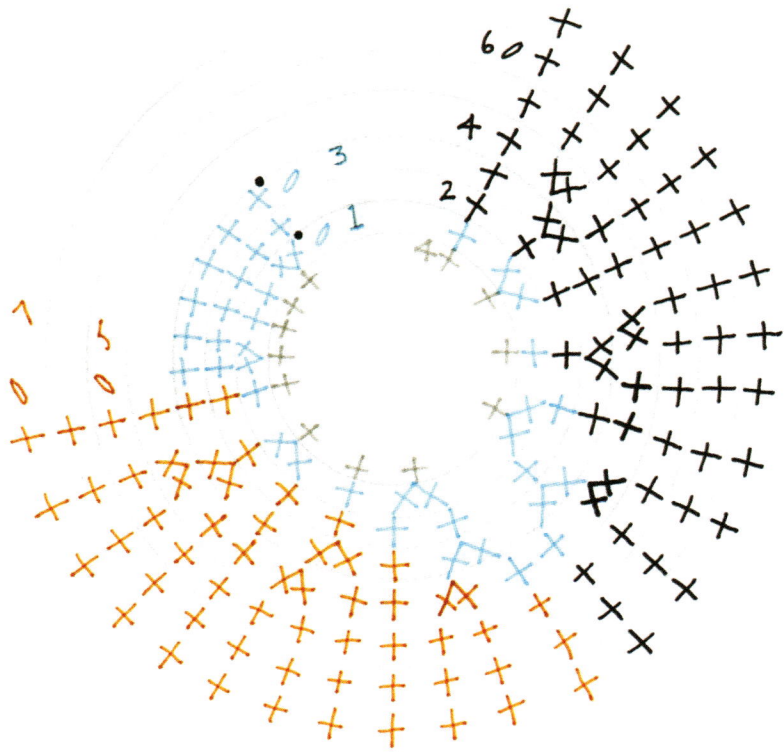

CARA
HILERAS 1-4
Y CORONILLA
HILERAS 5-7

CORONILLA

Hilera 5 (R.): 1 cad., 12 p. b. con C, 12 p. b. con B, dele la vuelta. Siga tejiendo en estos 24 p.

Hilera 6 (D.): 1 cad., 12 p. b. con B, 12 p. b. con C, dele la vuelta.

Hilera 7: Repita la hilera 5. Continúe con hilo B.

Hileras 8 y 9: 1 cad., 1 p. b. en cada p. hasta el final, dele la vuelta.

Hilera 10 (dism.): 1 cad., (2 p. b. jun., 2 p. b.) 6 veces, dele la vuelta (18 p.).

Hilera 11 (dism.): 1 cad., (2 p. b. jun., 1 p. b.) 6 veces, dele la vuelta (12 p.).

Hilera 12 (dism.): 1 cad., (2 p. b. jun.) 6 veces, dele la vuelta (6 p.).

Hilera 13 (dism.): 1 cad., 6 p. b. jun. [(introduzca el ganchillo en el p. sig., e. h. y sáquela por el p.) 6 veces, tiene 7 laz. en la aguja, e. h. y sáquela por las 7 laz.], dele la vuelta (1 p.).

CUELLO

Con A, siga las instrucciones del gato siamés, en la página 69.

PARTE DELANTERA DEL CUERPO

Con A, siga las instrucciones del gato siamés, en la página 70.

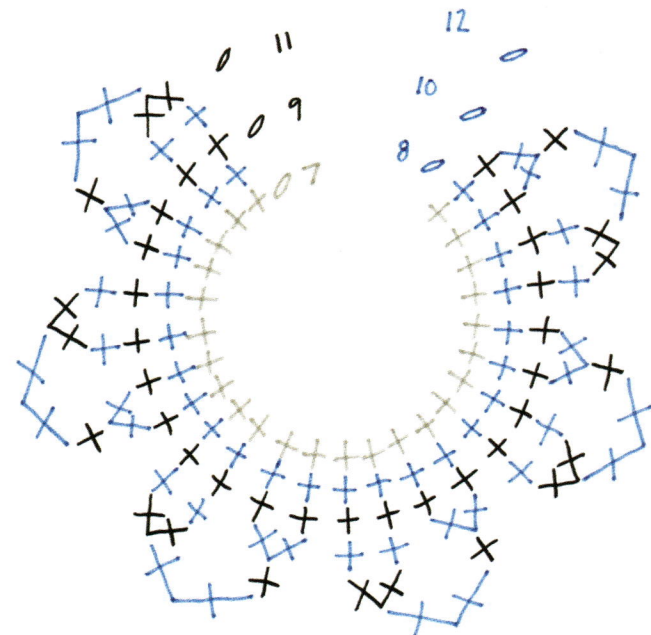

CORONILLA (CONTINUACIÓN)
HILERAS 8-12

CORONILLA (CONTINUACIÓN)
HILERA 13

PARTE TRASERA

Hilera 1 (D.): 2 p. b., 1 p. r., dele la vuelta.

Hilera 2 (R.) (aum.): Con C, 1 p. b. en el mismo p. que el p. r., 1 p. b., 2 p. b. en cada uno de los sig. 2 p., 2 p. b., 1 p. r., dele la vuelta (32 p.).

Hilera 3 (aum.): 1 p. b. en el mismo p. que el p. r., 3 p. b., 2 p. b. en cada uno de los sig. 2 p., 4 p. b., 1 p. r., dele la vuelta (34 p.).

Hilera 4 (aum.): 1 p. b. en el mismo p. que el p. r., 5 p. b., 2 p. b. en cada uno de los sig. 2 p., 6 p. b., 1 p. r., dele la vuelta (36 p.).

Hilera 5 (aum.): 1 p. b. en el mismo p. que el p. r., 7 p. b., 2 p. b. en el p. sig.; con B, 2 p. b. en el p. sig., 8 p. b., 1 p. r., dele la vuelta (38 p.).

Hilera 6 (aum.): Con B, 1 p. b. en el mismo p. que el p. r., 9 p. b., 2 p. b. en el p. sig.; con C, 2 p. b. en el p. sig., 10 p. b., 1 p. r., dele la vuelta (40 p.).

Hilera 7 (aum.): Con A, 1 p. b. en el mismo p. que el p. r., 11 p. b., 2 p. b. en el p. sig.; con B, 2 p. b. en el p. sig., 12 p. b., 1 p. r., dele la vuelta (42 p.).

Hilera 8 (aum.): Con B, 1 p. b. en el mismo p. que el p. r., 13 p. b., 2 p. b. en el p. sig.; con A, 2 p. b. en el p. sig., 14 p. b., 1 p. r., dele la vuelta (44 p.). Continúe con hilo A.

Hilera 9 (aum.): 1 p. b. en el mismo p. que el p. r., 15 p. b., 2 p. b. en cada uno de los sig. 2 p., 16 p. b., 1 p. r., dele la vuelta (46 p.).

Hilera 10 (aum.): 1 p. b. en el mismo p. que el p. r., 17 p. b., 2 p. b. en cada uno de los sig. 2 p., 18 p. b., 1 p. r., dele la vuelta (48 p.).

Hilera 11: 1 p. b. en el mismo p. que el p. r., 41 p. b., 1 p. r., dele la vuelta.

Hilera 12: 1 p. b. en el mismo p. que el p. r., 43 p. b., 1 p. r., dele la vuelta.

Hilera 13: 1 p. b. en el mismo p. que el p. r., 45 p. b., 1 p. r., dele la vuelta.

Hilera 14: 1 p. b. en el mismo p. que el p. r., 47 p. b., 1 p. r. en el 1.er p. b., dele la vuelta.

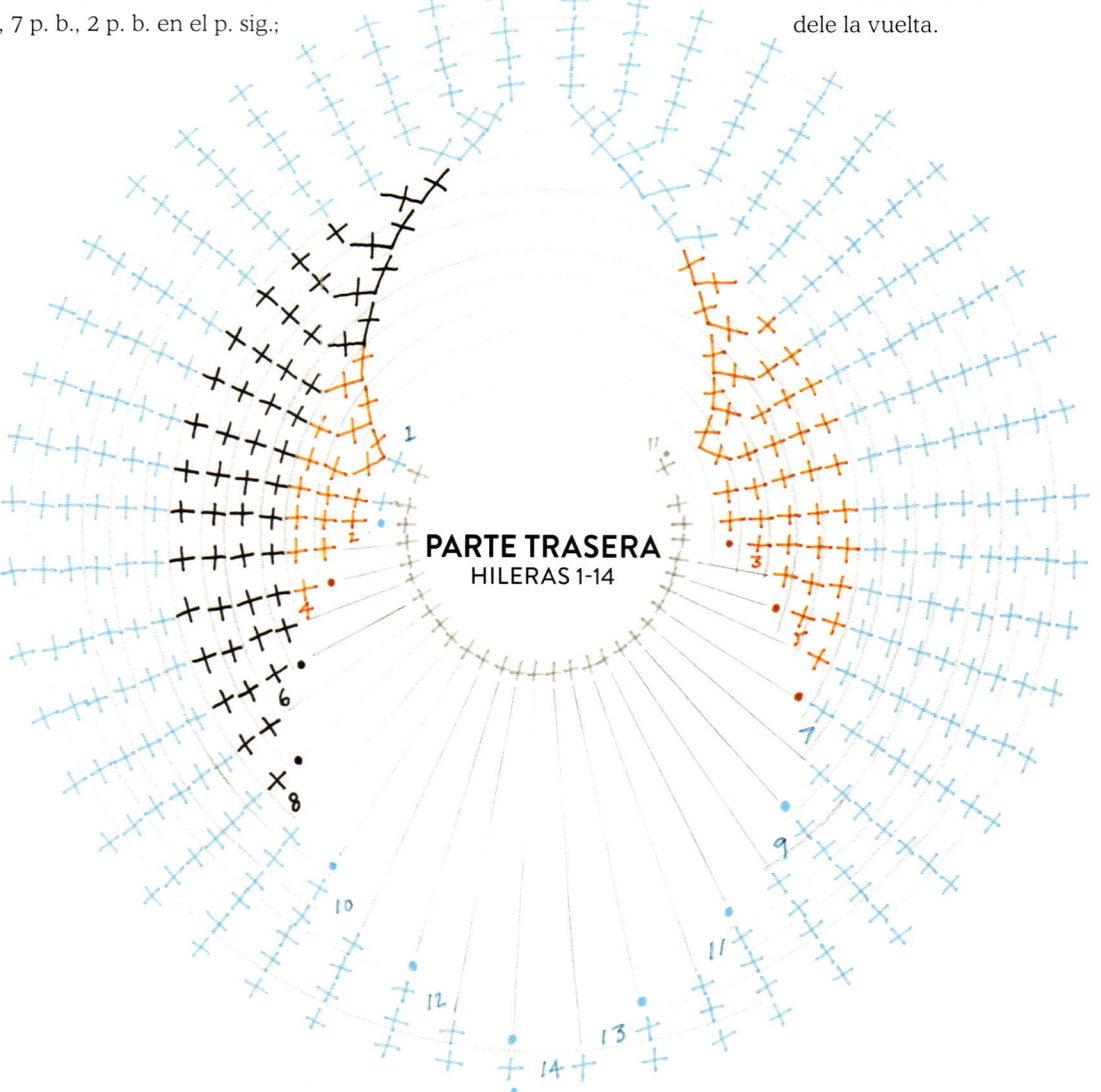

PARTE TRASERA
HILERAS 1-14

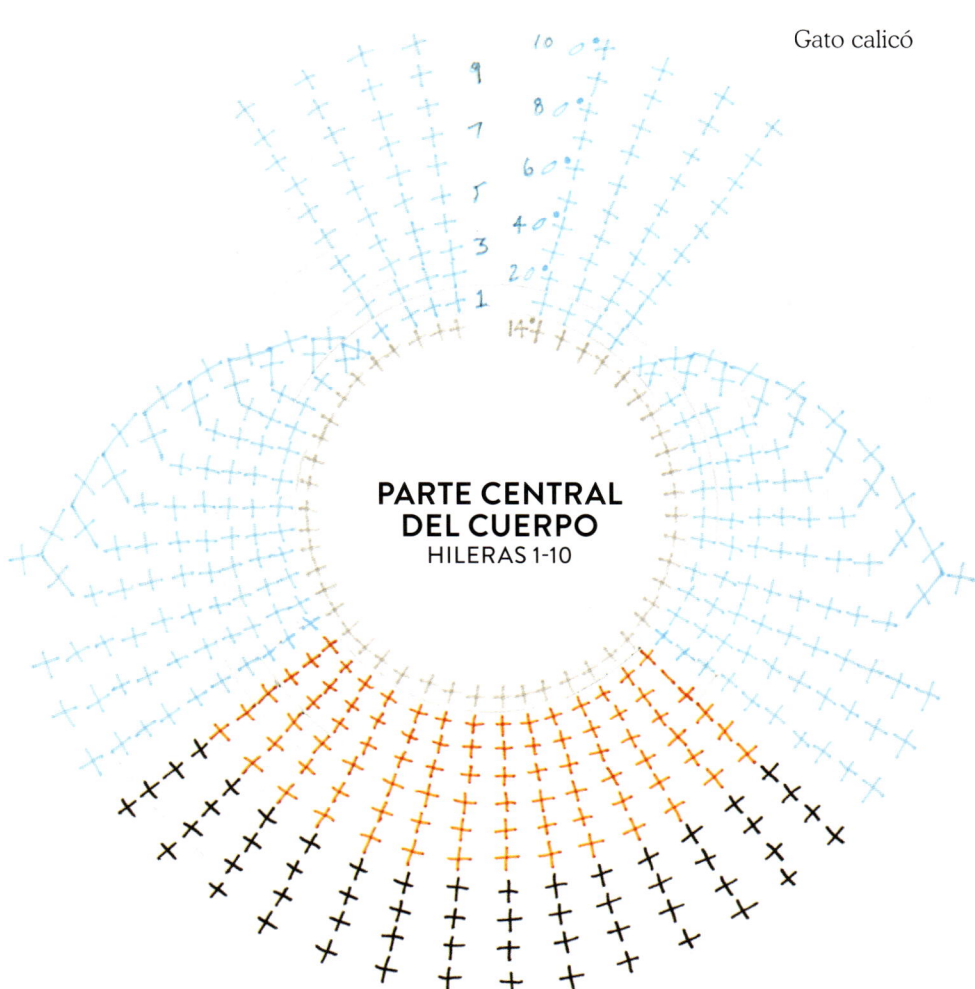

**PARTE CENTRAL
DEL CUERPO**
HILERAS 1-10

PARTE CENTRAL DEL CUERPO

Hilera 1 (D.) (dism.): Con A, 4 p. b., 2 p. b. jun., 11 p. b.; con C, 14 p. b.; con A, 11 p. b., 2 p. b. jun., 4 p. b., dele la vuelta (46 p.).

Hilera 2 (R.) (dism.): Con A, 1 cad., 4 p. b., 2 p. b. jun., 10 p. b.; con C, 14 p. b.; con A, 10 p. b., 2 p. b. jun., 4 p. b., 1 p. r. en el 1.er p. b., dele la vuelta (44 p.).

Hilera 3 (dism.): Con A, 4 p. b., 2 p. b. jun., 9 p. b.; con C, 14 p. b.; con A, 9 p. b., 2 p. b. jun., 4 p. b., dele la vuelta (42 p.).

Hilera 4 (dism.): Con A, 1 cad., 4 p. b., 2 p. b. jun., 8 p. b.; con C, 14 p. b.; con A, 8 p. b., 2 p. b. jun., 4 p. b., 1 p. r. en el 1.er p. b., dele la vuelta (40 p.).

Hilera 5 (dism.): Con A, 4 p. b., 2 p. b. jun., 7 p. b.; con C, 14 p. b.; con A, 7 p. b., 2 p. b. jun., 4 p. b., dele la vuelta (38 p.).

Hilera 6 (dism.): Con A, 1 cad., 4 p. b., 2 p. b. jun., 6 p. b.; con C, 14 p. b.; con A, 6 p. b., 2 p. b. jun., 4 p. b., 1 p. r. en el 1.er p. b., dele la vuelta (36 p.).

Hilera 7 (dism.): Con A, 4 p. b., 2 p. b. jun., 5 p. b.; con B, 14 p. b.; con A, 5 p. b., 2 p. b. jun., 4 p. b., dele la vuelta (34 p.).

Hilera 8 (dism.): Con A, 1 cad., 4 p. b., 2 p. b. jun., 4 p. b.; con B, 14 p. b.; con A, 4 p. b., 2 p. b. jun., 4 p. b., 1 p. r. en el 1.er p. b., dele la vuelta (32 p.).

Hilera 9 (dism.): Con A, 4 p. b., 2 p. b. jun., 3 p. b.; con B, 14 p. b.; con A, 3 p. b., 2 p. b. jun., 4 p. b., dele la vuelta (30 p.).

Hilera 10: Con A, 1 cad., 8 p. b.; con B, 14 p. b.; con A, 8 p. b., 1 p. r. en el 1.er p. b., dele la vuelta.

PARTE TRASERA DEL CUERPO

Siga el diagrama del gato siamés, en la página 73. Continúe con hilo B. Se trabaja en redondo.

Vuelta 1 (dism.): (2 p. b. jun., 3 p. b.) 6 veces (24 p.).

Antes de continuar, rellene el cuerpo.

Vuelta 2 (dism.): (2 p. b. jun., 2 p. b.) 6 veces (18 p.).

Vuelta 3 (dism.): (2 p. b. jun., 1 p. b.) 6 veces (12 p.).

Vuelta 4 (dism.): (2 p. b. jun.) 6 veces (6 p.).

Corte el hilo y páselo a través de los últimos 6 p. Tire del cabo para cerrar la labor. Remate el hilo.

Orejas

OREJA DERECHA

Con un ganchillo de 3,25 mm e hilo A, haga 4 cad.

Hilera 1: 1 p. b. en la 2.ª cad. desde la aguja, 1 p. b. en la cad. sig., 3 p. b. en la cad. sig., 1 p. b. en el revés de cada una de las sig. 2 cad., dele la vuelta (7 p.).

Hilera 2 (aum.): 1 cad., 2 p. b. en el p. sig., 2 p. b., 3 p. b. en el p. sig., 2 p. b., 2 p. b. en el p. sig. (11 p.).

Remate la labor dejando un cabo largo. Ha completado el interior de la oreja.

Con C, haga otra pieza igual, que será la parte exterior de la oreja derecha. Al final, dé la vuelta a la labor y no remate el hilo.

UNIR LAS PIEZAS DE LA OREJA

Junte las dos piezas, con la parte del interior cara arriba.

Después: Teja 1 cad. y, a continuación, introduciendo el ganchillo por debajo de las 2 laz. de cada p. de la pieza interior y luego de la pieza exterior para unirlas, haga 2 p. b. en el p. sig., 4 p. b., 3 p. b. en el p. sig., 4 p. b., 2 p. b. en el p. sig. (15 p.). Remate la labor dejando un cabo largo.

OREJA IZQUIERDA

Como la oreja derecha, pero utilice hilo B para tejer la pieza exterior y para unir las dos piezas.

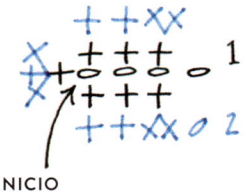

INICIO

OREJAS
HILERAS 1 Y 2

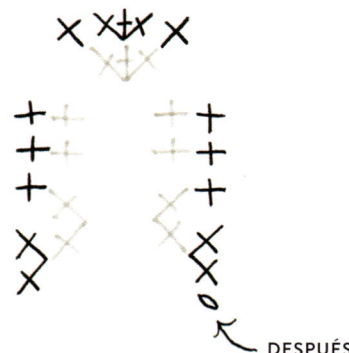

DESPUÉS

**UNIR LAS PIEZAS
DE LA OREJA**
INTRODUZCA EL GANCHILLO
EN CADA PUNTO DE AMBAS
PIEZAS A LA VEZ

Patas delanteras

PATA DERECHA

Siga los diagramas de las vueltas 1-12 de las patas delanteras del gato blanco y negro, en las páginas 26 y 27. Las piñas aparecen en el revés del tejido. Esto será el derecho de la labor. En la página 166 encontrará las instrucciones para hacer piñas. Empezando en la base de la pata y utilizando un ganchillo de 3,25 mm e hilo A, haga un anillo mágico.

Vuelta 1 (R.): 1 cad., 6 p. b. en el anillo (6 p.).

Vuelta 2 (aum.): 2 p. b. en cada uno de los 6 p. (12 p.). Tire del cabo corto para cerrar el anillo.

Vuelta 3 (aum.): (2 p. b. en el p. sig., 2 p. b.) 4 veces (16 p.).

Vuelta 4: 8 p. b.; (1 piña, 1 p. b.) 4 veces, dele la vuelta.

Vuelta 5 (D.) (dism.): 1 cad., 1 p. b. en el 1.er p. b., (1 p. b., 2 p. b. jun.) 2 veces, 9 p. b. (14 p.).

Vuelta 6 (dism.): (1 p. b., 2 p. b. jun.) 2 veces, 8 p. b. (12 p.).

Vueltas 7-12: 1 p. b. en cada p. b.

Vuelta 13 (aum.): (2 p. b. en el p. sig., 3 p. b.) 3 veces (15 p.).

Vuelta 14: 7 p. b. con A. Incorpore C en el último p. b. y desplace el hilo que no use por el revés de la labor. 8 p. b.

Vueltas 15-17: 7 p. b. con A, 8 p. b. con C.

Incorpore B en el último p. b.

Vuelta 18 (aum.): Con B, (2 p. b. en el p. sig., 4 p. b.) 2 veces; con C, 2 p. b. en el p. sig., 4 p. b. (18 p.).

Vuelta 19: 14 p. b. con B, 4 p. b. con C.

Continúe con hilo B.

Vueltas 20-23: 1 p. b. en cada p. b. Antes de continuar, rellene la pata.

Vuelta 24 (dism.): (2 p. b. jun., 1 p. b.) 6 veces (12 p.).

Vuelta 25 (dism.): (2 p. b. jun.) 6 veces (6 p.).

Corte el hilo y páselo a través de los p. de la última vuelta. Tire del cabo para cerrar la labor.

Remate la labor dejando un cabo largo de hilo B al final.

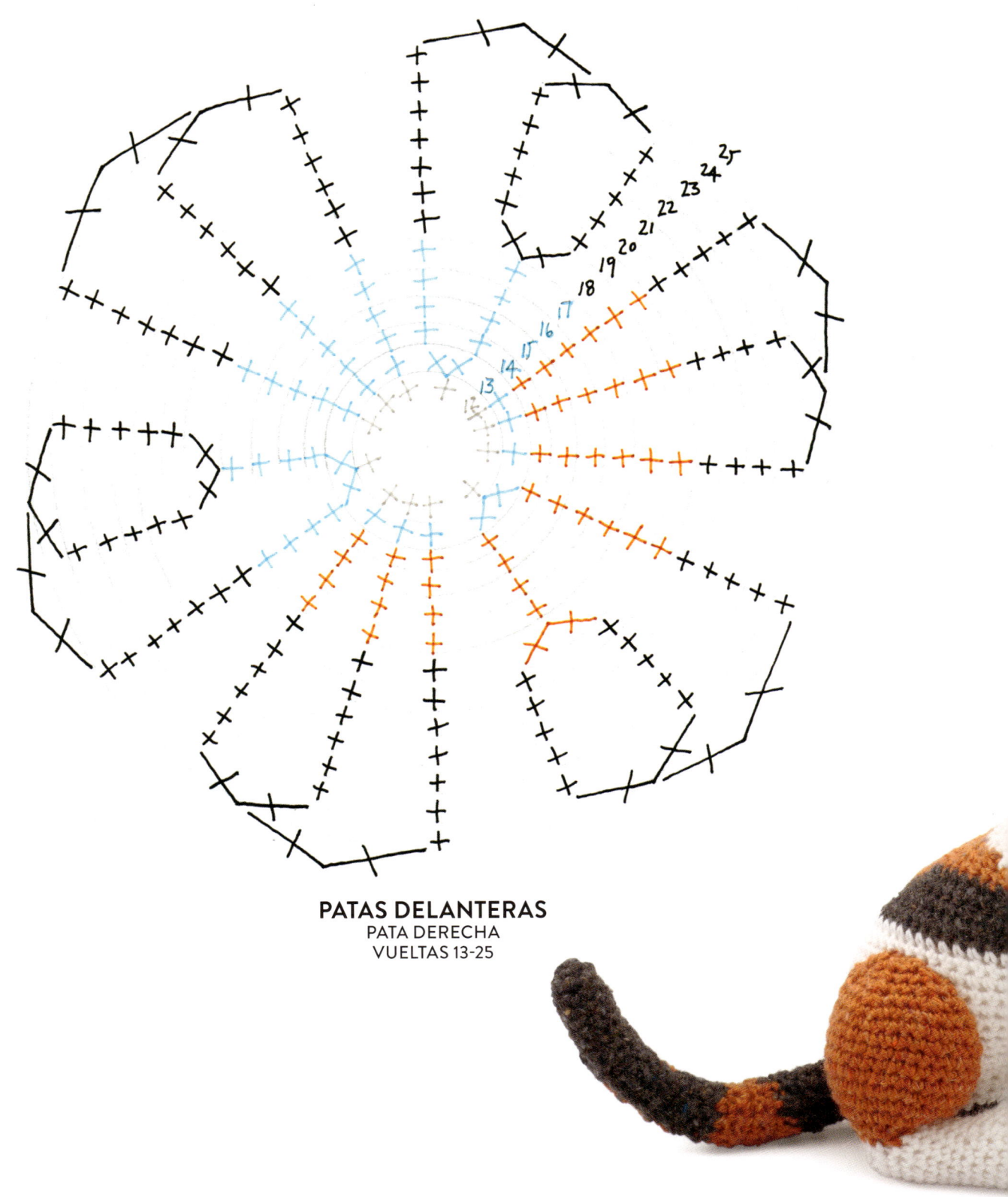

13 14 15 16 17 18 19 20 21 22 23 24 25

PATAS DELANTERAS
PATA DERECHA
VUELTAS 13-25

PATA IZQUIERDA

Empezando en la base de la pata y utilizando un ganchillo de 3,25 mm e hilo A, haga un anillo mágico.

Vueltas 1-12: Como las vueltas 1-12 de la pata derecha.

Vuelta 13 (aum.): Con A, 2 p. b. en el p. sig., 3 p. b. Incorpore C en el último p. b. y desplace el hilo que no use por el revés de la labor. Con C, 2 p. b. en el p. sig., 3 p. b.; con A, 2 p. b. en el p. sig., 3 p. b. (15 p.).

Vueltas 14-17: 4 p. b. con A, 8 p. b. con C, 3 p. b. con A.

Vuelta 18 (aum.): Con A, 2 p. b. en el p. sig., 4 p. b.; con C, (2 p. b. en el p. sig., 4 p. b.) 2 veces (18 p.).

Vueltas 19-23: 6 p. b. con A, 12 p. b. con C.

Antes de continuar, rellene la pata.

Vuelta 24 (dism.): Con A, (2 p. b. jun., 1 p. b.) 2 veces; con C, (2 p. b. jun., 1 p. b.) 4 veces (12 p.).

Vuelta 25 (dism.): Con A, (2 p. b. jun.) 6 veces (6 p.).

Corte el hilo y páselo a través de los p. de la última vuelta. Tire del cabo para cerrar la labor. Remate la labor dejando un cabo largo de hilo A.

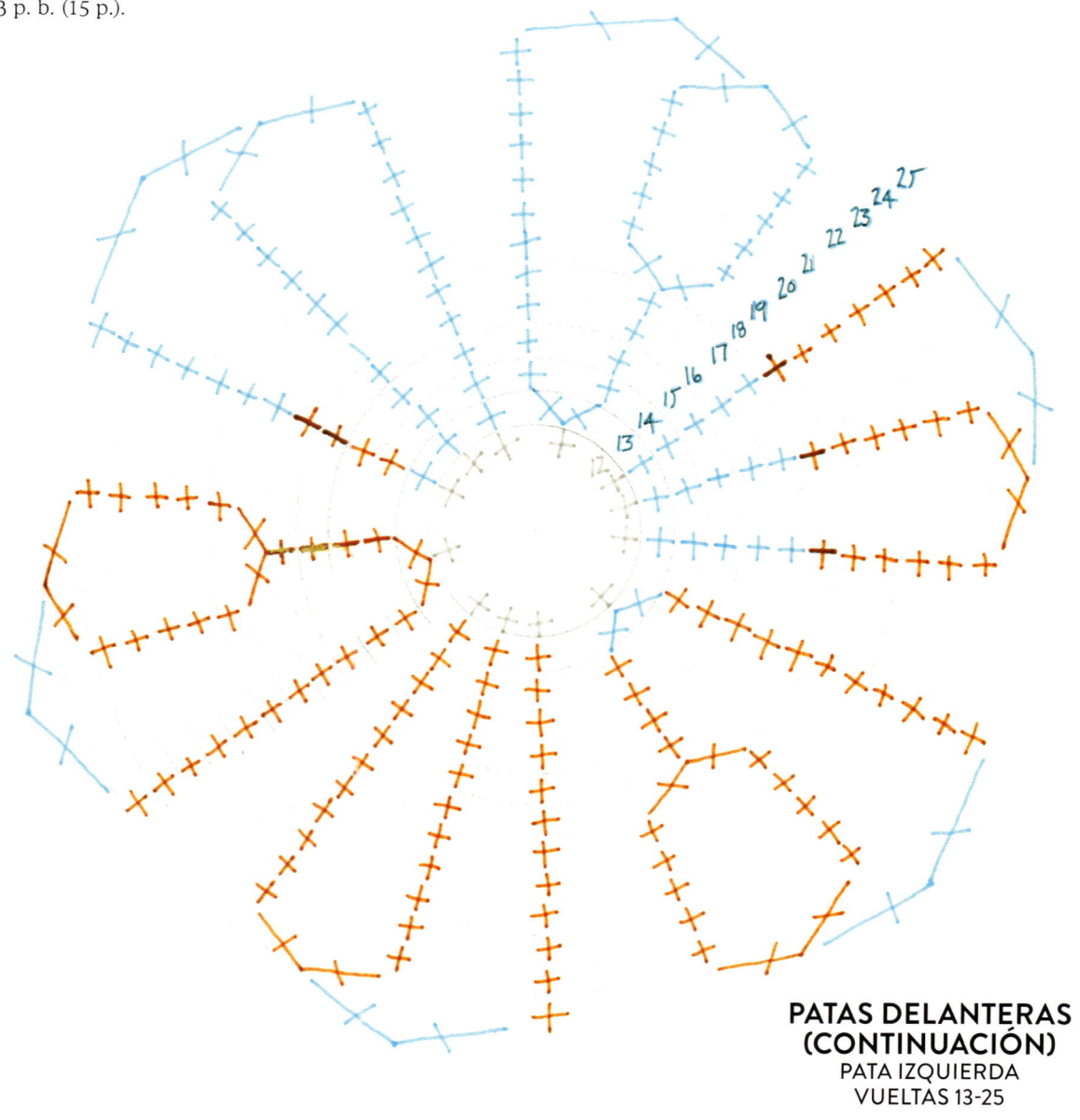

**PATAS DELANTERAS
(CONTINUACIÓN)**
PATA IZQUIERDA
VUELTAS 13-25

Patas traseras

PATA DERECHA

Empezando en la parte delantera de la pata y utilizando un ganchillo de 3,25 mm e hilo A, haga 6 cad.

Vuelta 1 (R.): 1 p. b. en la 2.ª cad. desde la aguja, (1 piña, 1 p. b. en la cad. sig.) 2 veces, 1 p. b. en el revés de cada cad. hasta el final (10 p.).

Vuelta 2 (aum.): 1 p. b., 1 piña en el mismo p., 1 p. b., 2 p. b. en el p. sig., 1 p. b., 1 piña, 1 p. b. en el mismo p., (2 p. b. en el p. sig., 1 p. b.) 2 veces, 2 p. b. en el p. sig., dele la vuelta (16 p.).

Vuelta 3 (D.): 1 cad., 1 p. b. en cada p.

Vueltas 4-6: 1 p. b. en cada p. b.

Vuelta 7 (dism.): (1 p. b., 2 p. b. jun., 1 p. b.) 2 veces, 8 p. b. (14 p.).

Vuelta 8: 1 p. b. en cada p. b.

Vuelta 9 (dism.): 2 p. b. jun., 2 p. b., 2 p. b. jun., 8 p. b. (12 p.).

Vueltas 10-14: 1 p. b. en cada p. b.

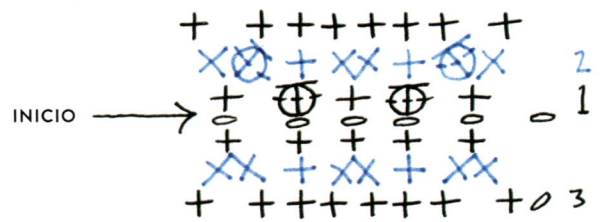

PATAS TRASERAS
PATA DERECHA
VUELTAS 1-3

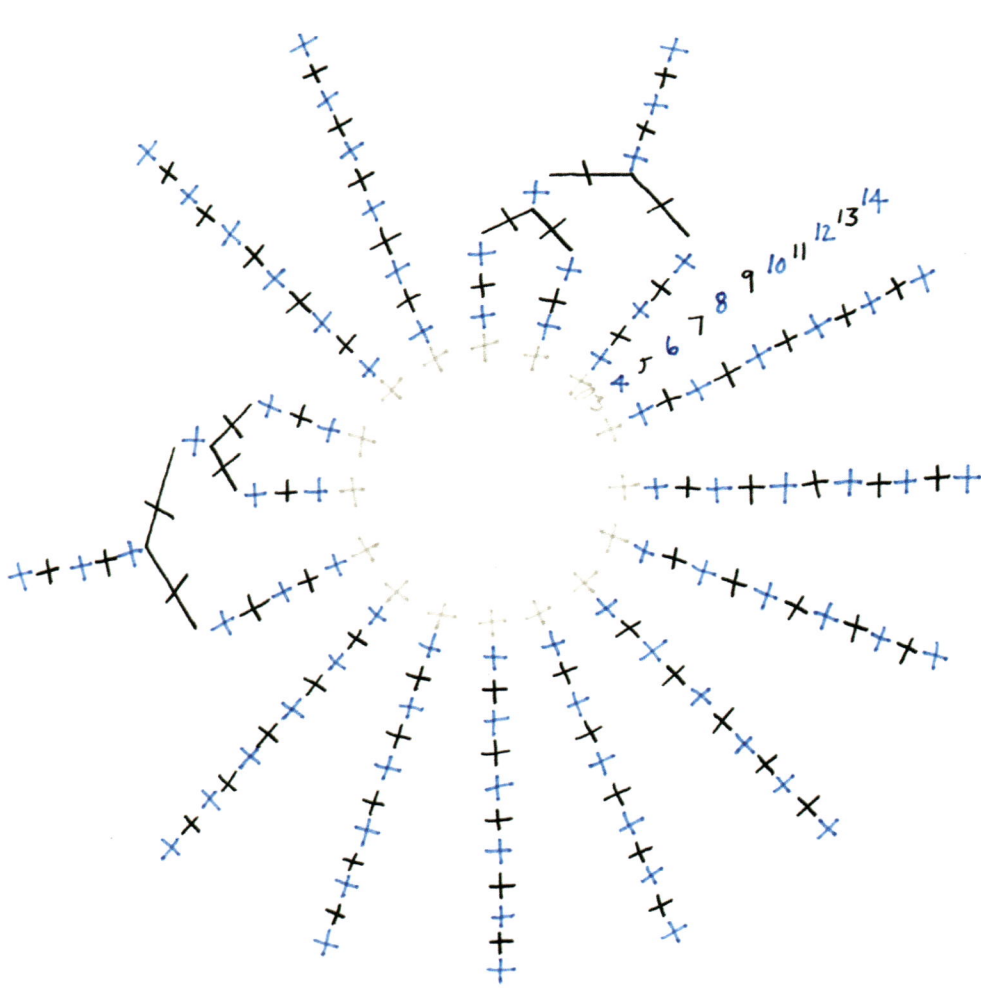

**PATAS TRASERAS
(CONTINUACIÓN)**
PATA DERECHA
VUELTAS 4-14

PARTE POSTERIOR DE LA PATA

Vuelta 15: 1 p. b. en el sig. p. b.,
acabando en un lado de la pata;
6 cad., sáltese los 6 p. b. de la parte
delantera de la pata, 5 p. b.

Vuelta 16: 1 p. b. en el sig. p. b.,
1 p. b. en cada una de las sig. 6 cad.,
1 p. b. en cada uno de los sig. 5 p. b.
Corte el hilo y páselo a través de los
p. de la última vuelta. Tire del cabo
para cerrar la labor y remátelo.

MUSLO DERECHO

Con el derecho de la pata hacia usted
y utilizando un ganchillo de 3,25 mm,
incorpore C con 1 p. r. en el 1.º de los
6 p. b. saltados de la hilera 14.

Vuelta 1: 1 p. b. en el mismo p. que el
p. r., 1 p. b. en cada uno de los sig.
5 p. b., 1 p. b. en el revés de cada una
de las sig. 6 cad. (12 p.).

Vuelta 2 (aum.): (2 p. b. en el p. sig.,
1 p. b.) 6 veces (18 p.).

Vuelta 3 (aum.): (2 p. b. en el p. sig.,
2 p. b.) 6 veces (24 p.).

Vuelta 4 (aum.): (2 p. b. en el p. sig.,
3 p. b.) 6 veces (30 p.).

Vueltas 5-11: 1 p. b. en cada p. b.

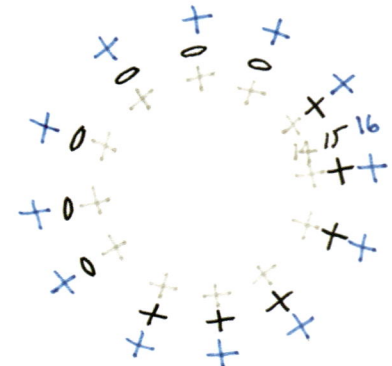

**PATAS TRASERAS
(CONTINUACIÓN)**
PARTE POSTERIOR DE LA PATA
VUELTAS 15 Y 16

REPETICIÓN DE LA ÚLTIMA VUELTA

PATAS TRASERAS (CONTINUACIÓN)
MUSLO DERECHO
VUELTAS 1-11

Vuelta 12 (dism.): (2 p. b. jun., 3 p. b.) 6 veces (24 p.).

Antes de continuar, rellene la pata y luego el muslo ligeramente.

Vuelta 13 (dism.): (2 p. b. jun., 2 p. b.) 6 veces (18 p.).

Vuelta 14 (dism.): (2 p. b. jun., 1 p. b.) 6 veces (12 p.).

Vuelta 15 (dism.): (2 p. b. jun.) 6 veces (6 p.).

Corte el hilo y páselo a través de los p. de la última vuelta. Tire del cabo para cerrar la labor y remátelo dejando un trozo largo de hilo.

PATA IZQUIERDA

Empezando en la base de la pata y utilizando un ganchillo de 3,25 mm e hilo A, haga 6 cad.

Vueltas 1-16: Como las vueltas 1-16 de la pata trasera derecha.

MUSLO IZQUIERDO

Con el derecho de la pata hacia usted y utilizando un ganchillo de 3,25 mm e hilo B, haga 1 p. r. en el 1.º de los 6 p. b. saltados de la hilera 14.

Vueltas 1-15: Como las vueltas 1-15 del muslo derecho.

Corte el hilo y páselo a través de los p. de la última vuelta. Tire del cabo para cerrar la labor y remátelo dejando un trozo largo de hilo.

PATAS TRASERAS (CONTINUACIÓN)
MUSLO DERECHO
VUELTAS 12-15

Cola

PUNTA

Con un ganchillo de 3,25 mm e hilo B, haga un anillo mágico.

Vuelta 1: 1 cad., 6 p. b. en el anillo (6 p.).

Vuelta 2 (aum.): (2 p. b. en el p. sig., 1 p. b.) 3 veces (9 p.). Tire del cabo corto para cerrar el anillo.

Vueltas 3-7: 1 p. b. en cada p. b.

COLA

Se trabaja en hileras.

Hilera 1 (D.): 1 p. b. en cada p., dele la vuelta.

Hilera 2 (R.): 2 cad., 2 p. m. a., 5 p. b., 2 p. m. a., 1 p. r. en el 1.er p. m. a., dele la vuelta.

Hilera 3: 7 p. b. Incorpore C en el último p. b. y desplace el hilo que no use por el revés de la labor. Con C, 2 p. b., dele la vuelta.

Hilera 4: Con C, 2 cad., 2 p. m. a., 2 p. b.; con B, 3 p. b., 2 p. m. a., 1 p. r. en el 1.er p. m. a., dele la vuelta.

Hilera 5: 4 p. b. con B, 5 p. b. con C, dele la vuelta.

Hilera 6: Con C, 2 cad., 2 p. m. a., 3 p. b.; con B, 2 p. b., 2 p. m. a., 1 p. r. en el 1.er p. m. a., dele la vuelta.

Hilera 7: 6 p. b. con B, 3 p. b. con C, dele la vuelta.

Hilera 8: Con C, 2 cad., 2 p. m. a., 1 p. b.; con B, 4 p. b., 2 p. m. a., 1 p. r. en el 1.er p. m. a., dele la vuelta.

Hileras 9 y 10: Repita las hileras 1 y 2 con hilo B.

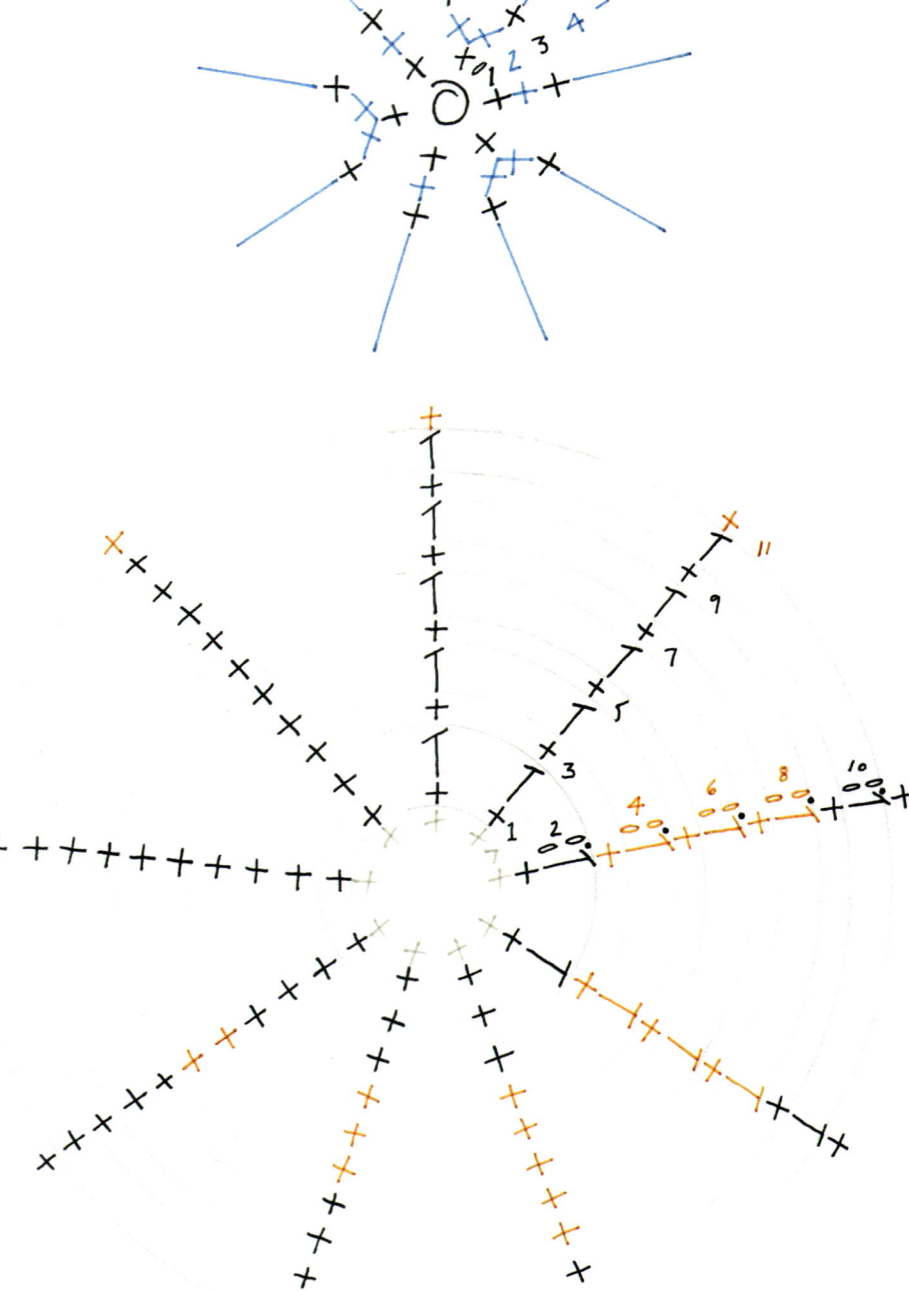

COLA
PUNTA
VUELTAS 1-7

REPETICIÓN DE LA ÚLTIMA VUELTA

COLA (CONTINUACIÓN)
COLA
HILERAS 1-11

Hilera 11: 3 p. b. con C, 6 p. b. con B, dele la vuelta.

Hilera 12: Con B, 2 cad., 2 p. m. a., 1 p. b.; con C, 4 p. b., 2 p. m. a., 1 p. r. en el 1.er p. m. a., dele la vuelta.

Hilera 13: 6 p. b. con C, 3 p. b. con B, dele la vuelta.

Hilera 14: Repita la hilera 12.

Hilera 15: 4 p. b. con C, 5 p. b. con B, dele la vuelta.

Hilera 16: Con B, 2 cad., 2 p. m. a., 5 p. b.; con C, 2 p. m. a., 1 p. r. en el 1.er p. m. a., dele la vuelta. Continúe con hilo B.

Hileras 17 y 18: Repita las hileras 1 y 2.

Hilera 19: 1 p. b. en cada p. b., dele la vuelta.

Hilera 20: 1 cad., 1 p. b. en cada p. b., 1 p. r. en el 1.er p. b., dele la vuelta.

Hileras 21 y 22: Repita las hileras 19 y 20.

Remate la labor dejando un cabo largo de hilo B.

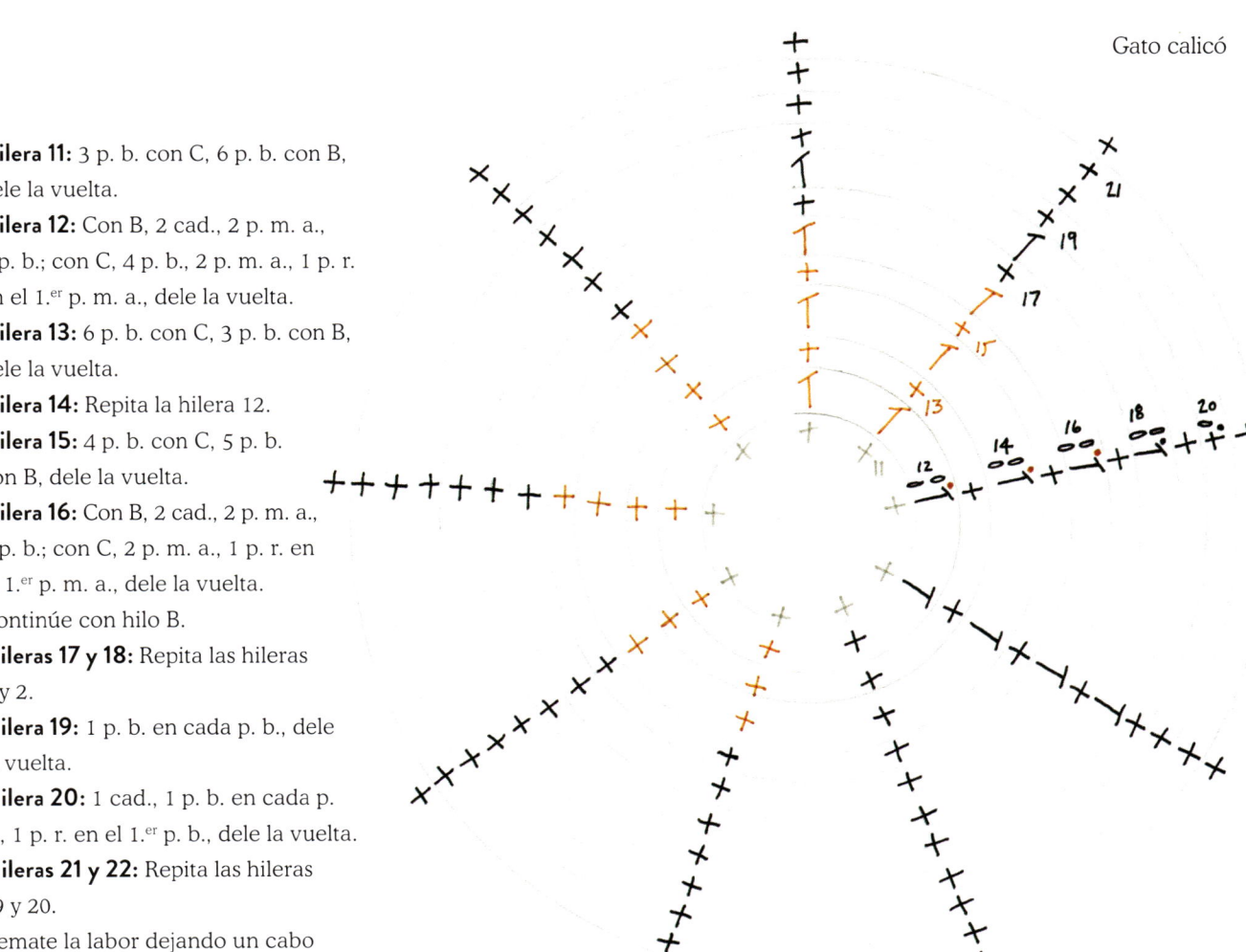

COLA (CONTINUACIÓN)
COLA
HILERAS 12-22

Montaje

CABEZA

Con tres hebras del hilo de bordar metalizado, haga la nariz con puntadas de satén (*véase* la página 170). Con el mismo hilo de la nariz, borde las pupilas de los ojos. Para formar los iris, haga puntadas rectas alrededor de las pupilas (*véase* la página 170).

OREJAS

Rellene las orejas ligeramente, de manera que queden planas. Cósalas en su sitio, cerca de la parte posterior de la cabeza, haciendo puntadas a lo largo de los lados inferiores con los cabos que ha dejado al rematar las piezas.

PATAS

Aplane la parte superior de las patas y cósalas en su sitio, haciendo puntadas por la parte superior de los muslos con los cabos que ha dejado al rematar las piezas.

COLA

Rellene la cola. Cósala en su sitio con el cabo que ha dejado al rematar la pieza y colocándola de manera que se enrosque hacia arriba o alrededor de un lado del cuerpo.

BIGOTES (OPCIONAL)

Incorpore tres bigotes en el cuerpo de los puntos situados a los lados del hocico (*véase* la página 171). Recorte los extremos.

Esconda todos los cabos sueltos.

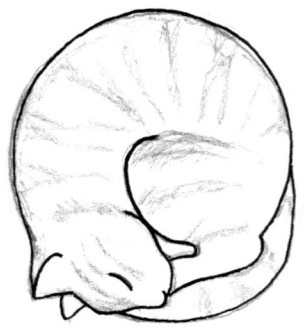

Gato naranja

ESTE PROYECTO ES MÁS COMPLEJO, YA QUE IMPLICA TRABAJAR HILERAS
CORTAS Y HACER CAMBIOS DE COLOR. SI DESEA HACER UN GATO BICOLOR,
COMO UN GATO BLANCO Y NEGRO DORMIDO, OMITA LAS RAYAS.

Materiales

- Softfun de Scheepjes, 60 % algodón 40 % acrílico
  (140 m por ovillo de 50 g), o cualquier hilo ligero:
  1 x ovillo de 50 g de color 2426 Lace (A)
  1 x ovillo de 50 g de color 2466 Peach (B)
  1 x ovillo de 50 g de color 2431 Clay (C)
- Hilo de bordar separable de color negro, como
  Stranded Cotton de Anchor, tono 0403, para
  los ojos
- Hilo de bordar separable de color rosa, como
  Stranded Cotton de Anchor, tono 0893, para la
  nariz
- 6 trozos de 12 cm de hilo de nailon transparente
  de 0,3 mm, para los bigotes (opcionales; no
  adecuados para niños pequeños)
- Aguja de ganchillo de 3,25 mm
- Aguja lanera de punta roma
- Relleno para peluches

Tamaño

- El cuerpo mide unos16 cm de largo, desde la
  coronilla hasta el final del cuerpo

Tensión

21 puntos y 20 hileras en una muestra de 10 cm
tejida a punto bajo con un ganchillo de 3,25 mm.
Si fuera necesario, utilice un ganchillo de mayor o
menor calibre para obtener la tensión correcta.

Instrucciones

La cabeza y el cuerpo son una sola pieza, que se trabaja en vueltas e hileras de puntos bajos. Se utilizan tres colores para crear el pelaje rayado y las zonas blancas, que son la barbilla, el pecho, la barriga y los extremos de las patitas. La primera hilera del cuerpo se trabaja en los puntos de la parte inferior del hocico y a lo largo de los bordes de las hileras que forman la coronilla. La forma enroscada del cuerpo se obtiene tejiendo hileras cortas, trabajando primero solo en algunos puntos de la hilera anterior y luego, al final de cada una de las hileras siguientes, en un punto no trabajado. Cada oreja está compuesta por dos piezas idénticas que se trabajan en hileras y se unen tejiendo en cada punto de las dos piezas a la vez. La cola enroscada se forma con puntos bajos y puntos medios altos, siguiendo un patrón con repeticiones que se trabaja con dos colores. Los dedos de las patas se hacen tejiendo piñas, que aparecen en el revés del tejido. El cuerpo y la parte superior de las patas deben rellenarse ligeramente para que el gato dormido no quede demasiado abultado. Los ojos, la nariz y las almohadillas de las patas se bordan con hilos de bordar separables.

Cuando al inicio de una hilera o vuelta se hacen una o dos cadenetas, estas no cuentan como un punto.

Cabeza y cuerpo

CABEZA

Empezando en la parte delantera del hocico y utilizando un ganchillo de 3,25 mm e hilo A, haga un anillo mágico (*véase* la página 163).
Vuelta 1: 1 cad., 6 p. b. en el anillo (6 p.).
Vuelta 2 (aum.): 2 p. b. en cada uno de los 6 p. (12 p.). Tire del cabo corto para cerrar el anillo.
Vuelta 3: 1 p. b. en cada p. b., dele la vuelta.

CARA

Se trabaja en hileras.
Hilera 1 (R.): 1 cad., 4 p. b. Incorpore B en el último p. b. y desplace el hilo que no use por el revés de la labor. Haga 8 p. b. con B, 1 p. r. en el 1.er p. b., dele la vuelta.
Hilera 2 (D.) (aum.): Con B, 2 p. b. en el p. sig. e incorpore C en el último p. b.; con C, 1 p. b.; con B, 2 p. b. en el p. sig., 2 p. b., 2 p. b. en el p. sig.; con C, 1 p. b.; con B, 2 p. b. en el p. sig.; con A, 1 p. b., 2 p. b. en cada uno de los sig. 2 p., 1 p. b., dele la vuelta (18 p.).
Hilera 3 (aum.): Con A, 1 cad., 6 p. b.; con B, 2 p. b. en el p. sig., 1 p. b.; con C, 2 p. b. en el p. sig.; con B, (1 p. b., 2 p. b. en el p. sig., 1 p. b.) 2 veces; con C, 2 p. b. en el p. sig.; con B, 1 p. b., 2 p. b. en el p. sig., 1 p. r. en el 1.er p. b., dele la vuelta (24 p.).
Hilera 4 (aum.): Con B, 2 p. b. en el p. sig., 1 p. b.; con C, 2 p. b.; con B, (1 p. b., 2 p. b. en el p. sig.) 2 veces; con C, 2 p. b.; con B, (2 p. b. en el p. sig., 1 p. b.) 2 veces; con C, 2 p. b.; con B, 1 p. b., 2 p. b. en el p. sig. acabando 6 p. antes de llegar al final, dele la vuelta (30 p.).

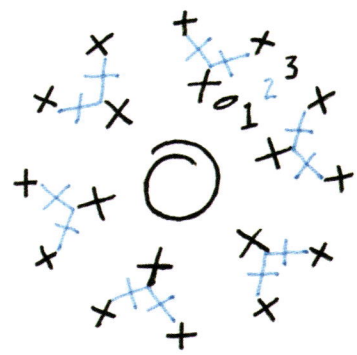

CABEZA
VUELTAS 1-3

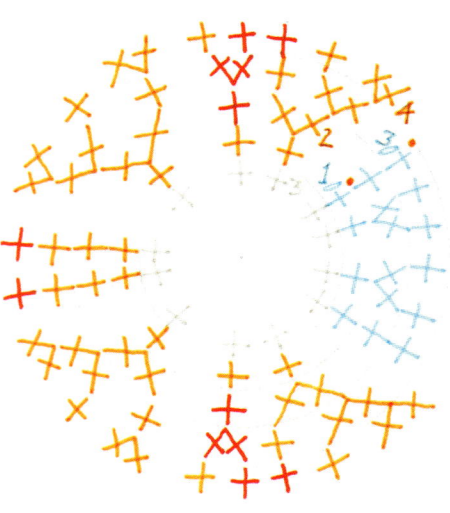

CARA
HILERAS 1-4

CORONILLA

Hilera 5: 1 cad., (3 p. b. con B, 1 p. b. con C) 2 veces, (1 p. b. con B, 1 p. b. con C) 2 veces, (1 p. b. con C, 1 p. b. con B) 2 veces, (1 p. b. con C, 3 p. b. con B) 2 veces, dele la vuelta. Siga tejiendo en estos 24 p.

Hilera 6: 1 cad., 5 p. b. con B, 1 p. b. con C, 3 p. b. con B, (1 p. b. con C, 1 p. b. con B, 1 p. b. con C) 2 veces, 3 p. b. con B, 1 p. b. con C, 5 p. b. con B, dele la vuelta.

Hilera 7: 1 cad., *4 p. b. con B, 1 p. b. con C, 4 p. b. con B**, 6 p. b. con C; repita desde * hasta **, dele la vuelta.

Hilera 8: 1 cad., 3 p. b. con B, 1 p. b. con C, 7 p. b. con B, 2 p. b. con C, 7 p. b. con B, 1 p. b. con C, 3 p. b. con B, dele la vuelta.

Hilera 9: 1 cad., 2 p. b. con B, 1 p. b. con C, 8 p. b. con B, 2 p. b. con C, 8 p. b. con B, 1 p. b. con C, 2 p. b. con B, dele la vuelta.

Hilera 10 (dism.): 1 cad., (1 p. b., 2 p. b. jun., 1 p. b.) 2 veces con C, (1 p. b. con B, 2 p. b. jun. con C, 1 p. b. con B) 2 veces, (1 p. b., 2 p. b. jun., 1 p. b.) 2 veces con C, dele la vuelta (18 p.).

Hilera 11 (dism.): 1 cad., *2 p. b. jun. con C ; con B, 1 p. b., 2 p. b. jun., 1 p. b.; con C, 2 p. b. jun.**, 2 p. b. con B; repita desde * hasta **, dele la vuelta (12 p.).

Hilera 12 (dism.): Con C, 1 cad., (2 p. b. jun.) 2 veces; con B, (2 p. b. jun.) 2 veces; con C, (2 p. b. jun.) 2 veces (6 p.). Remate la labor y pase el hilo C través de los últimos 6 p. Tire del cabo y remátelo.

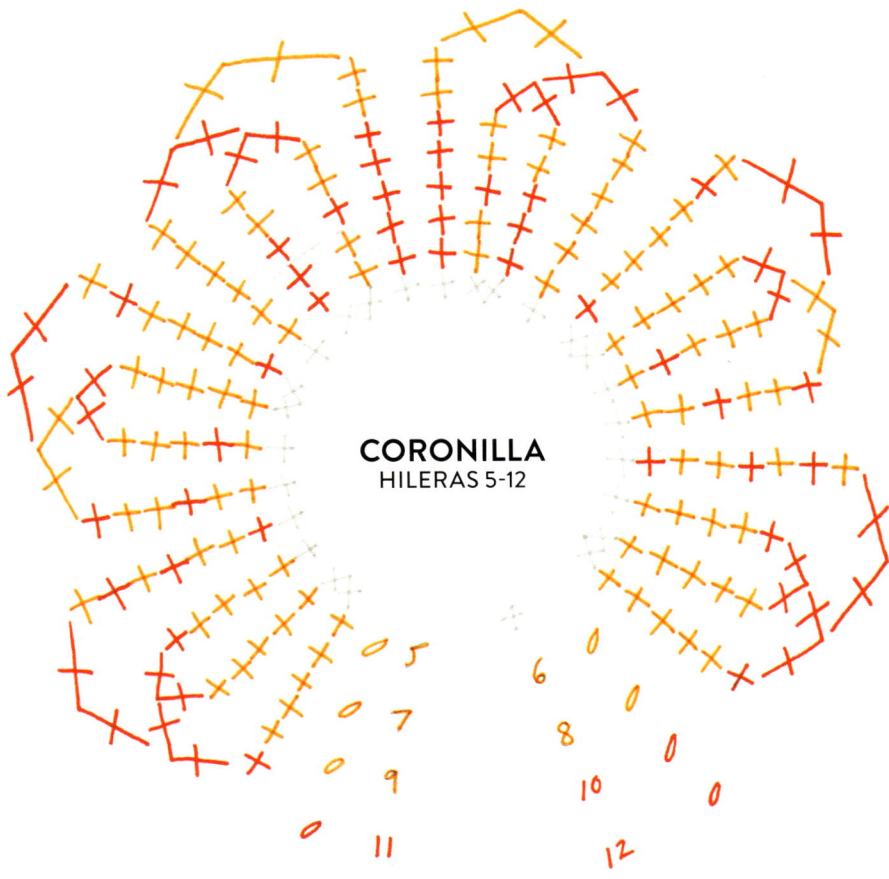

CORONILLA
HILERAS 5-12

LEYENDA

⟋ CADENETA (CAD.)

• PUNTO RASO (P. R.)

+ PUNTO BAJO (P. B.)

⤬ 2 P. B. EN EL MISMO P.

⤋⤬ 3 P. B. EN EL MISMO P.

⤬ 2 P. B. JUN.

⊕ PIÑA

A **B** **C**

LEYENDA DE COLORES

PARA LA CARA, LA CORONILLA, LA PARTE SUPERIOR DEL CUERPO, LA PARTE CENTRAL DEL CUERPO, LAS PATAS DELANTERAS: PATA, LAS PATAS TRASERAS: MUSLO DERECHO, LAS RAYAS DE LA COLA

En los otros diagramas, las vueltas o hileras alternan azul y negro.

PARTE SUPERIOR DEL CUERPO

Con el derecho de la labor hacia usted y utilizando un ganchillo de 3,25 mm, sáltese los primeros 3 p. de los 6 p. b. no trabajados de la hilera 4 de la cara e incorpore A con 1 p. r. en el sig. p. b.

Hilera 1 (D.): 2 p. b. en el mismo p. que el p. r., 1 p. b., 2 p. b. en el p. sig., incorpore B en el último p. b. y teja 7 p. b. espaciados a intervalos regulares a lo largo del borde de las hileras del 1.er lado de la cabeza, incorporando C en el 4.º p. y trabajando los últimos 3 p. b. con C; teja 7 p. b. espaciados a intervalos regulares a lo largo del borde de las hileras del otro lado de la cabeza, cambiando a B para hacer los últimos 4 p. b.; tejiendo con A en los 3 p. restantes no trabajados de la vuelta 8 de la cabeza, haga 2 p. b. en el p.

sig., 1 p. b., 2 p. b. en el p. sig., 1 p. r. en el 1.er p., dele la vuelta (24 p.).

Hilera 2 (R.): 4 p. b. con A, 5 p. b. con B, (1 p. b. con C, 1 p. b. con B, 1 p. b. con C) 2 veces, 5 p. b. con B, 4 p. b. con A, dele la vuelta.

Hilera 3 (aum.): Con A, 1 cad., 1 p. b., 2 p. b. en el p. sig., 2 p. b.; con C, 2 p. b. en el p. sig., 5 p. b.; con B, 1 p. b.; con C, 2 p. b. en cada uno de los sig. 2 p.; con B, 1 p. b.; con C, 5 p. b., 2 p. b. en el p. sig.; con A, 2 p. b., 2 p. b. en el p. sig., 1 p. b., 1 p. r. en el 1.er p. b., dele la vuelta (30 p.).

Hilera 4: 5 p. b. con A, 9 p. b. con B, 2 p. b. con C, 1 p. b. con B, 1 p. r., dele la vuelta.

Hilera 5: Con B; 1 p. b. en el mismo p. que el p. r., 1 p. b.; 2 p. b. con C, 2 p. b. con B, 1 p. r., dele la vuelta.

Hilera 6: Con B, 1 p. b. en el mismo p. que el p. r., 2 p. b.; 2 p. b. con C, 3 p. b. con B, 1 p. r., dele la vuelta.

Hilera 7 (aum.): Con B, 1 p. b. en el mismo p. que el p. r., 3 p. b.; con C, 2 p. b. en cada uno de los sig. 2 p.; 4 p. b. con B, 1 p. r., dele la vuelta (32 p.).

Hilera 8: Con B, 1 p. b. en el mismo p. que el p. r.; 5 p. b. con C, 2 p. b. con B, 5 p. b. con C, 1 p. b. con B, 1 p. r., dele la vuelta.

Hilera 9: Con B, 1 p. b. en el mismo p. que el p. r.; (4 p. b. con B, 1 p. b. con C) 2 veces, 5 p. b. con B, 1 p. r., dele la vuelta.

Hilera 10: Con B, 1 p. b. en el mismo p. que el p. r., 5 p. b.; 1 p. b. con C, 4 p. b. con B, 1 p. b. con C, 6 p. b. con B, 1 p. r., dele la vuelta.

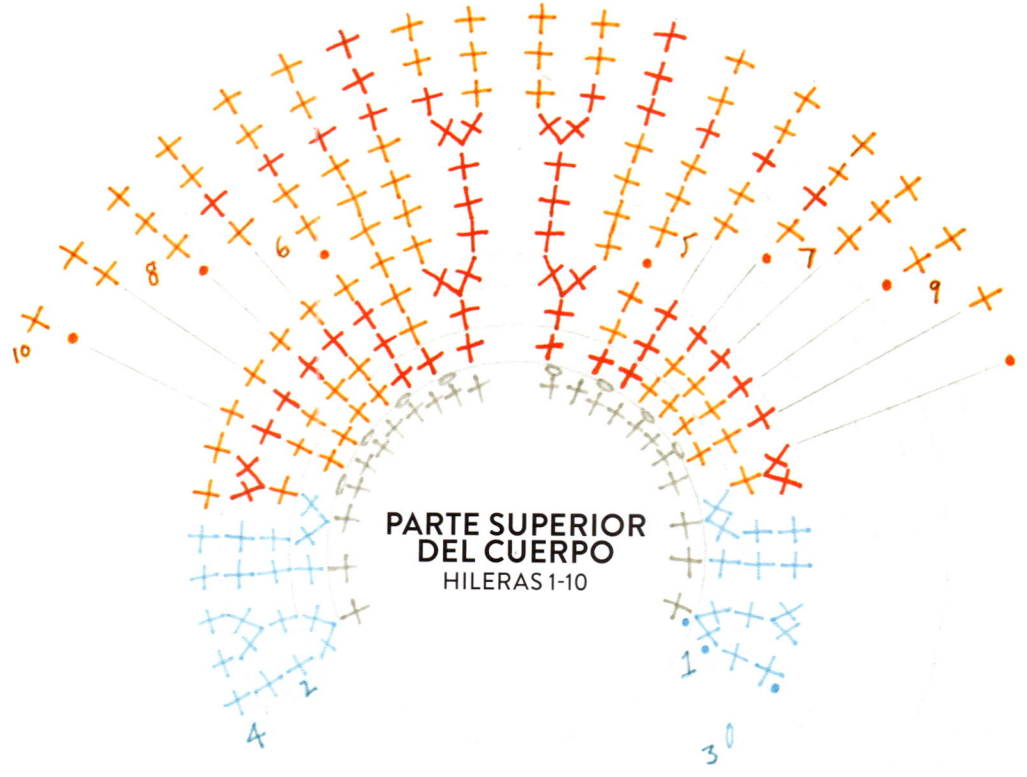

PARTE SUPERIOR DEL CUERPO
HILERAS 1-10

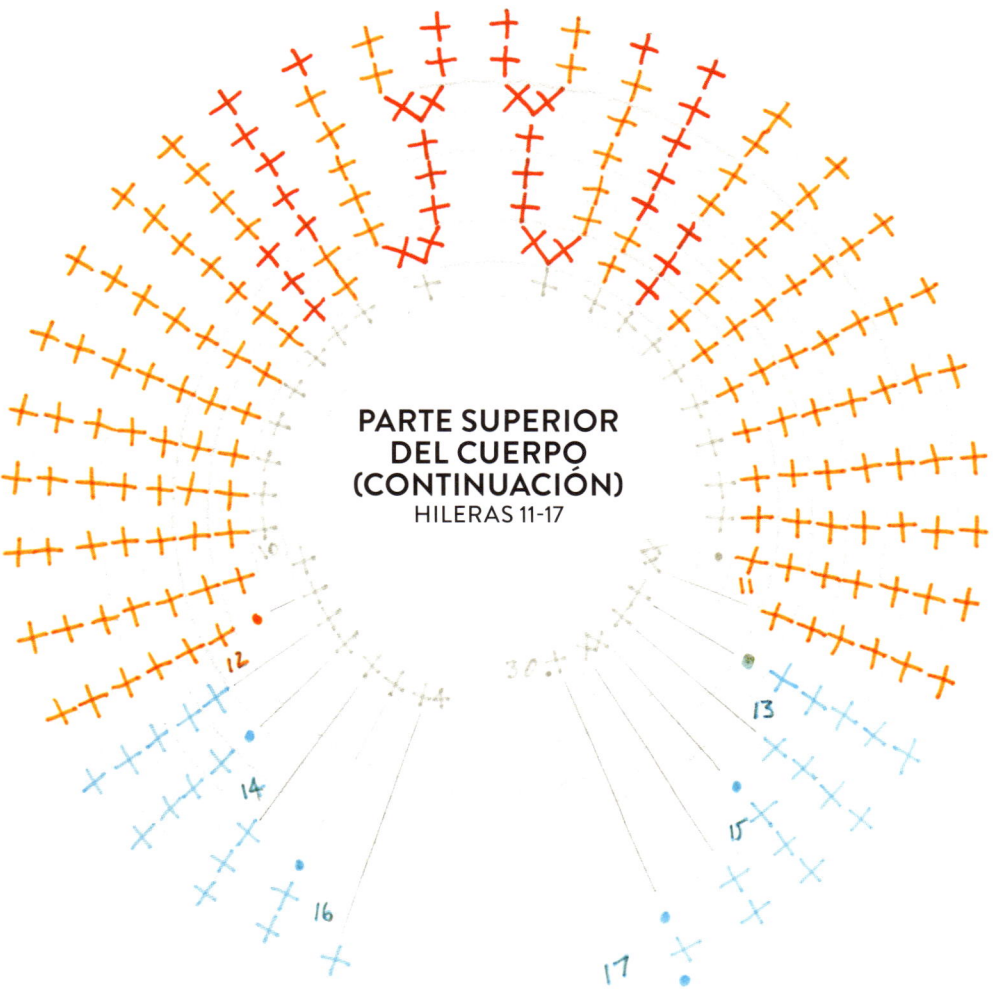

PARTE SUPERIOR DEL CUERPO (CONTINUACIÓN)
HILERAS 11-17

Hilera 11 (aum.): Con B, 1 p. b. en el mismo p. que el p. r., 6 p. b.; 1 p. b. con C, 1 p. b. con B; con C, 2 p. b. en cada uno de los sig. 2 p.; 1 p. b. con B, 1 p. b. con C, 7 p. b. con B, 1 p. r., dele la vuelta (34 p.).

Hilera 12: Con B, 1 p. b. en el mismo p. que el p. r., 7 p. b.; 1 p. b. con C, 2 p. b. con B, 2 p. b. con C, 2 p. b. con B, 1 p. b. con C, 8 p. b. con B, 1 p. r. con A, dele la vuelta.

Hilera 13: Con A, 1 p. b. en el mismo p. que el p. r.; 8 p. b. con B; (2 p. b. con C, 1 p. b. con B) 2 veces, 2 p. b. con C, 8 p. b. con B, 1 p. b. con A, 1 p. r., dele la vuelta.

Hilera 14: Con A, 1 p. b. en el mismo p. que el p. r., 1 p. b.; 9 p. b. con B, (1 p. b. con C, 1 p. b. con B, 1 p. b. con C) 2 veces, 9 p. b. con B, 2 p. b. con A, 1 p. r., dele la vuelta.

Hilera 15: Con A, 1 p. b. en el mismo p. que el p. r., 2 p. b.; 9 p. b. con B, 1 p. b. con C, 1 p. b. con B; con C, 2 p. b. en cada uno de los sig. 2 p.; 1 p. b. con B, 1 p. b. con C, 9 p. b. con B, 3 p. b. con A, 1 p. r., dele la vuelta.

Hilera 16: Con A, 1 p. b. en el mismo p. que el p. r., 3 p. b.; 9 p. b. con B, 1 p. b. con C, 2 p. b. con B, 2 p. b. con C, 2 p. b. con B, 1 p. b. con C, 9 p. b. con B, 4 p. b. con A, 1 p. r., dele la vuelta.

Hilera 17: Con A, 1 p. b. en el mismo p. que el p. r., 4 p. b.; 9 p. b. con B, (2 p. b. con C, 1 p. b. con B) 2 veces; 2 p. b. con C, 9 p. b. con B, 5 p. b. con A, 1 p. r. en el 1.er p. b., dele la vuelta.

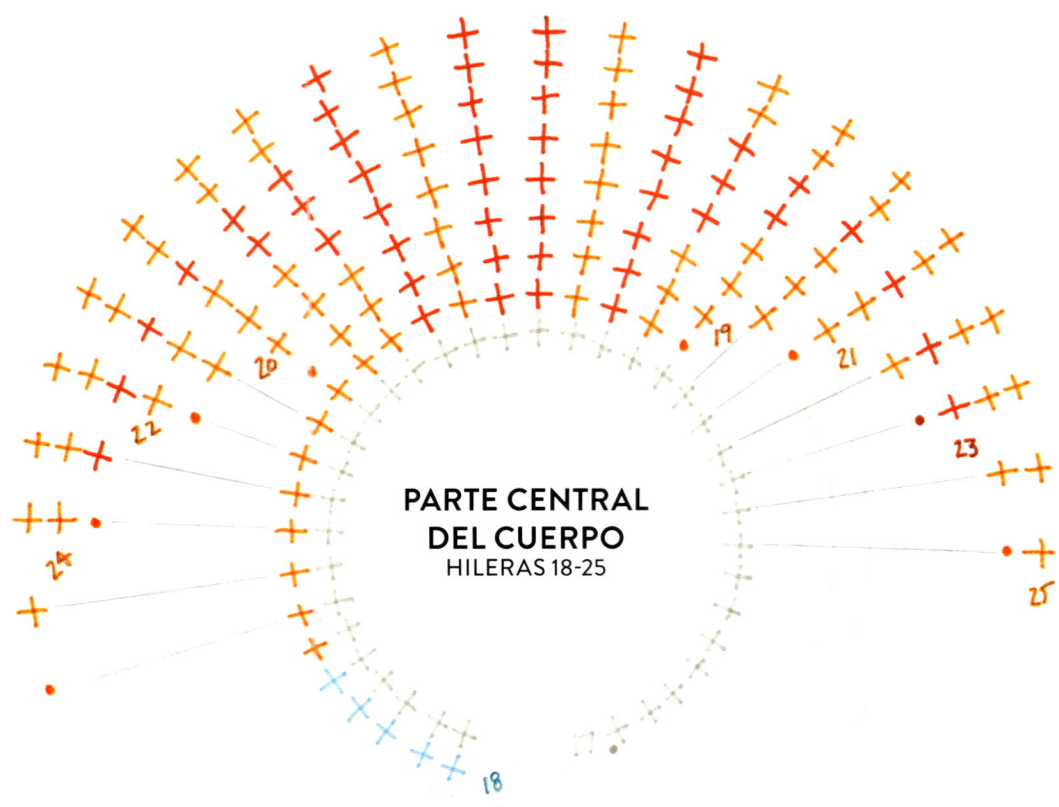

PARTE CENTRAL DEL CUERPO
HILERAS 18-25

PARTE CENTRAL DEL CUERPO

Hilera 18: 5 p. b. con A, 10 p. b. con B, (1 p. b. con C, 1 p. b. con B, 1 p. b. con C) 2 veces, 1 p. b. con B, 1 p. r., dele la vuelta.

Hilera 19: Con B; 1 p. b. en el mismo p. que el p. r., 1 p. b.; (1 p. b. con C, 1 p. b. con B, 1 p. b. con C) 2 veces, 2 p. b. con B, 1 p. r., dele la vuelta.

Hilera 20: Con B, 1 p. b. en el mismo p. que el p. r., 2 p. b.; (1 p. b. con C, 1 p. b. con B, 1 p. b. con C) 2 veces, 3 p. b. con B, 1 p. r., dele la vuelta.

Hilera 21: Con B, 1 p. b. en el mismo p. que el p. r., 2 p. b.; (2 p. b. con C, 1 p. b. con B) 3 veces, 2 p. b. con B, 1 p. r., dele la vuelta.

Hilera 22: Con B, 1 p. b. en el mismo p. que el p. r., 2 p. b.; 3 p. b. con C, 1 p. b. con B, 2 p. b. con C, 1 p. b. con B, 3 p. b. con C, 3 p. b. con B, 1 p. r. con C, dele la vuelta.

Hilera 23: Con C, 1 p. b. en el mismo p. que el p. r., 6 p. b.; 1 p. b. con B, 2 p. b. con C, 1 p. b. con B, 7 p. b. con C, 1 p. r. con B, dele la vuelta.

Hilera 24: Con B, 1 p. b. en el mismo p. que el p. r., 6 p. b.; (1 p. b. con C, 1 p. b. con B, 1 p. b. con C) 2 veces, 7 p. b. con B, 1 p. r., dele la vuelta.

Hilera 25: Con B, 1 p. b. en el mismo p. que el p. r., 7 p. b.; (1 p. b. con C, 1 p. b. con B, 1 p. b. con C) 2 veces, 8 p. b. con B, 1 p. r., dele la vuelta.

Hilera 26: Con B, 1 p. b. en el mismo p. que el p. r.; 4 p. b. con C, 4 p. b. con B, (1 p. b. con C, 1 p. b. con B, 1 p. b. con C) 2 veces, 4 p. b. con B, 4 p. b. con C, 1 p. b. con B, 1 p. r., dele la vuelta.

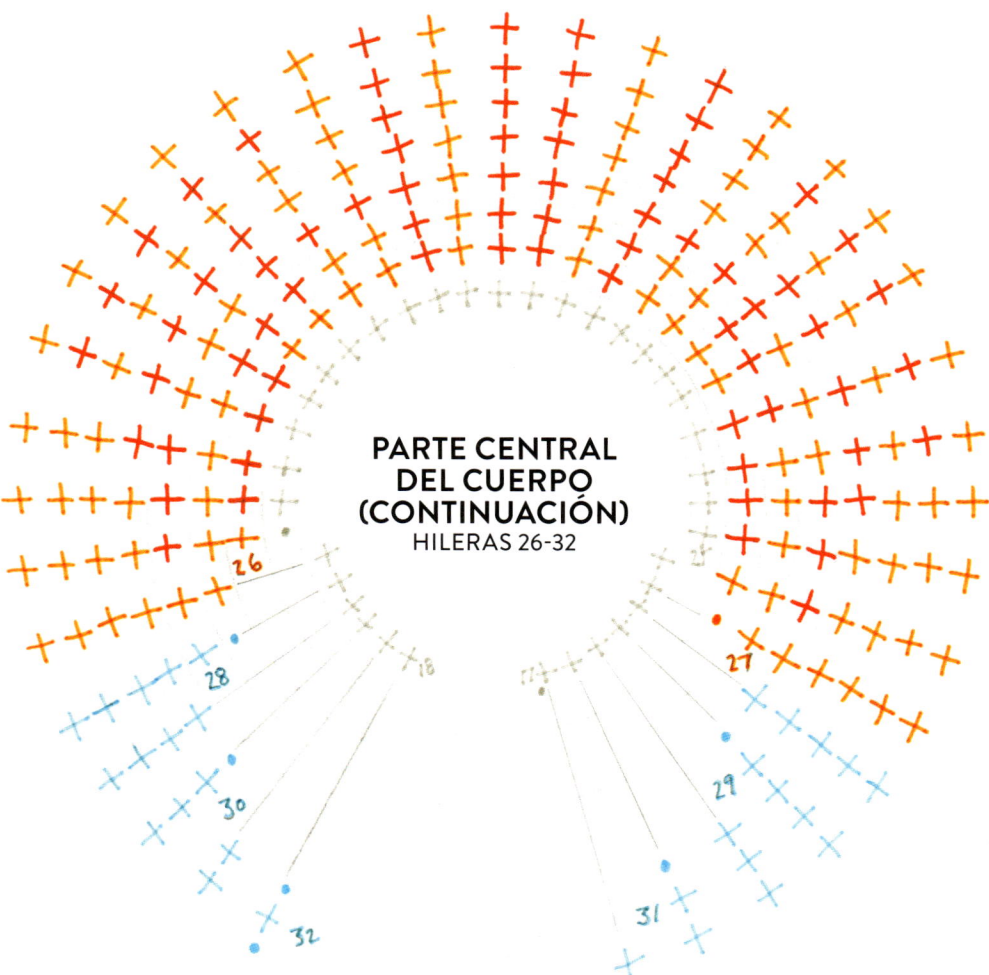

**PARTE CENTRAL
DEL CUERPO
(CONTINUACIÓN)**
HILERAS 26-32

Hilera 27: Con B, 1 p. b. en el mismo p. que el p. r., 4 p. b.; 3 p. b. con C, 2 p. b. con B, (1 p. b. con C, 1 p. b. con B, 1 p. b. con C) 2 veces, 2 p. b. con B, 3 p. b. con C, 5 p. b. con B, 1 p. r. con A, dele la vuelta.

Hilera 28: Con A, 1 p. b. en el mismo p. que el p. r.; 1 p. b. con B, 3 p. b. con C, 3 p. b. con B, 4 p. b. con C, 1 p. b. con B, 2 p. b. con C, 1 p. b. con B, 4 p. b. con C, 3 p. b. con B, 3 p. b. con C, 1 p. b. con B, 1 p. b. con A, 1 p. r., dele la vuelta.

Hilera 29: Con A, 1 p. b. en el mismo p. que el p. r., 1 p. b.; 3 p. b. con B, 5 p. b. con C, 2 p. b. con B, (1 p. b. con C, 1 p. b. con B, 1 p. b. con C) 2 veces, 2 p. b. con B, 5 p. b. con C, 3 p. b. con B, 2 p. b. con A, 1 p. r., dele la vuelta.

Hilera 30: Con A, 1 p. b. en el mismo p. que el p. r., 2 p. b.; 10 p. b. con B, (1 p. b. con C, 1 p. b. con B, 1 p. b. con C) 3 veces, 10 p. b. con B, 2 p. b. con A, 1 p. r., dele la vuelta.

Hilera 31: Con A, 1 p. b. en el mismo p. que el p. r., 3 p. b.; 4 p. b. con B, 5 p. b. con C, 1 p. b. con B, (1 p. b. con C, 1 p. b. con B, 1 p. b. con C) 2 veces, 1 p. b. con B, 5 p. b. con C, 4 p. b. con B, 4 p. b. con A, 1 p. r., dele la vuelta.

Hilera 32: Con A, 1 p. b. en el mismo p. que el p. r., 4 p. b.; 10 p. b. con B, (1 p. b. con C, 1 p. b. con B, 1 p. b. con C) 2 veces, 10 p. b. con B, 5 p. b. con A, 1 p. r. en el 1.er p. b., dele la vuelta.

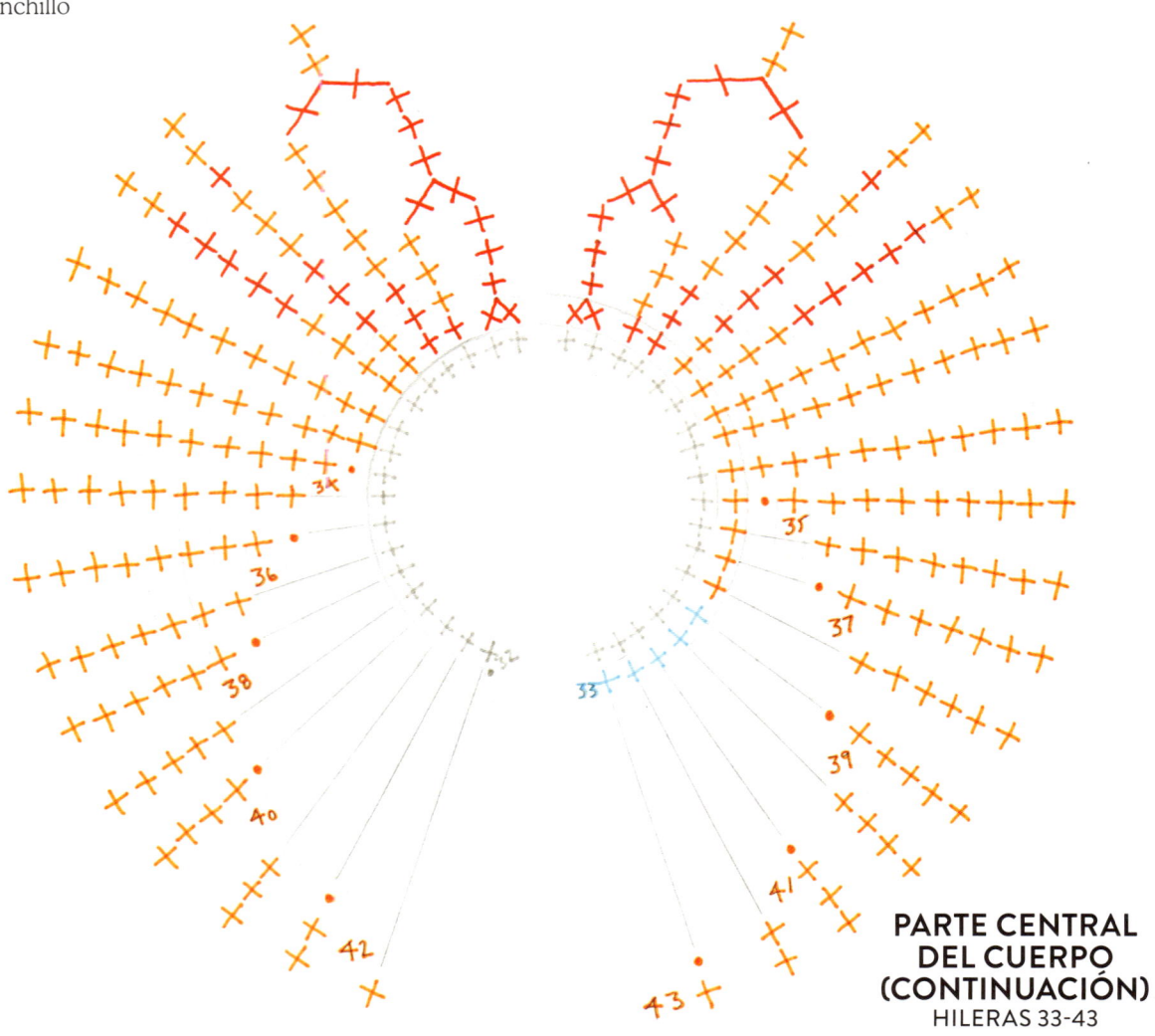

**PARTE CENTRAL
DEL CUERPO
(CONTINUACIÓN)**
HILERAS 33-43

Hilera 33 (dism.): 5 p. b. con A, 9 p. b. con B; con C, 2 p. b., (2 p. b. jun.) 2 veces, 2 p. b.; con B, 4 p. b., 1 p. r., dele la vuelta (34 p.).

Hilera 34: Con B, 1 p. b. en el mismo p. que el p. r., 4 p. b.; (1 p. b. con C, 1 p. b. con B, 1 p. b. con C) 2 veces, 5 p. b. con B, 1 p. r., dele la vuelta.

Hilera 35: Con B, 1 p. b. en el mismo p. que el p. r., 4 p. b.; (2 p. b. con C, 1 p. b. con B) 3 veces, 4 p. b. con B, 1 p. r., dele la vuelta.

Hilera 36: Con B, 1 p. b. en el mismo p. que el p. r., 5 p. b.; (1 p. b. con C, 2 p. b. con B, 1 p. b. con C) 2 veces, 6 p. b. con B, 1 p. r., dele la vuelta.

Hilera 37 (dism.): Con B, 1 p. b. en el mismo p. que el p. r., 5 p. b.; 2 p. b. con C, 1 p. b. con B, (2 p. b. jun.) 2 veces con C, 1 p. b. con B, 2 p. b. con C, 6 p. b. con B, 1 p. r., dele la vuelta (32 p.).

Hilera 38: Con B, 1 p. b. en el mismo p. que el p. r., 6 p. b.; (1 p. b. con C, 2 p. b. con B, 1 p. b. con C) 2 veces, 7 p. b. con B, 1 p. r., dele la vuelta.

Hilera 39: Con B, 1 p. b. en el mismo p. que el p. r., 7 p. b.; (1 p. b. con C, 2 p. b. con B, 1 p. b. con C) 2 veces, 8 p. b. con B, 1 p. r., dele la vuelta.

Hilera 40: Con B, 1 p. b. en el mismo p. que el p. r., 8 p. b.; (1 p. b. con C,

2 p. b. con B, 1 p. b. con C) 2 veces, 9 p. b. con B, 1 p. r., dele la vuelta.

Hilera 41 (dism.): Con B, 1 p. b. en el mismo p. que el p. r., 9 p. b.; con C, 2 p. b., (2 p. b. jun.) 2 veces, 2 p. b.; con B, 10 p. b., 1 p. r., dele la vuelta (30 p.).

Continúe con hilo B.

Hilera 42: 1 p. b. en el mismo p. que el p. r., 27 p. b., 1 p. r., dele la vuelta.

Hilera 43: 1 p. b. en el mismo p. que el p. r., 29 p. b. No le dé la vuelta. Antes de continuar, rellene la cabeza y luego el cuerpo ligeramente.

PARTE TRASERA DEL CUERPO

Se trabaja en redondo.

Vuelta 1 (dism.): (2 p. b. jun., 3 p. b.)
6 veces (24 p.).

Vuelta 2 (dism.): (2 p. b. jun., 2 p. b.)
6 veces (18 p.).

Vuelta 3 (dism.): (2 p. b. jun., 1 p. b.)
6 veces (12 p.).

Vuelta 4 (dism.): (2 p. b. jun.) 6 veces
(6 p.).

Corte el hilo y páselo a través de los
últimos 6 p. Tire del cabo para cerrar
la labor. Remate el hilo.

Orejas (haga 2)

Con un ganchillo de 3,25 mm e hilo
A, haga 4 cad.

Hilera 1: 1 p. b. en la 2.ª cad. desde la
aguja, 1 p. b. en la cad. sig., 3 p. b. en la
cad. sig., 1 p. b. en el revés de cada una
de las sig. 2 cad., dele la vuelta (7 p.).

Hilera 2 (aum.): 1 cad., 2 p. b. en el
p. sig., 2 p. b., 3 p. b. en el p. sig., 2 p.
b., 2 p. b. en el p. sig. (11 p.).
Remate la labor dejando un cabo largo.
Ha completado el interior de la oreja.
Con B, haga otra pieza igual, que será
la parte exterior de la oreja. Al final, dé
la vuelta a la labor y no remate el hilo.

UNIR LAS PIEZAS DE LA OREJA

Junte las dos piezas, con la parte del
interior cara arriba.

Después: Teja 1 cad. y, a continuación,
introduciendo el ganchillo por debajo
de las 2 laz. de cada p. de la pieza
interior y luego de la pieza exterior
para unirlas, haga 2 p. b. en el p. sig.,
4 p. b., 3 p. b. en el p. sig., 4 p. b., 2 p.
b. en el p. sig. (15 p.). Remate la labor
dejando un cabo largo.

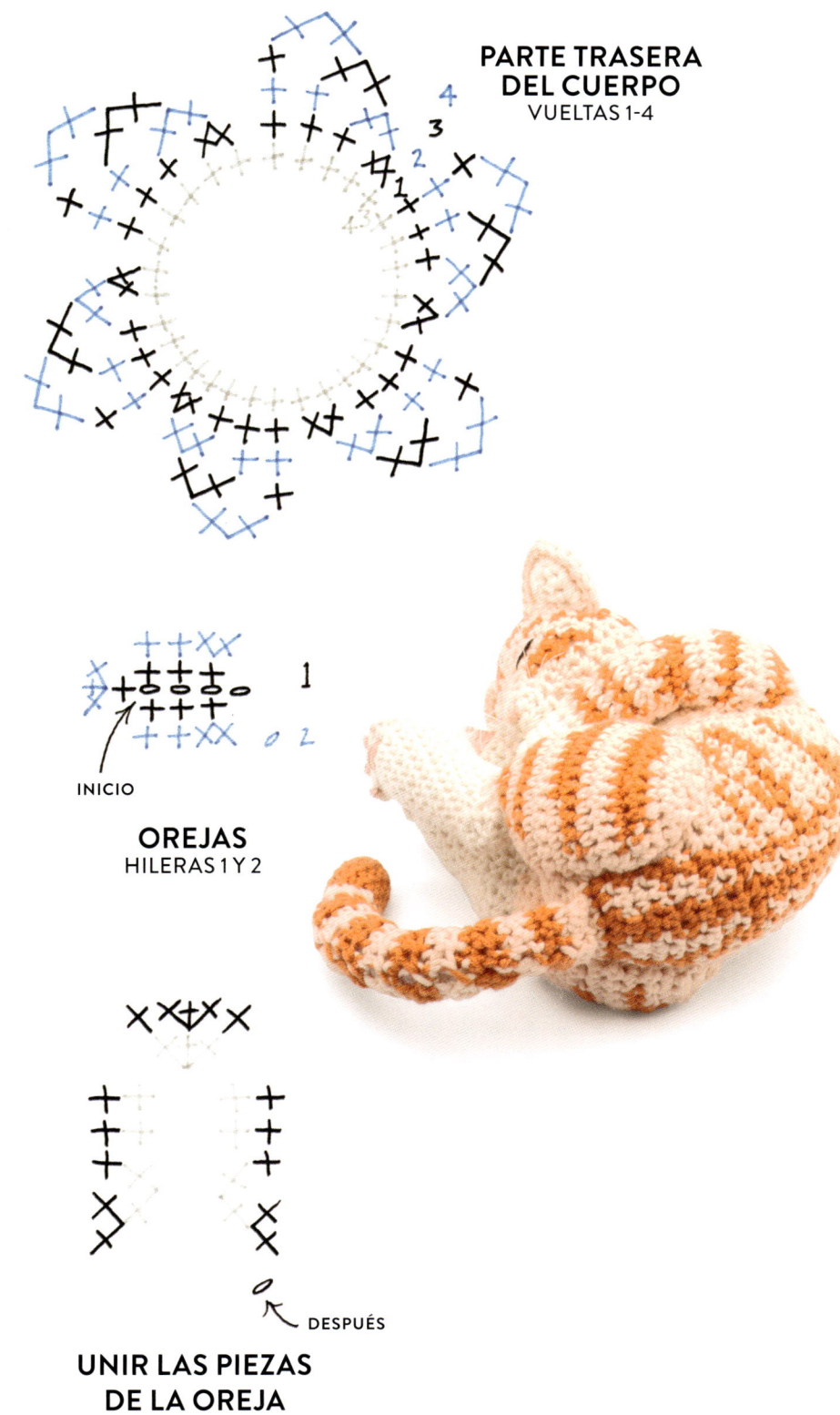

**PARTE TRASERA
DEL CUERPO**
VUELTAS 1-4

INICIO

OREJAS
HILERAS 1 Y 2

DESPUÉS

**UNIR LAS PIEZAS
DE LA OREJA**
PINTRODUZCA EL GANCHILLO
EN CADA PUNTO DE AMBAS
PIEZAS A LA VEZ

Patas delanteras (haga 2)

DEDOS

Las piñas aparecen en el revés del tejido. Esto será el derecho de la labor. En la página 166 encontrará las instrucciones para hacer piñas. Empezando en la parte delantera de la pata y utilizando un ganchillo de 3,25 mm e hilo A, haga 6 cad.

Vuelta 1 (R.): 1 p. b. en la 2.ª cad. desde la aguja, (1 piña, 1 p. b. en la cad. sig.) 2 veces, 1 p. b. en el revés de cada cad. hasta el final (10 p.).

Vuelta 2 (aum.): 1 p. b., 1 piña en el mismo p., 1 p. b., 2 p. b. en el p. sig., 1 p. b., 1 piña, 1 p. b. en el mismo p., (2 p. b. en el p. sig., 1 p. b.) 2 veces, 2 p. b. en el p. sig., dele la vuelta (16 p.).

Vuelta 3 (D.): 1 cad., 1 p. b. en cada p.

Vuelta 4: 1 p. b. en cada p. b.

Vuelta 5 (dism.): (1 p. b., 2 p. b. jun., 1 p. b.) 2 veces, 8 p. b. (14 p.).

Vuelta 6 (dism.): 2 p. b. jun., 2 p. b., 2 p. b. jun., 8 p. b. (12 p.).

Vuelta 7: 1 p. b. en cada p. b. Incorpore B en el último p. b. y desplace el hilo que no use por el revés de la labor.

PATA

Se trabaja en hileras.

Hilera 1 (D.): Con B, 1 p. b. en cada p. b., dele la vuelta.

Hilera 2 (R.): 1 cad., 6 p. b. Incorpore C en el último p. b. y haga 6 p. b. con C, dele la vuelta.

Hilera 3: Con B, 1 cad., 1 p. b. en cada p. b., dele la vuelta.

Hilera 4: 1 cad., 6 p. b. con B, 6 p. b. con C, dele la vuelta.

Hileras 5 y 6: Con B, 1 cad., 1 p. b. en cada p. b., dele la vuelta.

Hilera 7: 1 cad., (2 p. b. con C, 2 p. b. con B) 2 veces, 4 p. b. con B, dele la vuelta.

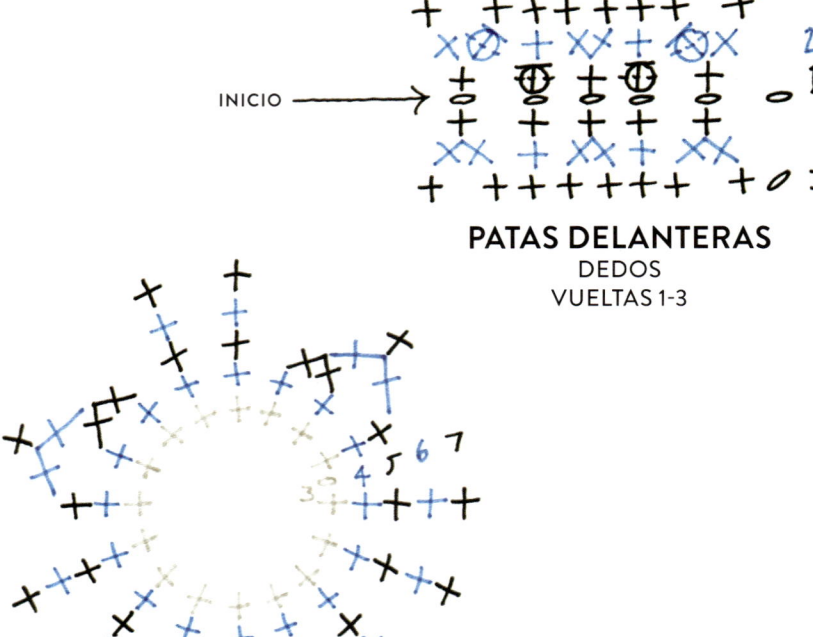

PATAS DELANTERAS
DEDOS
VUELTAS 1-3

PATAS DELANTERAS (CONTINUACIÓN)
DEDOS
VUELTAS 4-7

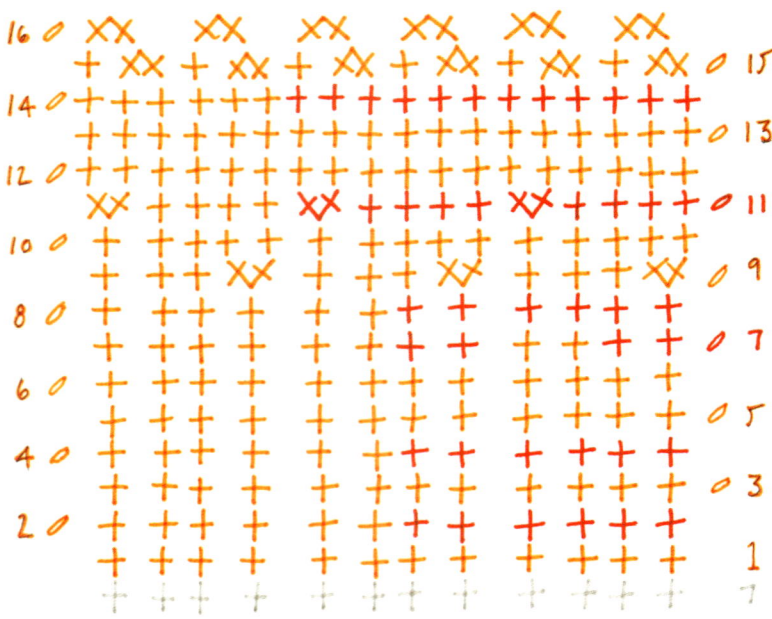

PATAS DELANTERAS (CONTINUACIÓN)
PATA
HILERAS 1-16

Hilera 8: 1 cad., 6 p. b. con B, 6 p. b. con C, dele la vuelta.

Hilera 9 (aum.): Con B, 1 cad., (2 p. b. en el p. sig., 3 p. b.) 3 veces, dele la vuelta (15 p.).

Hilera 10: Con B, 1 cad., 1 p. b. en cada p. b., dele la vuelta.

Hilera 11 (aum.): Con C, 1 cad., (4 p. b., 2 p. b. en el p. sig.) 2 veces; con B, 4 p. b., 2 p. b. en el p. sig., dele la vuelta (18 p.).

Hileras 12 y 13: Con B, 1 cad., 1 p. b. en cada p. b., dele la vuelta.

Hilera 14: 1 cad., 6 p. b. con B, 12 p. b. con C, dele la vuelta. Continúe con B.

Hilera 15 (dism.): 1 cad., (2 p. b. jun., 1 p. b.) 6 veces, dele la vuelta (12 p.).

Hilera 16 (dism.): 1 cad., (2 p. b. jun.) 6 veces (6 p.). Remate la labor dejando un cabo largo de hilo B al final.

Patas traseras

PATA DERECHA

Trabaje las vueltas 1-16 como en el gato calicó, en las páginas 99-100.

MUSLO DERECHO

Con el derecho de la pata hacia usted y utilizando un ganchillo de 3,25 mm, incorpore B con 1 p. r. en el 1.º de los 6 p. b. saltados de la hilera 14.

Hilera 1: 1 p. b. en el mismo p. que el p. r., 1 p. b. en cada uno de los sig. 5 p. b., 1 p. b. en el revés de cada una de las sig. 6 cad., dele la vuelta (12 p.).

Hilera 2 (aum.): 1 cad., (2 p. b. en el p. sig., 1 p. b.) 2 veces. Incorpore C en el último p. b. y desplace el hilo que no use por el revés de la labor, (2 p. b. en el p. sig., 1 p. b.) 2 veces con C, (2 p. b. en el p. sig., 1 p. b.) 2 veces con B, dele la vuelta (18 p.).

Hilera 3 (aum.): 1 cad., (2 p. b. en el p. sig., 2 p. b.) 6 veces con B, dele la vuelta (24 p.).

Hilera 4 (aum.): 1 cad., (2 p. b. en el p. sig., 3 p. b.) 2 veces con B, (2 p. b. en el p. sig., 3 p. b.) 2 veces con C, (2 p. b. en el p. sig., 3 p. b.) 2 veces con B, dele la vuelta (30 p.).

Hileras 5 y 6: Con B, 1 cad., 1 p. b. en cada p. b., dele la vuelta.

Hilera 7: 1 cad., 12 p. b. con B, 6 p. b. con C, 12 p. b. con B, dele la vuelta.

Hilera 8: 1 cad., 9 p. b. con B, 12 p. b. con C, 9 p. b. con B, dele la vuelta.

Hileras 9 y 10: Con B, 1 cad., 1 p. b. en cada p. b., dele la vuelta.

Hilera 11: 1 cad., 8 p. b. con B, 14 p. b. con C, 8 p. b. con B, dele la vuelta.

Hilera 12 (dism.): 1 cad., (2 p. b. jun, 3 p. b.) 2 veces con B, (2 p. b. jun., 3 p. b.) 2 veces con C, (2 p. b. jun., 3 p. b.) 2 veces con B, dele la vuelta (24 p.). Continúe con hilo B.

Hilera 13 (dism.): 1 cad., (2 p. b. jun., 2 p. b.) 6 veces, dele la vuelta (18 p.).

Hilera 14 (dism.): 1 cad., (2 p. b. jun., 1 p. b.) 6 veces, dele la vuelta (12 p.).

Hilera 15 (dism.): 1 cad., (2 p. b. jun.) 6 veces (6 p.).

Corte el hilo y páselo a través de los p. de la última vuelta. Tire del cabo para cerrar la labor y remátelo dejando un trozo largo de hilo B.

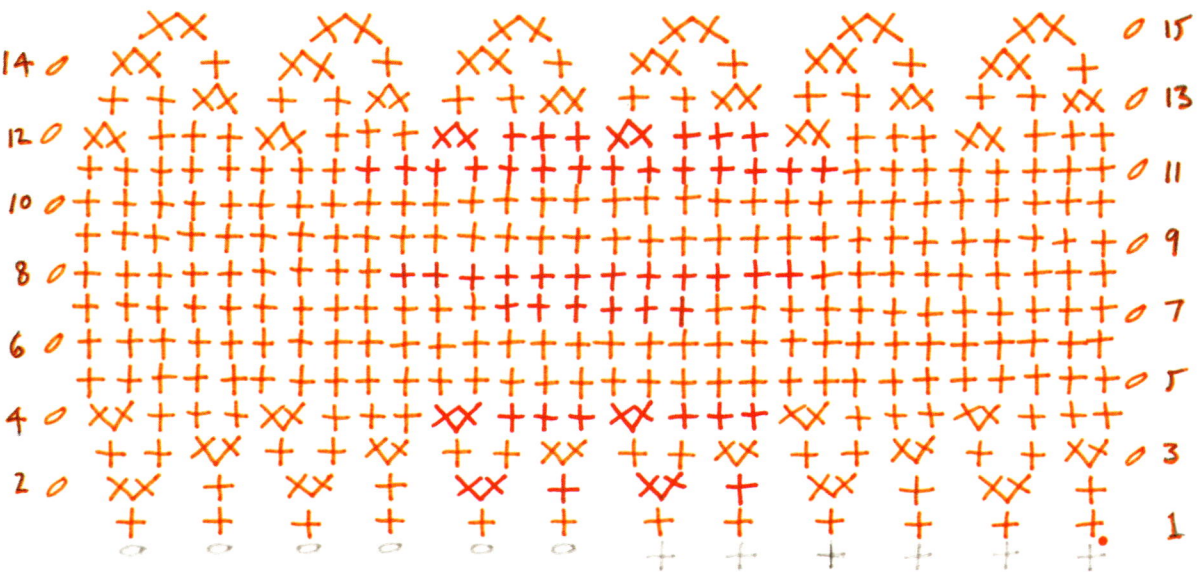

PATAS TRASERAS
MUSLO DERECHO
HILERAS 1-15

PATA IZQUIERDA

Trabaje las vueltas 1-16 como en el gato
calicó, en las páginas 99-100.

MUSLO IZQUIERDO

Con el derecho de la pata hacia usted
y utilizando un ganchillo de 3,25 mm
e hilo B, haga 1 p. r. en el revés de la
1.ª de las 6 cad. de la hilera 15.

Hilera 1: 1 p. b. en el mismo p. que el p. r.,
1 p. b. en cada una de las sig. 5 cad., 1 p.
b. en cada uno de los sig. 6 p. b. saltados
de la vuelta 14, dele la vuelta (12 p.).

Hileras 2-15: Como las hileras 2-15
del muslo derecho.

Corte el hilo y páselo a través de los p.
de la última vuelta. Tire del cabo para
cerrar la labor y remátelo dejando un
trozo largo de hilo B.

Cola

PUNTA

Con un ganchillo de 3,25 mm e hilo C,
haga un anillo mágico.

Vuelta 1: 1 cad., 6 p. b. en el anillo (6 p.).

Vuelta 2 (aum.): (2 p. b. en el p. sig.,
1 p. b.) 3 veces (9 p.). Tire del cabo corto
para cerrar el anillo.

Vueltas 3-7: 1 p. b. en cada p. b.
Incorpore B en el último p. b. y desplace
el hilo que no use por el revés de la labor.

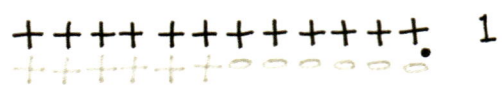

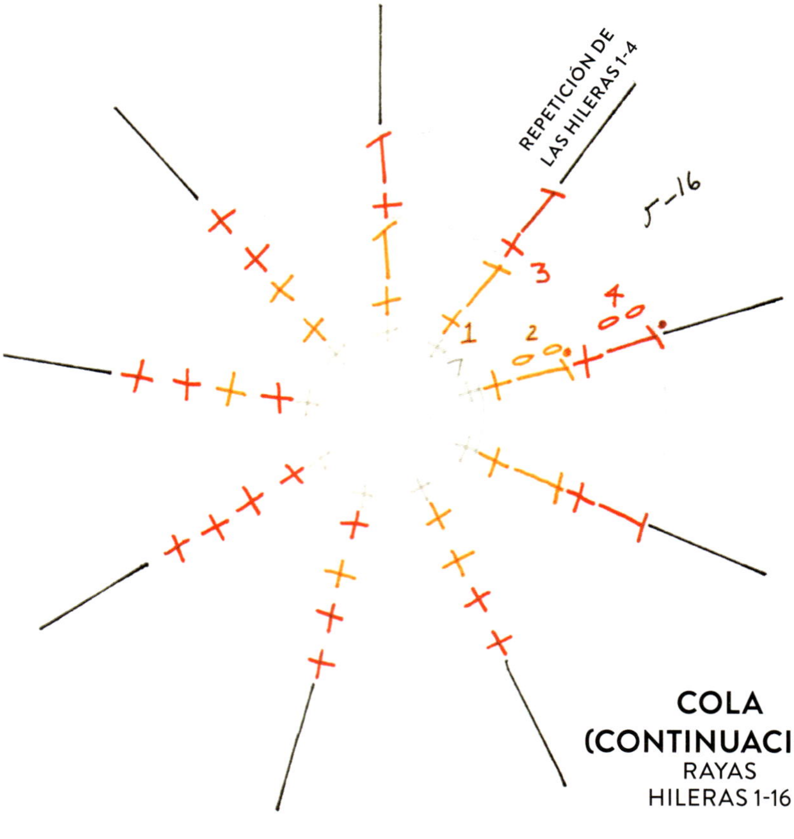

PATAS TRASERAS (CONTINUACIÓN)
MUSLO IZQUIERDO
HILERA 1

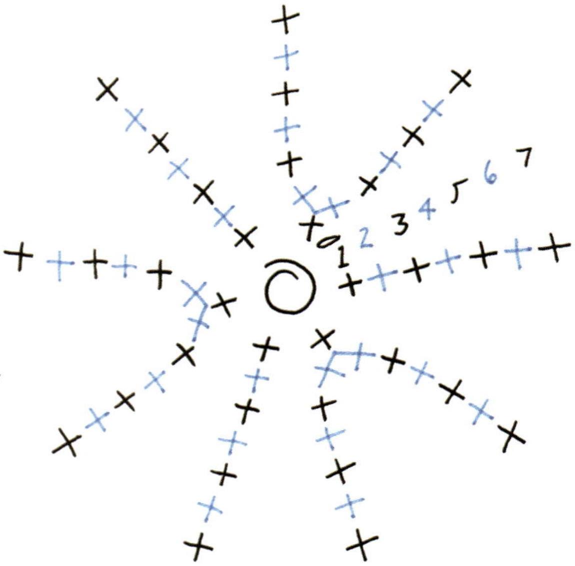

COLA
PUNTA
VUELTAS 1-7

REPETICIÓN DE
LAS HILERAS 1-4

**COLA
(CONTINUACIÓN)**
RAYAS
HILERAS 1-16

116

RAYAS

Se trabajan en hileras.

Hilera 1 (D.): 3 p. b. con B, 3 p. b. con C, 3 p. b. con B, dele la vuelta.

Hilera 2 (R.): Con B, 2 cad., 2 p. m. a., 2 p. b.; con C, 1 p. b.; con B., 2 p. b., 2 p. m. a., 1 p. r. en el 1.er p. m. a., dele la vuelta.

Hilera 3: Con C, 1 p. b. en cada p., dele la vuelta.

Hilera 4: Con C, 2 cad., 2 p. m. a., 5 p. b., 2 p. m. a., 1 p. r. en el 1.er p. m. a., dele la vuelta.

Hileras 5-16: Repita 3 veces las hileras 1-4.

Hilera 17: Repita la hilera 1.

Hilera 18: Con B, 1 cad., 4 p. b.; con C, 1 p. b.; con B, 4 p. b., 1 p. r. en el 1.er p. b., dele la vuelta.

Hilera 19: Con C, 1 p. b. en cada p. b., dele la vuelta.

Hilera 20: Con C, 1 cad., 1 p. b. en cada p. b., 1 p. r. en el 1.er p. b., dele la vuelta.

Hileras 21 y 22: Repita las hileras 17 y 18. Remate la labor dejando un cabo largo de hilo B.

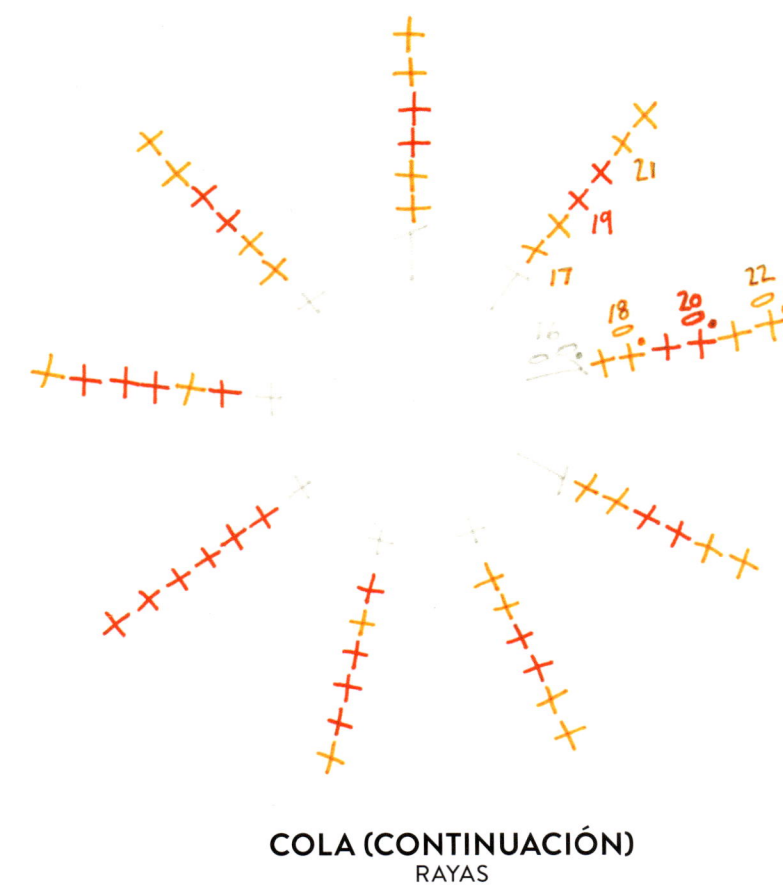

COLA (CONTINUACIÓN)
RAYAS
HILERAS 17-22

Montaje

CABEZA

Con tres hebras del hilo de bordar, haga la nariz con puntadas de satén (*véase* la página 170). Con dos hebras, borde cada ojo con dos puntadas rectas (*véase* la página 170).

OREJAS

Rellene las orejas ligeramente, de manera que queden planas. Cósalas en su sitio, cerca de la parte posterior de la cabeza, haciendo puntadas a lo largo de los lados inferiores con los cabos que ha dejado al rematar las piezas.

PATAS

Pase el cabo suelto por los puntos de la última hilera. Tire del cabo para cerrar la labor. Cosa juntos los bordes de la pata, haciendo coincidir las hileras y rellenándola a medida que la cose (rellene el muslo solo ligeramente). Con tres hebras del hilo de bordar, haga las almohadillas de las patas con puntadas de satén. Aplane la parte superior de las patas. Las costuras de las patas traseras deben quedar en el centro de la parte interna, que irá pegada al cuerpo. Las costuras de las patas delanteras quedarán en un lado. Cosa las patas al cuerpo, haciendo puntadas por la parte superior de los muslos.

COLA

Aplane la parte superior y cosa juntos los bordes. Cósala al final del cuerpo.

BIGOTES (OPCIONAL)

Incorpore tres bigotes en el cuerpo de los puntos situados a los lados del hocico (*véase* la página 171). Recorte los extremos.

Esconda todos los cabos sueltos.

Ragdoll

EL LARGO Y SEDOSO PELAJE DEL GATO RAGDOLL, QUE LO HACE PARECER MÁS GRANDE DE LO QUE REALMENTE ES, SE CREA TEJIENDO BUCLES.

Materiales

- Puna de Drops, 100 % alpaca (110 m por ovillo de 50 g), o cualquier hilo ligero:
  2 x ovillo de 50 g de color 01 Off White (A)
  2 x ovillo de 50 g de color 06 Grey (B)
- Hilo de bordar separable de color azul, como Stranded Cotton de Anchor, tono 0161, para los ojos
- Hilo de bordar separable de color negro, como Stranded Cotton de Anchor, tono 0403, para las pupilas
- Hilo de bordar separable de color rosa, como Stranded Cotton de Anchor, tono 049, para la nariz
- 6 trozos de 12 cm de hilo de nailon transparente de 0,3 mm, para los bigotes (opcionales; no adecuados para niños pequeños)
- Aguja de ganchillo de 3,25 mm
- Aguja lanera de punta roma
- Relleno para peluches

Tamaño

- El cuerpo mide unos 17,5 cm de largo, desde la punta de la nariz hasta la parte posterior de las patas traseras
- Hace unos 16,5 cm de alto, desde la coronilla (sin contar las orejas)

Tensión

22 puntos y 26 hileras en una muestra de 10 cm tejida a punto bajo con un ganchillo de 3,25 mm. Si fuera necesario, utilice un ganchillo de mayor o menor calibre para obtener la tensión correcta.

Instrucciones

La cabeza, el cuerpo y las patas se trabajan en redondo y en hileras de puntos bajos y bucles. Las secciones del cuerpo en las que irán las patas se trabajan solo con puntos bajos, y los bucles que quedarán cubiertos por la cabeza, las patas y la cola simplemente hay que remeterlos al coser juntas las piezas. Los dedos de las patas se hacen tejiendo piñas. Las piñas y los bucles aparecen en el revés del tejido. El cuello se trabaja en redondo; se empieza tejiendo en los puntos de la parte inferior del hocico y luego a lo largo de los bordes de las hileras que forman la coronilla. La melena leonina hecha de bucles se teje por separado y luego se desliza por la cabeza y se cose en su sitio. La cola se teje alternando hileras de puntos bajos y bucles. Los bordes de la última hilera se cosen juntes y la cola se rellena ligeramente. La orejas se trabajan en hileras. Cada una está compuesta por dos piezas que se unen tejiendo en cada punto de las dos piezas a la vez. Se incorporan trozos de hilos en la cara, cerca de los bordes de la melena, así como en las orejas y entre los dedos para formar los mechones de pelos. Los ojos y la nariz se bordan con hilos de bordar.

Cuando al inicio de una hilera o vuelta se hacen una o dos cadenetas, estas no cuentan como un punto.

Cabeza

Empezando en la parte delantera del hocico y utilizando un ganchillo de 3,25 mm e hilo A, haga un anillo mágico (*véase* la página 163).

Vuelta 1: 1 cad., 6 p. b. en el anillo (6 p.).
Vuelta 2 (aum.): (2 p. b. en cada p.) 6 veces (12 p.). Tire del cabo corto para cerrar el anillo.
Vueltas 3 y 4: 1 p. b. en cada p. b.

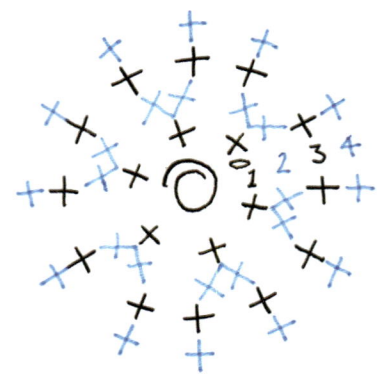

CABEZA
VUELTAS 1-4

LEYENDA

⟳ ANILLO MÁGICO
⬭ CADENETA (CAD.)
• PUNTO RASO (P. R.)
+ PUNTO BAJO (P. B.)
⋎⋎ 2 P. B. EN EL MISMO P.
⋎⋎⋎ 3 P. B. EN EL MISMO P.
⋏⋏ 2 P. B. JUN.
⊕ PIÑA
⚲ BUCLE

CARA

Se trabaja en hileras.
Hilera 1 (D.) (aum.): 2 p. b. en el p. sig., 2 p. b., 2 p. b. en el p. sig. Incorpore B en el último p. b. y desplace el hilo que no use por el revés de la labor. *Con B, 1 p. b., 2 p. b. en el p. sig., 1 p. b.**; con A, 2 p. b. en cada uno de los sig. 2 p.; repita desde * hasta **, dele la vuelta (18 p.).
Hilera 2 (R.): Con B, 1 cad., 4 p. b.; 4 p. b. con A, 4 p. b. con B, 6 p. b. con A, 1 p. r. en el 1.er p. b., dele la vuelta.
Hilera 3 (D.) (aum.): 6 p. b. con A; con B, 1 p. b., (2 p. b. en el p. sig., 1 p. b.) 2 veces; con A. (2 p. b. en el p. sig.) 2 veces; con B, (1 p. b., 2 p. b. en el p. sig.) 2 veces, 1 p. b., dele la vuelta (24 p.).
Hilera 4 (aum.): Con B, 1 cad., (1 p. b., 2 p. b. en el p. sig., 1 p. b.) 2 veces, 1 p. b., 2 p. b. en el p. sig.; con A, 2 p. b.; con B, 2 p. b. en el p. sig., 1 p. b., (1 p. b., 2 p. b. en el p. sig., 1 p. b.) 2 veces, acabando 6 p. antes de llegar al final, dele la vuelta (30 p.).

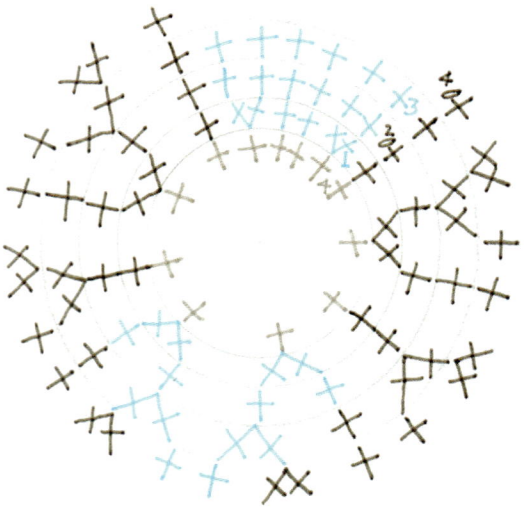

CARA
HILERAS 1-4

CORONILLA

Continúe con hilo B.

Hilera 5 (R.): 1 cad., 24 p. b., dele la vuelta.

Siga tejiendo en estos 24 p.

Hilera 6 (D.): 1 cad., 1 p. b. en cada p. b., dele la vuelta.

Hileras 7-9: Repita la última hilera.

Hilera 10 (dism.): 1 cad., (2 p. b. jun., 2 p. b.) 6 veces, dele la vuelta (18 p.).

Hilera 11 (dism.): 1 cad., (2 p. b. jun., 1 p. b.) 6 veces, dele la vuelta (12 p.).

Hilera 12 (dism.): 1 cad., (2 p. b. jun.) 6 veces (6 p.).

Remate la labor y pase el hilo B través de los últimos 6 p. Tire del cabo y remátelo.

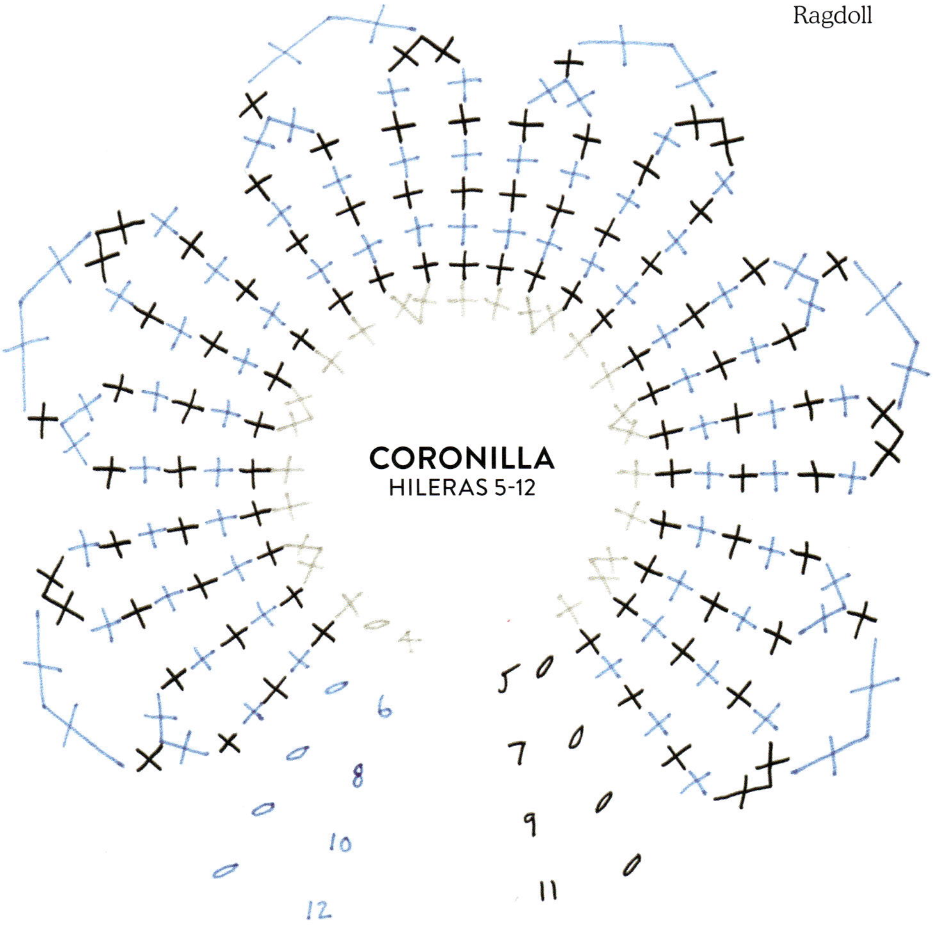

CUELLO

Con el derecho de la labor hacia usted y utilizando un ganchillo de 3,25 mm e hilo B, haga 1 p. r. en el 1.º de los 6 p. b. no trabajados de la hilera 3 de la cara.

Vuelta 1: 1 p. b. en el mismo p. que el p. r., 5 p. b., 14 p. b. espaciados a intervalos regulares a lo largo del borde de las hileras de la cabeza (20 p.).

Vuelta 2 (aum.): (2 p. b. en el p. sig., 4 p. b.) 4 veces (24 p.).

Vueltas 3 y 4: 1 p. b. en cada p. b.

Vuelta 5: 8 p. b., 1 p. r. en el sig. p. b. y remate la labor dejando un cabo largo.

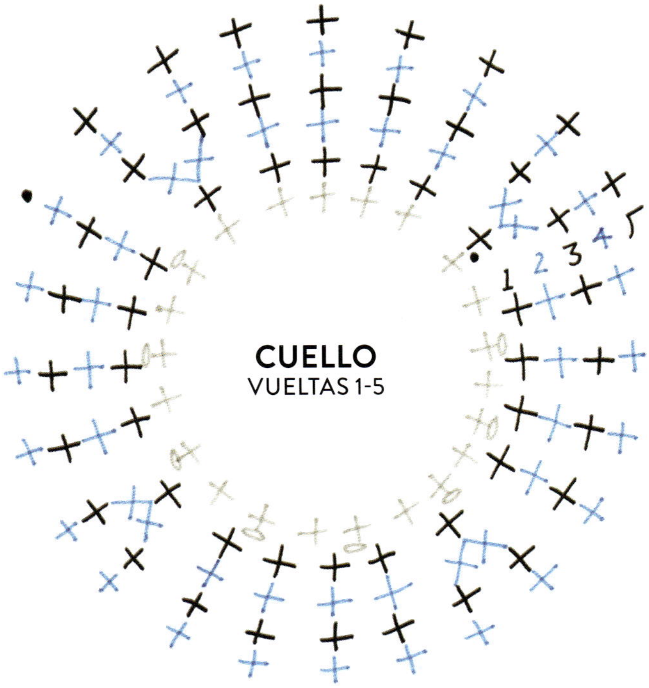

LEYENDA DE COLORES

PARA LA CARA Y LA PARTE CENTRAL DEL CUERPO: HILERAS 8-21

En los otros diagramas, las vueltas o hileras alternan azul y negro.

CORONILLA
HILERAS 5-12

CUELLO
VUELTAS 1-5

Orejas (haga 2)

Con un ganchillo de 3,25 mm e hilo A, haga 4 cad.

Hilera 1: 1 p. b. en la 2.ª cad. desde la aguja, 1 p. b. en la cad. sig., 3 p. b. en la cad. sig., 1 p. b. en el revés de cada una de las sig. 2 cad., dele la vuelta (7 p.).

Hilera 2 (aum.): 1 cad., 2 p. b. en el p. sig., 2 p. b., 3 p. b. en el p. sig., 2 p. b., 2 p. b. en el p. sig. (11 p.).

Remate la labor dejando un cabo largo. Ha completado el interior de la oreja.

Cuerpo

Los bucles aparecen en el revés del tejido. Esto será el derecho de la labor. En la página 166 encontrará las instrucciones para hacer bucles.

PARTE TRASERA DEL CUERPO

Empezando por la parte de la cola y utilizando un ganchillo de 3,25 mm e hilo A, haga un anillo mágico.

Hilera 1 (D.): 1 cad., 6 p. b. en el anillo, dele la vuelta (6 p. b.).

Hilera 2 (R.) (aum.): 1 cad., 2 p. b. en cada p. b., 1 p. r. en el 1.er p., dele la vuelta (12 p.). Tire del cabo corto para cerrar el anillo.

Hilera 3 (aum.): (2 p. b. en el p. sig., 1 p. b.) 6 veces, dele la vuelta (18 p.).

Hilera 4 (aum.): 1 cad., (2 bucles en el sig. p. b., 2 bucles) 6 veces, 1 p. r. en el 1.er p., dele la vuelta (24 p.).

Hilera 5 (aum.): (2 p. b. en el p. sig., 3 p. b.) 6 veces, dele la vuelta (30 p.).

Hilera 6 (aum.): 1 cad., (2 p. b. en el p. sig., 4 p. b.) 6 veces, 1 p. r. en el 1.er p., dele la vuelta (36 p.).

Con B, haga otra pieza igual, que será la parte exterior de la oreja. Al final, dé la vuelta a la labor y no remate el hilo.

UNIR LAS PIEZAS DE LA OREJA

Junte las dos piezas, con la parte del interior cara arriba.

Después: Teja 1 cad. y, a continuación, introduciendo el ganchillo por debajo de las 2 laz. de cada p. de la pieza interior y luego de la pieza exterior para unirlas, haga 2 p. b. en el p. sig., 4 p. b., 3 p. b. en el p. sig., 4 p. b., 2 p. b. en el p. sig. (15 p.). Remate la labor dejando un cabo largo.

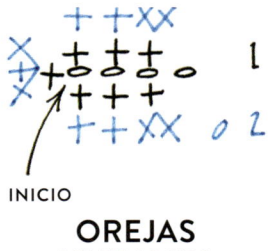

INICIO

OREJAS
HILERAS 1 Y 2

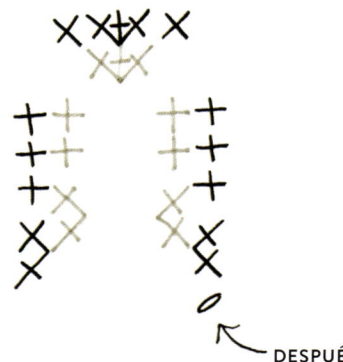

DESPUÉS

**UNIR LAS PIEZAS
DE LA OREJA**
INTRODUZCA EL GANCHILLO
EN CADA PUNTO DE AMBAS
PIEZAS A LA VEZ

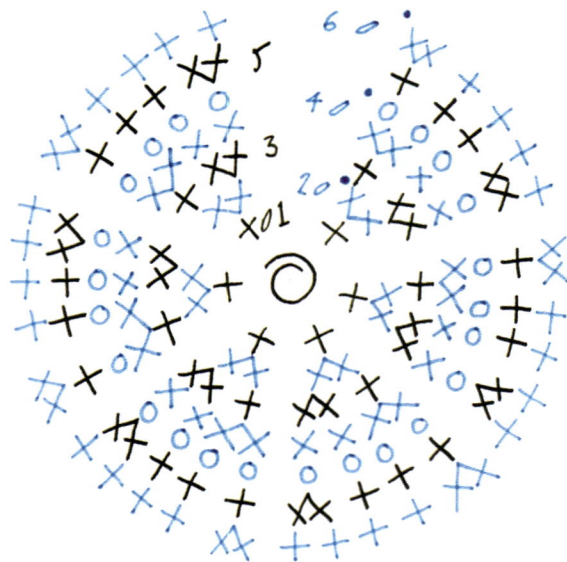

CUERPO
PARTE TRASERA DEL CUERPO
HILERAS 1-6

PARTE CENTRAL DEL CUERPO

Hilera 1 (D.): 1 p. b. en cada p. b., dele la vuelta.

Hilera 2 (R.): 1 cad., 12 bucles, 7 p. b., 10 bucles, 7 p. b., 1 p. r. en el 1.er p., dele la vuelta.

Hilera 3: 1 p. b. en cada p., dele la vuelta.

Hilera 4: 1 cad., 1 p. b. en cada p. b., 1 p. r. en el 1.er p., dele la vuelta.

Hilera 5: Repita la hilera 3.

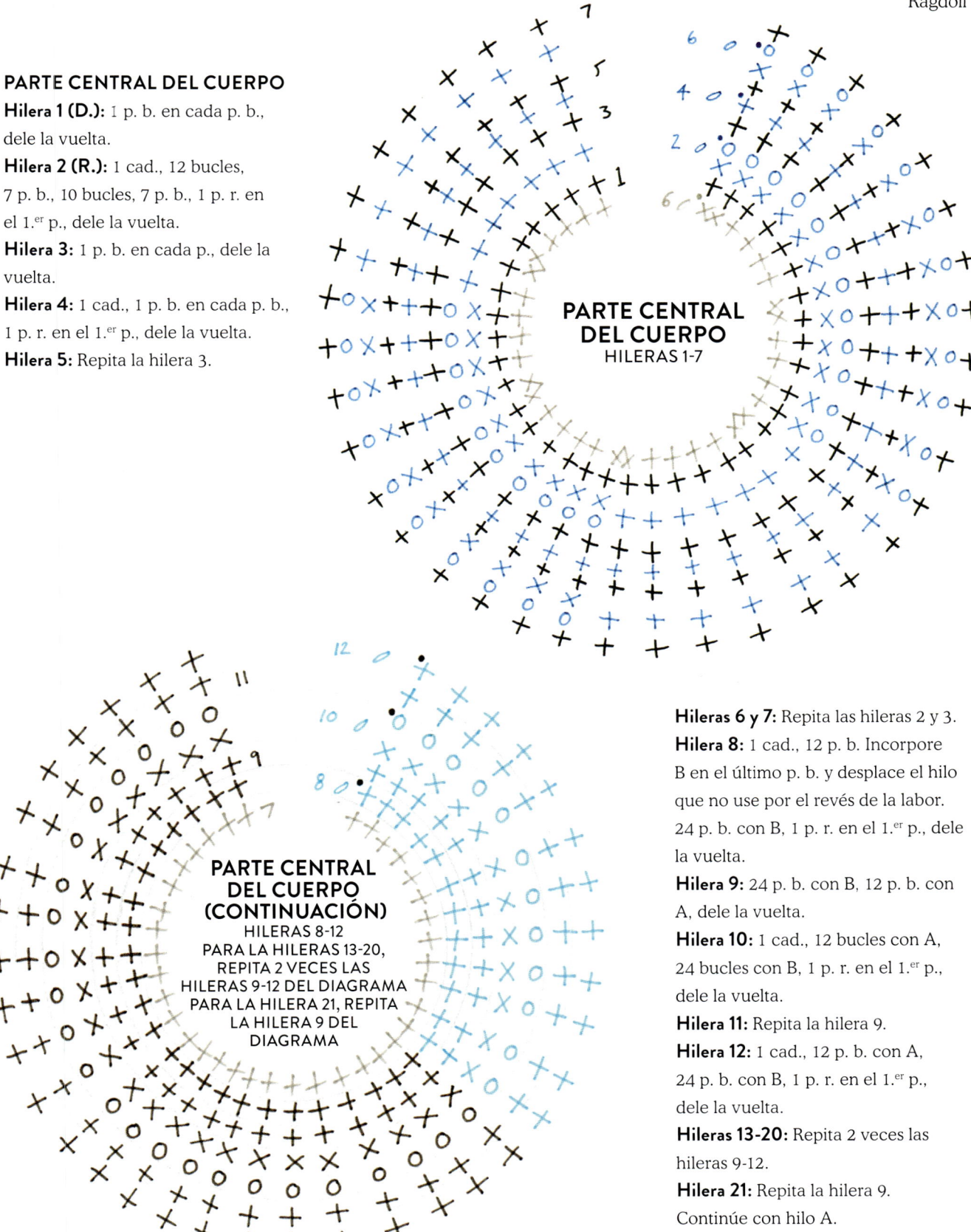

PARTE CENTRAL DEL CUERPO
HILERAS 1-7

PARTE CENTRAL DEL CUERPO (CONTINUACIÓN)
HILERAS 8-12
PARA LA HILERAS 13-20,
REPITA 2 VECES LAS
HILERAS 9-12 DEL DIAGRAMA
PARA LA HILERA 21, REPITA
LA HILERA 9 DEL
DIAGRAMA

Hileras 6 y 7: Repita las hileras 2 y 3.

Hilera 8: 1 cad., 12 p. b. Incorpore B en el último p. b. y desplace el hilo que no use por el revés de la labor. 24 p. b. con B, 1 p. r. en el 1.er p., dele la vuelta.

Hilera 9: 24 p. b. con B, 12 p. b. con A, dele la vuelta.

Hilera 10: 1 cad., 12 bucles con A, 24 bucles con B, 1 p. r. en el 1.er p., dele la vuelta.

Hilera 11: Repita la hilera 9.

Hilera 12: 1 cad., 12 p. b. con A, 24 p. b. con B, 1 p. r. en el 1.er p., dele la vuelta.

Hileras 13-20: Repita 2 veces las hileras 9-12.

Hilera 21: Repita la hilera 9. Continúe con hilo A.

Hilera 22: 1 cad., 12 bucles, 24 p. b., 1 p. r. en el 1.er p., dele la vuelta.

Hileras 23 y 24: Repita las hileras 3 y 4.

Hilera 25: Repita la hilera 3.

Hilera 26: Repita la hilera 22.

PARTE DELANTERA DEL

CUERPO

Hilera 1 (D.) (dism.): (2 p. b. jun., 4 p. b.) 6 veces, dele la vuelta (30 p.).

Hilera 2 (R.) (dism.): 1 cad., (2 p. b. jun., 3 p. b.) 6 veces, 1 p. r. en el 1.er p., dele la vuelta (24 p.).
Antes de continuar, rellene el cuerpo.

Hilera 3 (dism.): (2 p. b. jun., 2 p. b.) 6 veces, dele la vuelta (18 p.).

Hilera 4: 1 cad., 1 bucle en cada p. b., 1 p. r. en el 1.er p., dele la vuelta.

Hilera 5 (dism.): (2 p. b. jun., 1 p. b.) 6 veces, dele la vuelta (12 p.).

Hilera 6: Repita la hilera 4.
Corte el hilo y páselo a través de los últimos 12 p. Tire del cabo para cerrar la labor. Remate el hilo.

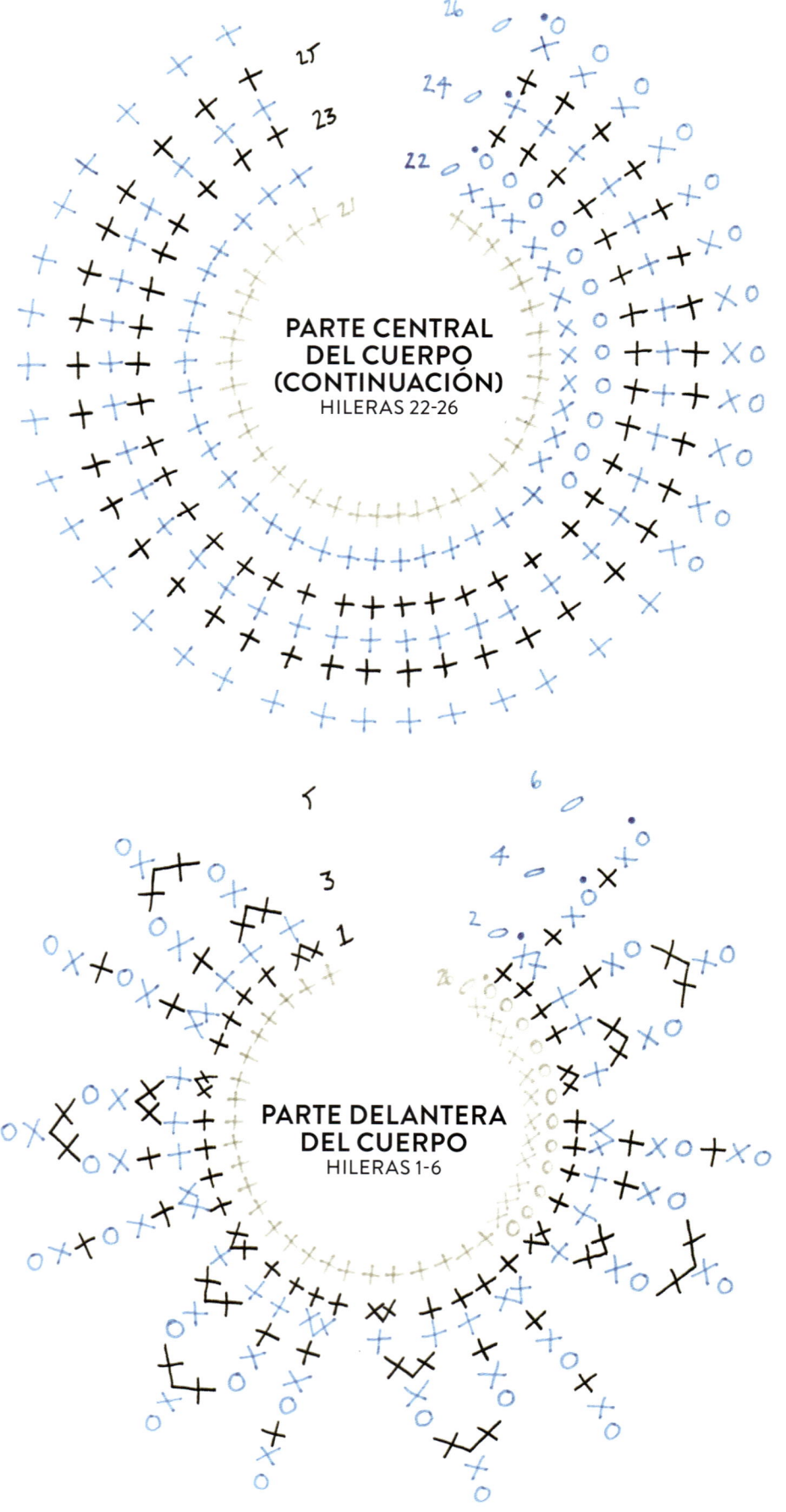

PARTE CENTRAL
DEL CUERPO
(CONTINUACIÓN)
HILERAS 22-26

PARTE DELANTERA
DEL CUERPO
HILERAS 1-6

Patas delanteras

DEDOS DE LA PATA DERECHA

Las piñas aparecen en el revés del tejido. Esto será el derecho de la labor.

En la página 166 encontrará las instrucciones para hacer piñas. Empezando en la base de la pata y utilizando un ganchillo de 3,25 mm e hilo A, haga un anillo mágico.

Vuelta 1 (R.): 1 cad., 6 p. b. en el anillo (6 p.).

Vuelta 2 (aum.): (2 p. b. en cada p.) 6 veces (12 p.). Tire del cabo corto para cerrar el anillo.

Vuelta 3 (aum.): (2 p. b. en el p. sig., 2 p. b.) 4 veces (16 p.).

Vuelta 4: 8 p. b.; (1 piña, 1 p. b.) 4 veces, dele la vuelta.

Vuelta 5 (D.) (dism.): 1 cad., 1 p. b. en el 1.er p. b., (1 p. b., 2 p. b. jun.) 2 veces, 9 p. b. (14 p.).

Vuelta 6 (dism.): (1 p. b., 2 p. b. jun.) 2 veces, 8 p. b. (12 p.).

Vuelta 7: 1 p. b. en cada p. b.

PATA DERECHA

Se trabaja en hileras.

Hilera 1 (D.): 12 p. b., dele la vuelta.

Hilera 2 (R.): 1 cad., 1 p. b. en cada p. b., dele la vuelta.

Hileras 3-5: Repita la hilera 2.

Hilera 6 (aum.): 1 cad., (2 p. b. en el p. sig., 3 p. b.) 3 veces, dele la vuelta (15 p.).

Hileras 7-9: 1 cad., 1 p. b. en cada p. b., dele la vuelta.

Hilera 10: 1 cad., 4 p. b., 7 bucles, 4 p. b., dele la vuelta.

Hilera 11 (aum.): 1 cad., (2 p. b. en el p. sig., 4 p. b.) 3 veces, dele la vuelta (18 p.).

PATAS DELANTERAS
DEDOS DE LA PATA DERECHA
VUELTAS 1-4

PATAS DELANTERAS (CONTINUACIÓN)
DEDOS DE LA PATA DERECHA
VUELTAS 5-7

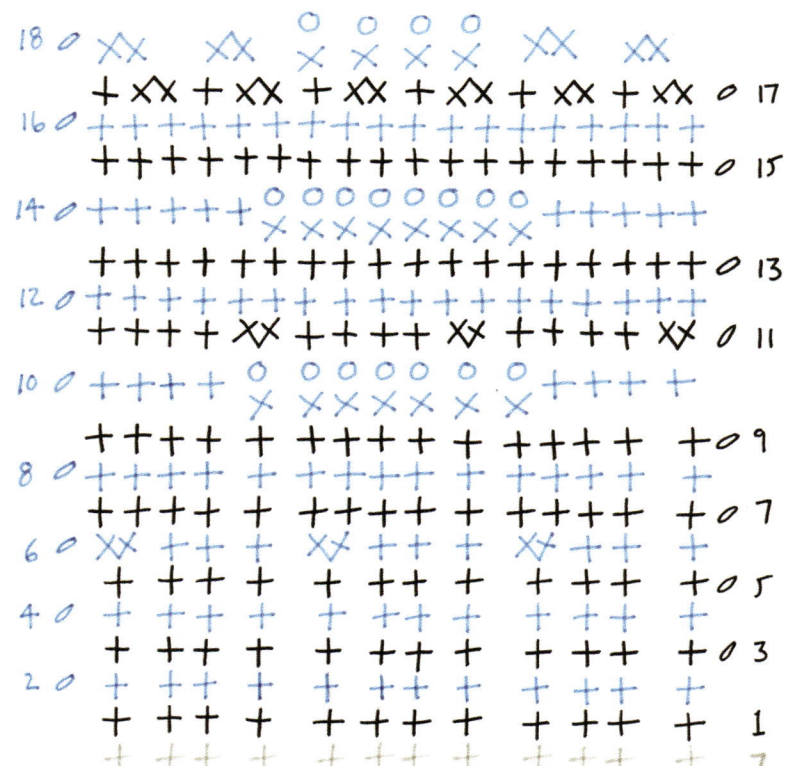

PATAS DELANTERAS (CONTINUACIÓN)
PATA DERECHA
HILERAS 1-18

Hileras 12 y 13: 1 cad., 1 p. b. en cada p. b., dele la vuelta.

Hilera 14: 1 cad., 5 p. b., 8 bucles, 5 p. b., dele la vuelta.

Hileras 15 y 16: 1 cad., 1 p. b. en cada p. b., dele la vuelta.

Hilera 17 (dism.): 1 cad., (2 p. b. jun., 1 p. b.) 6 veces, dele la vuelta (12 p.).

Hilera 18 (dism.): 1 cad., (2 p. b. jun.) 2 veces, 4 bucles, (2 p. b. jun.) 2 veces (8 p.).

Remate la labor dejando un cabo largo.

DEDOS DE LA PATA IZQUIERDA

Empezando en la base de la pata y utilizando un ganchillo de 3,25 mm e hilo A, haga un anillo mágico.

Vueltas 1-6: Como las vueltas 1-6 de los dedos de la pata derecha.

Vuelta 7: 7 p. b., acabando 5 p. antes de llegar al final.

PATA IZQUIERDA

Se trabaja en hileras.

Hileras 1-18: Como las hileras 1-18 de la pata derecha.

Remate la labor dejando un cabo largo al final.

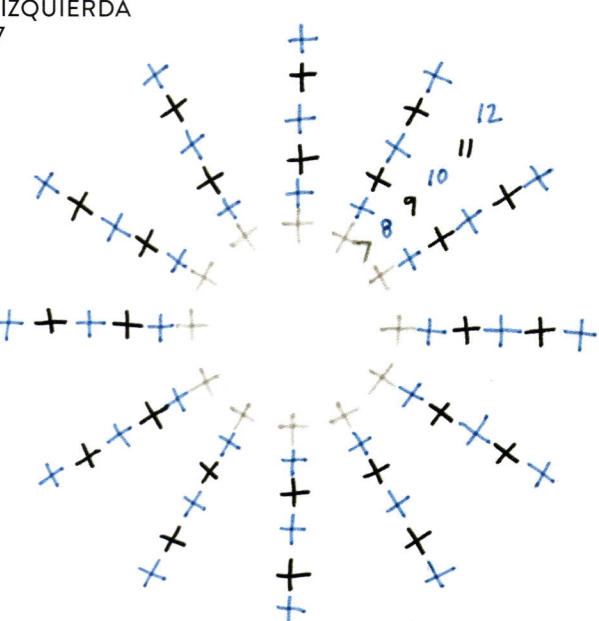

PATAS DELANTERAS (CONTINUACIÓN)
DEDOS DE LA PATA IZQUIERDA
VUELTA 7

Patas traseras

PATA DERECHA

Empezando en la base de la pata y utilizando un ganchillo de 3,25 mm e hilo A, haga un anillo mágico.

Vueltas 1-7: Como las vueltas 1-7 de los dedos de la pata delantera derecha.

Vueltas 8-12: 1 p. b. en cada p. b.

PARTE POSTERIOR DE LA PATA

Vuelta 13: 1 p. b. en el sig. p. b., acabando en un lado de la pata; 6 cad., sáltese los 6 p. b. de la parte delantera de la pata, 5 p. b.

Vuelta 14: 1 p. b. en el sig. p. b., 1 p. b. en cada una de las sig. 6 cad., 1 p. b. en cada uno de los sig. 5 p. b. Corte el hilo y páselo a través de los p. de la última vuelta. Tire del cabo para cerrar la labor y remátelo.

PATAS TRASERAS
PATA DERECHA
VUELTAS 8-12

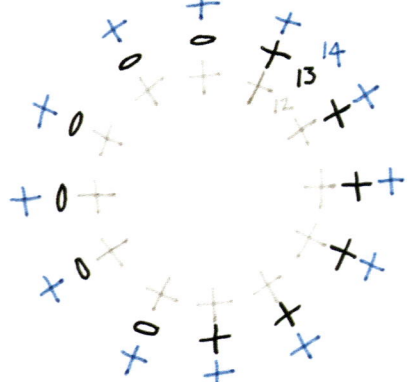

PARTE POSTERIOR DE LA PATA
VUELTAS 13 Y 14

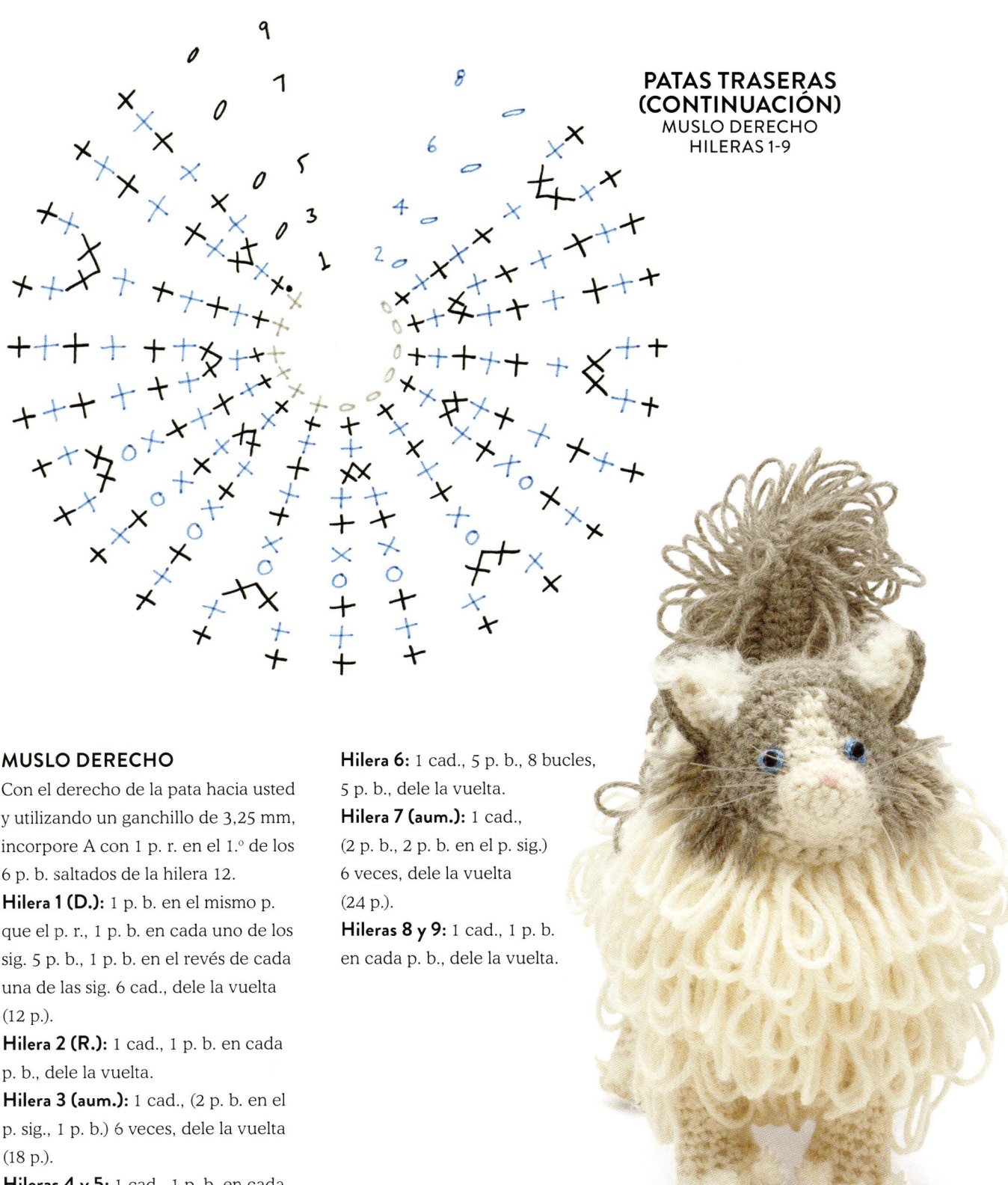

PATAS TRASERAS (CONTINUACIÓN)
MUSLO DERECHO
HILERAS 1-9

MUSLO DERECHO

Con el derecho de la pata hacia usted y utilizando un ganchillo de 3,25 mm, incorpore A con 1 p. r. en el 1.º de los 6 p. b. saltados de la hilera 12.

Hilera 1 (D.): 1 p. b. en el mismo p. que el p. r., 1 p. b. en cada uno de los sig. 5 p. b., 1 p. b. en el revés de cada una de las sig. 6 cad., dele la vuelta (12 p.).

Hilera 2 (R.): 1 cad., 1 p. b. en cada p. b., dele la vuelta.

Hilera 3 (aum.): 1 cad., (2 p. b. en el p. sig., 1 p. b.) 6 veces, dele la vuelta (18 p.).

Hileras 4 y 5: 1 cad., 1 p. b. en cada p. b., dele la vuelta.

Hilera 6: 1 cad., 5 p. b., 8 bucles, 5 p. b., dele la vuelta.

Hilera 7 (aum.): 1 cad., (2 p. b., 2 p. b. en el p. sig.) 6 veces, dele la vuelta (24 p.).

Hileras 8 y 9: 1 cad., 1 p. b. en cada p. b., dele la vuelta.

127

Hilera 10: 1 cad., 6 p. b., 12 bucles, 6 p. b., dele la vuelta.

Hilera 11 (aum.): 1 cad., (2 p. b. en el p. sig., 3 p. b.) 6 veces, dele la vuelta (30 p.).

Hileras 12 y 13: 1 cad., 1 p. b. en cada p. b., dele la vuelta.

Hilera 14: 1 cad., 8 p. b., 14 bucles, 8 p. b., dele la vuelta.

Hilera 15 (dism.): 1 cad., (3 p. b., 2 p. b. jun.) 6 veces, dele la vuelta (24 p.).

Hilera 16 (dism.): 1 cad., (2 p. b., 2 p. b. jun.) 6 veces, dele la vuelta (18 p.).

Hilera 17 (dism.): 1 cad., (1 p. b., 2 p. b. jun.) 6 veces, dele la vuelta (12 p.).

Hilera 18 (dism.): 1 cad., (2 p. b. jun.) 2 veces, 4 bucles, (2 p. b. jun.) 2 veces (8 p.).

Remate la labor dejando un cabo largo.

PATA IZQUIERDA

Empezando en la base de la pata y utilizando un ganchillo de 3,25 mm e hilo A, haga un anillo mágico.

Vueltas 1-14: Como las vueltas 1-14 de la pata trasera derecha.

Corte el hilo y páselo a través de los p. de la última vuelta. Tire del cabo para cerrar la labor y remátelo.

MUSLO IZQUIERDO

Con el derecho de la pata hacia usted y utilizando un ganchillo de 3,25 mm, incorpore A con 1 p. r. en el revés de la 1.ª de las 6 cad. de la hilera 13.

Hilera 1 (D.): 1 p. b. en el mismo p. que el p. r., 1 p. b. en el revés de cada una de las sig. 5 cad., 1 p. b. en cada uno de los sig. 6 p. b. saltados de la vuelta 12, dele la vuelta (12 p.).

Hileras 2-18: Como las hileras 2-18 del muslo derecho.

Remate la labor dejando un cabo largo.

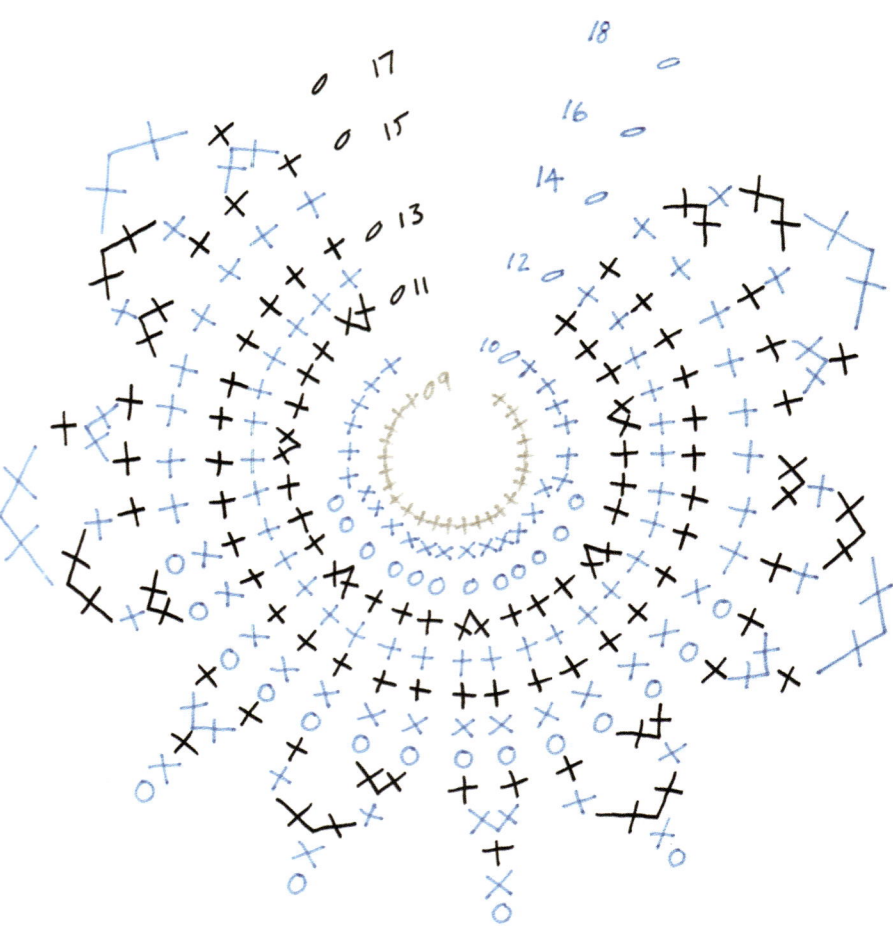

PATAS TRASERAS (CONTINUACIÓN)
MUSLO DERECHO
HILERAS 10-18

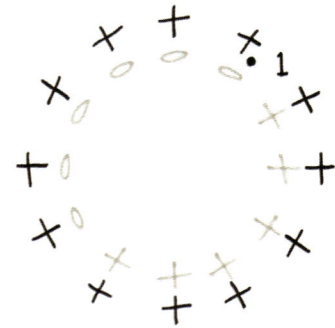

PATAS TRASERAS (CONTINUACIÓN)
MUSLO IZQUIERDO
HILERA 1

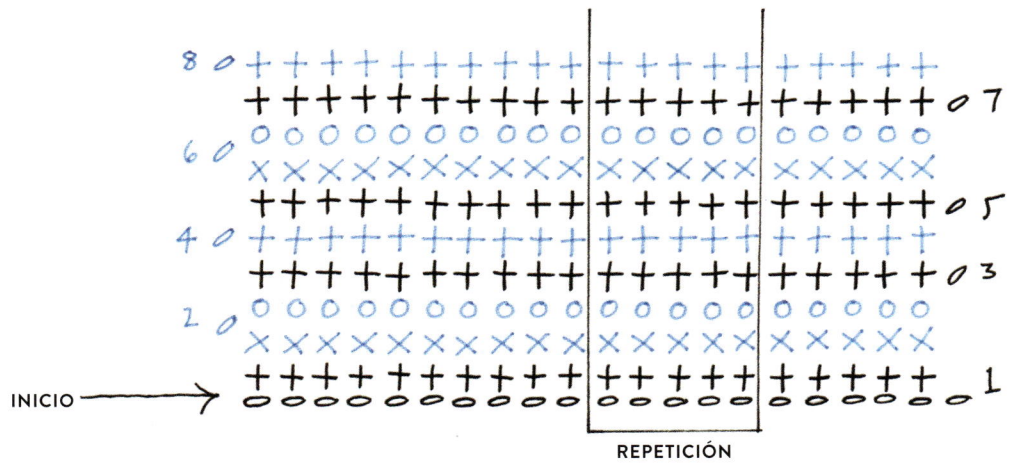

MELENA
HILERAS 1-8

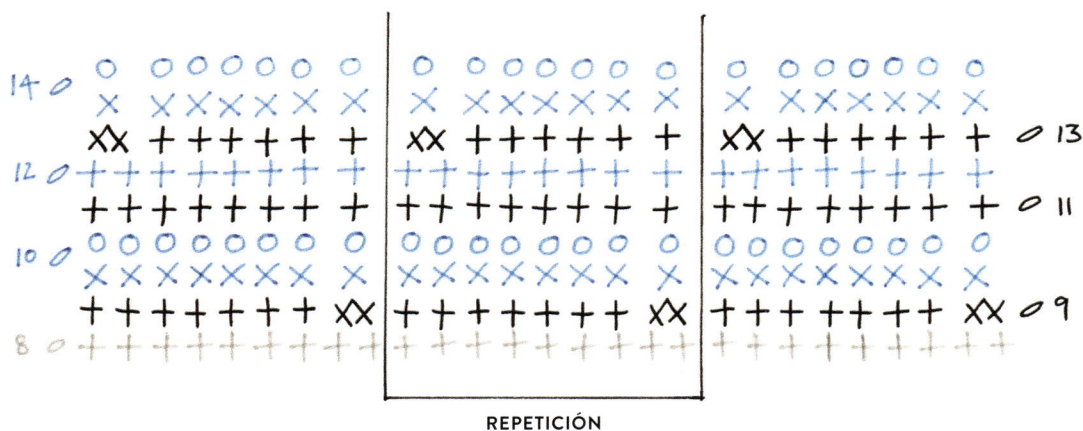

MELENA (CONTINUACIÓN)
HILERAS 9-14

Melena

Con un ganchillo de 3,25 mm e hilo
A, haga 46 cad.
Hilera 1 (D.): 1 p. b. en la 2.ª cad.
desde la aguja, 1 p. b. en cada cad.
hasta el final, dele la vuelta (45 p.).
Hilera 2 (R.): 1 cad., 1 bucle en cada
p. b. hasta el final, dele la vuelta.
Hileras 3-5: 1 cad., 1 p. b. en cada p.,
dele la vuelta.

Hileras 6-8: Repita las hileras 2-4.
Hilera 9 (dism.): 1 cad., (2 p. b. jun.,
7 p. b.) 5 veces, dele la vuelta (40 p.).
Hileras 10-12: Repita las hileras 2-4.
Hilera 13 (dism.): 1 cad., (6 p. b., 2 p.
b. jun.) 5 veces, dele la vuelta (35 p.).
Hilera 14: 1 cad., 1 bucle en cada p.
Remate la labor dejando un cabo
largo de hilo.

Cola

Con un ganchillo de 3,25 mm e hilo A, haga 26 cad.

Hilera 1 (D.): 1 p. b. en la 2.ª cad. desde la aguja, 1 p. b. en cada una de las sig. 23 cad., 3 p. b. en la última cad., 1 p. b. en el revés de cada una de las sig. 24 cad., dele la vuelta (51 p.).

Hilera 2 (R.) (aum.): 1 cad., 25 bucles, 3 bucles en el sig. p. b., 25 bucles, dele la vuelta (53 p.).

Hilera 3 (aum.): 1 cad., 26 p. b., 3 p. b. en el p. sig., 26 p. b., dele la vuelta (55 p.).

Hilera 4 (aum.): 1 cad., 27 bucles, 3 bucles en el sig. p. b., 27 bucles, dele la vuelta (57 p.).

Hilera 5 (dism.): 1 cad., 26 p. b., 2 p. b. jun., 1 p. b., 2 p. b. jun., 26 p. b., dele la vuelta (55 p.)

Hilera 6 (dism.): 1 cad., 26 bucles, sáltese el sig. p. b., 1 bucle, sáltese el sig. p. b., 26 bucles, dele la vuelta (53 p.).

Hilera 7 (dism.): 1 cad., 6 p. b., (2 p. b. jun., 1 p. b.) 5 veces, 3 p. b., 2 p. b. jun., 1 p. b., 2 p. b. jun., 3 p. b.,

(1 p. b., 2 p. b. jun.) 5 veces, 6 p. b., dele la vuelta (41 p.).

Hilera 8 (dism.): 1 cad., 19 bucles, sáltese el sig. p. b., 1 bucle, sáltese el sig. p. b., 19 bucles, dele la vuelta (39 p.).

Remate la labor dejando un cabo largo al final.

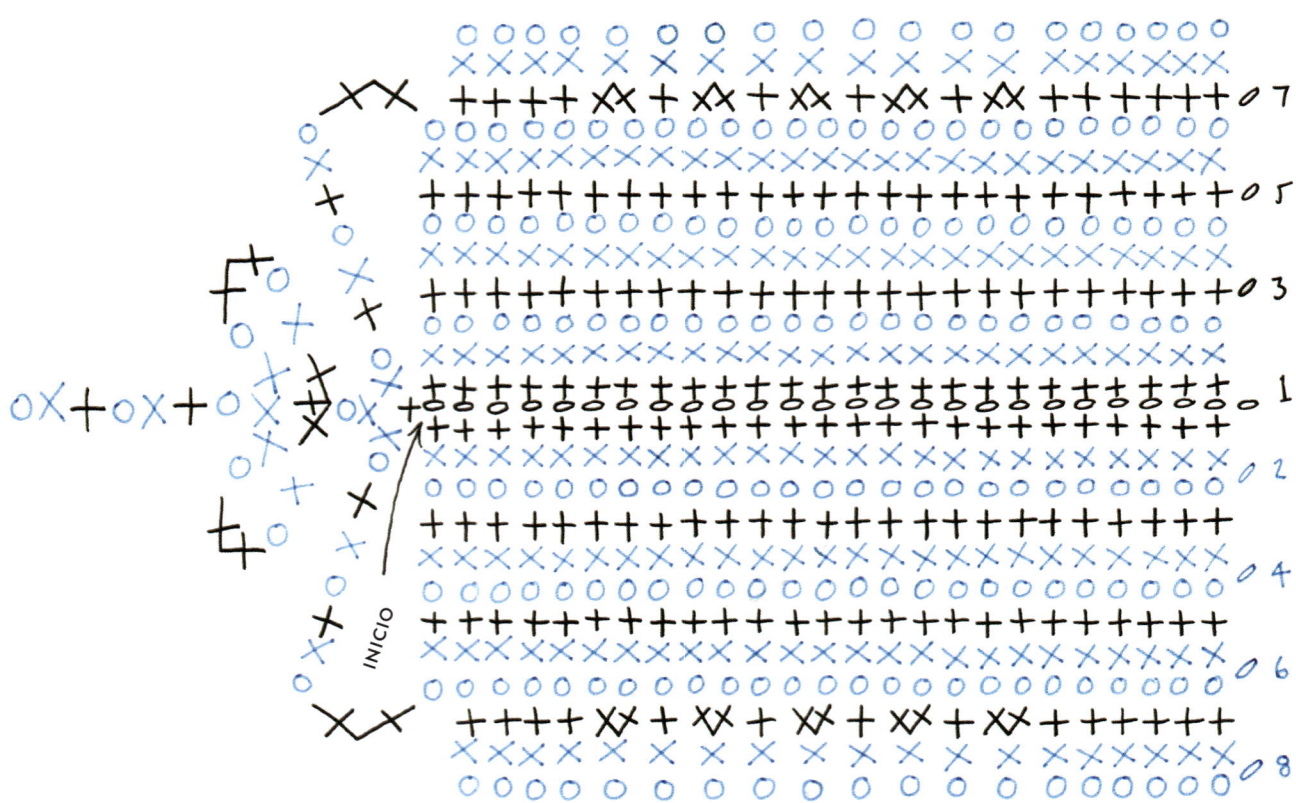

COLA
HILERAS 1-8

Montaje

CABEZA

Rellene la cabeza. Con el cabo que ha dejado al rematar la pieza, cósala en su sitio. Haga puntadas alrededor de todo el borde del cuello. Remeta los bucles que cubrirá dentro del cuello, asegurándose de no atrapar en los puntos los bucles que rodean el cuello. Si fuera necesario, ponga más relleno en el cuello. Con tres hebras de hilo de bordar, haga la nariz y las pupilas de con puntadas de satén (*véase* la página 170). Para formar los iris, haga puntadas rectas alrededor de las pupilas (*véase* la página 170).

OREJAS

Rellene las orejas ligeramente, de manera que queden planas. Cósalas en su sitio, cerca de la parte posterior de la cabeza, haciendo puntadas a lo largo de los lados inferiores con los cabos que ha dejado al rematar las piezas. Los pelos de las orejas se hacen con borlas (*véase* la página 171), que se incorporan pasándolas alrededor de los cuerpos de los puntos. Use un trozo de 10 cm de hilo A para cada borla. Incorpore 4 borlas en los cuerpos de los puntos del interior de cada oreja. Recorte los extremos y utilice un alfiler para separar las fibras con suavidad.

PATAS

Pase el cabo suelto por los puntos de la última hilera. Tire del cabo para cerrar la labor. Cosa juntos los bordes de la pata, haciendo coincidir las hileras y rellenándola a medida que la cose. Aplane la parte superior de cada pata colocando la costura en el centro de la parte interna, que irá pegada al cuer-po. Cosa las patas al cuerpo, haciendo puntadas por la parte superior de los muslos con los cabos que ha dejado al rematar las piezas. Asegúrese de no atrapar ningún bucle en los puntos. Los pelos de los dedos de las patas se hacen como los de las orejas. Utilice dos trozos de 10 cm de hilo A para cada borla. Incorpore una borla en el punto situado entre cada dedo de las cuatro patas. Recorte los extremos y utilice un alfiler para separar las fibras con suavidad.

COLA

Con el cabo que ha dejado al rematar la pieza, doble la cola a lo largo y cosa los bordes largos juntos con un sobrehilado (*véase* la página 169). Rellene la cola ligeramente, de manera que quede plana. Cósala en su sitio, haciendo puntadas alrededor de todo el borde. Asegúrese de no atrapar ningún bucle en los puntos y remeta los bucles que quedarán cubiertos dentro de la cola.

MELENA

Con el cabo que ha dejado al rematar la pieza, cosa juntos los bordes cortos haciendo coincidir las hileras. Deslice la melena por la cabeza. Coloque la última hilera por debajo de la barbilla y ponga el borde de la parte posterior de modo que coincida con la línea de puntos de detrás de las orejas. Cosa la última hilera de la melena a la cabeza, haciendo puntadas alrededor de todo el borde. Incorpore borlas en los lados de la cara, cerca de la última hilera de la melena, empezando delante del borde de cada oreja y acabando en la sección de la cabeza de color A. Use un trozo de 10 cm de hilo B para cada borla. Recorte los extremos de las borlas para darles un aspecto pulcro, asegurándose de no cortar los bucles de la melena. Estas borlas cubrirán parcialmente los bordes de la melena, suavizando la línea de puntos de los lados de la cara.

BIGOTES (OPCIONAL)

Incorpore tres bigotes en los puntos situados a los lados del hocico (*véase* la página 171). Recorte los extremos. Esconda todos los cabos sueltos.

Azul ruso

LOS GATOS AZUL RUSO TIENEN LAS PATAS Y LA COLA LARGAS Y ESBELTAS,
LA CABEZA TRIANGULAR Y LAS OREJAS GRANDES. EL CUERPO ENROSCADO SE
TEJE CON HILERAS CORTAS Y, COMO LAS PATITAS ESTÁN CARA ARRIBA,
LAS ALMOHADILLAS QUEDAN VISIBLES Y SE BORDAN CON PUNTADAS DE SATÉN.

Materiales

- Snuggly Double Knitting de Sirdar, 55 % nailon, 45 % acrílico (165 m por ovillo de 50 g), o cualquier hilo ligero:
  1 x ovillo de 50 g de color 0460 Eeyore (A)
- Hilo de bordar separable metalizado de color negro, como Light Effects de DMC, tono E310, para la nariz y los ojos
- Hilo de bordar separable de color rosa malva, como Stranded Cotton de DMC, tono 0316, para las almohadillas de las patas
- 6 trozos de 12 cm de hilo de nailon transparente de 0,3 mm, para los bigotes (opcionales; no adecuados para niños pequeños)
- Aguja de ganchillo de 3,25 mm
- Aguja lanera de punta roma
- Relleno para peluches

Tamaño

- El cuerpo mide unos14 cm de largo, desde la coronilla hasta el final del cuerpo

Tensión

22 puntos y 24 hileras en una muestra de 10 cm tejida a punto bajo con un ganchillo de 3,25 mm. Si fuera necesario, utilice un ganchillo de mayor o menor calibre para obtener la tensión correcta.

Instrucciones

La cabeza y el cuerpo son una sola pieza, que se trabaja en vueltas e hileras de puntos bajos. La primera hilera del cuerpo se teje en los puntos de la parte inferior del hocico y a lo largo de los bordes de las hileras que forman la coronilla. La forma del cuerpo enroscado se obtiene tejiendo hileras cortas, trabajando primero solo en algunos puntos de la hilera anterior y luego, al final de cada una de las hileras siguientes, en un punto no trabajado. Cada oreja está compuesta por dos piezas idénticas que se trabajan en hileras y se unen tejiendo en cada punto de las dos piezas a la vez. La cola ahusada se hace con puntos bajos y puntos medios altos. La forma enroscada de la cola se crea disminuyendo puntos en la última hilera. Los puntos de la última hilera de la cola se cosen juntos y, después, se inserta una pequeña cantidad de relleno antes de coserla al cuerpo. Los dedos de las patas se hacen tejiendo piñas, que aparecen en el revés del tejido. El cuerpo y la parte superior de las patas deben rellenarse ligeramente para que el gato dormido no quede demasiado abultado. Los ojos, la nariz y las almohadillas de las patas se bordan con hilos de bordar separables.

Cuando al inicio de una hilera o vuelta se hacen una o dos cadenetas, estas no cuentan como un punto.

Cabeza y cuerpo

CABEZA

Empezando en la parte delantera del hocico y utilizando un ganchillo de 3,25 mm e hilo A, haga un anillo mágico (*véase* la página 163).

Vuelta 1: 1 cad., 6 p. b. en el anillo (6 p.).

Vuelta 2 (aum.): 2 p. b. en cada uno de los 6 p. (12 p.). Tire del cabo corto para cerrar el anillo.

Vueltas 3 y 4: 1 p. b. en cada p. b.

Vuelta 5 (aum.): (2 p. b. en el p. sig., 3 p. b.) 3 veces (15 p.).

Vuelta 6 (aum.): (2 p. b. en el p. sig., 4 p. b.) 3 veces (18 p.).

Vuelta 7: 1 p. b. en cada p. b.

Vuelta 8 (aum.): (1 p. b., 2 p. b. en el p. sig.) 6 veces, 6 p. b. (24 p.).

Vuelta 9 (aum.): (1 p. b., 2 p. b. en el p. sig., 1 p. b.) 6 veces acabando 6 p. antes de llegar al final, dele la vuelta (30 p.).

LEYENDA

- ⟋ CADENETA (CAD.)
- • PUNTO RASO (P. R.)
- ✛ PUNTO BAJO (P. B.)
- ⤬ 2 P. B. EN EL MISMO P.
- ⤫ 2 P. B. JUN.
- ⊕ PIÑA

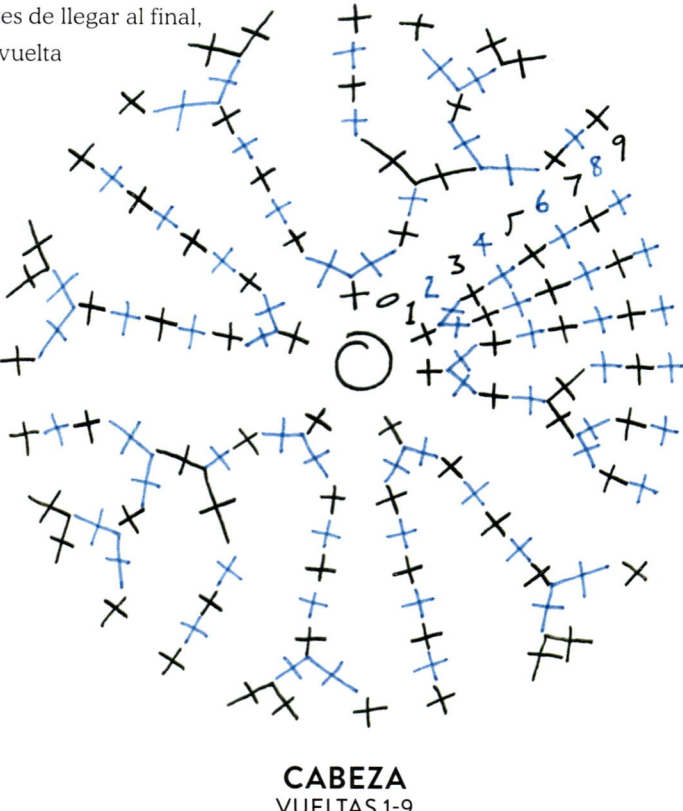

CABEZA
VUELTAS 1-9

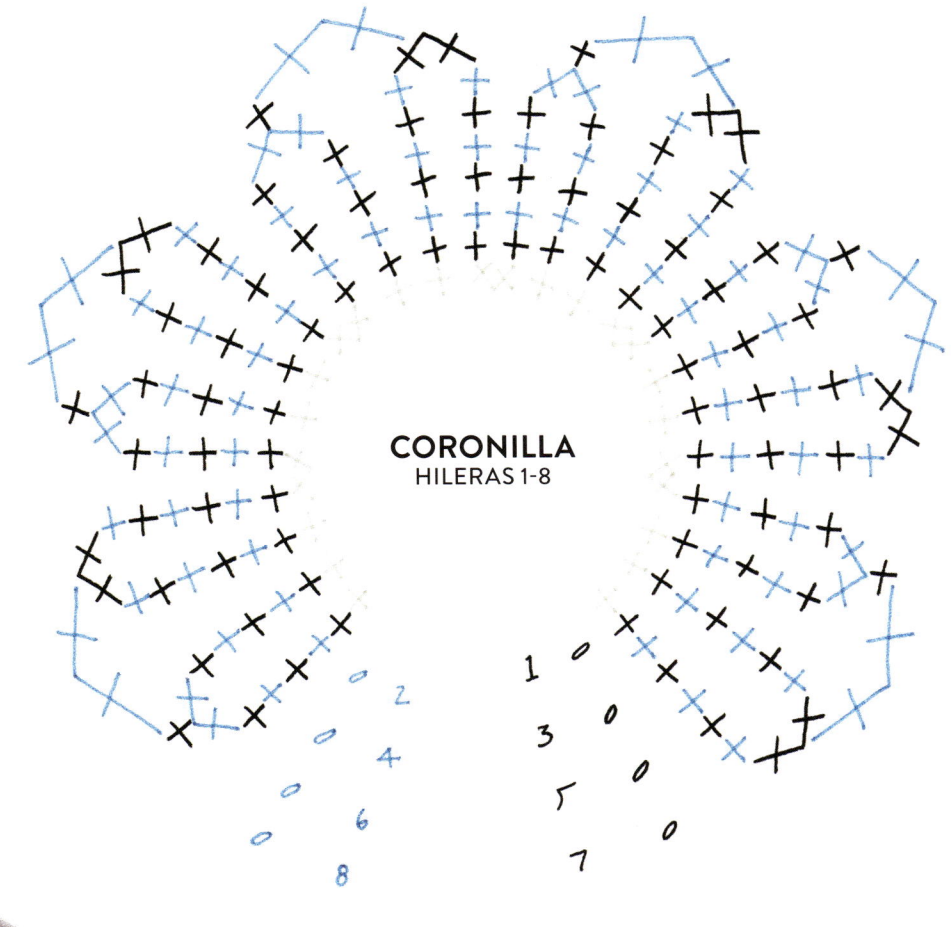

CORONILLA
HILERAS 1-8

1
2
3
4
5
6
7
8

CORONILLA

Hilera 1 (R.): 1 cad., 24 p. b., dele la vuelta.

Siga tejiendo en estos 24 p.

Hilera 2 (D.): 1 cad., 1 p. b. en cada p. b., dele la vuelta.

Hileras 3-5: Repita la última hilera.

Hilera 6 (dism.): 1 cad., (2 p. b. jun., 2 p. b.) 6 veces, dele la vuelta (18 p.).

Hilera 7 (dism.): 1 cad., (2 p. b. jun., 1 p. b.) 6 veces, dele la vuelta (12 p.).

Hilera 8 (dism.): 1 cad., (2 p. b. jun.) 6 veces (6 p.).

Corte el hilo y páselo a través de los últimos 6 p. Tire del cabo. Remate el hilo.

PARTE SUPERIOR DEL CUERPO

Con el derecho de la labor hacia usted y utilizando un ganchillo de 3,25 mm, sáltese los primeros 3 p. de los 6 p. b. no trabajados de la vuelta 8 de la cabeza e incorpore A con 1 p. r. en el sig. p. b.

Hilera 1 (D.): 2 p. b. en el mismo p. que el p. r., 1 p. b., 2 p. b. en el p. sig., haga 14 p. b. espaciados a intervalos regulares a lo largo del borde de las hileras de la cabeza; tejiendo en los 3 p. restantes no trabajados de la vuelta 8 de la cabeza, haga 2 p. b. en el p. sig., 1 p. b., 2 p. b. en el p. sig., 1 p. r. en el 1.er p. b., dele la vuelta (24 p.).

Hilera 2 (R.): 1 p. b. en cada p. b., dele la vuelta.

Hilera 3 (aum.): 1 cad., (1 p. b., 2 p. b. en el p. sig., 1 p. b.) 2 veces, 5 p. b., 2 p. b. en cada uno de los sig. 2 p., 5 p. b., (1 p. b., 2 p. b. en el p. sig., 1 p. b.) 2 veces, 1 p. r. en el 1.er p. b., dele la vuelta (30 p.).

Hilera 4: 17 p. b., 1 p. r., dele la vuelta.

Hilera 5: 1 p. b. en el mismo p. que el p. r., 5 p. b., 1 p. r., dele la vuelta.

Hilera 6: 1 p. b. en el mismo p. que el p. r., 7 p. b., 1 p. r., dele la vuelta.

Hilera 7 (aum.): 1 p. b. en el mismo p. que el p. r., 3 p. b., 2 p. b. en cada uno de los sig. 2 p., 4 p. b., 1 p. r., dele la vuelta (32 p.).

Hilera 8: 1 p. b. en el mismo p. que el p. r., 13 p. b., 1 p. r., dele la vuelta.

Hilera 9: 1 p. b. en el mismo p. que el p. r., 15 p. b., 1 p. r., dele la vuelta.

Hilera 10: 1 p. b. en el mismo p. que el p. r., 17 p. b., 1 p. r., dele la vuelta.

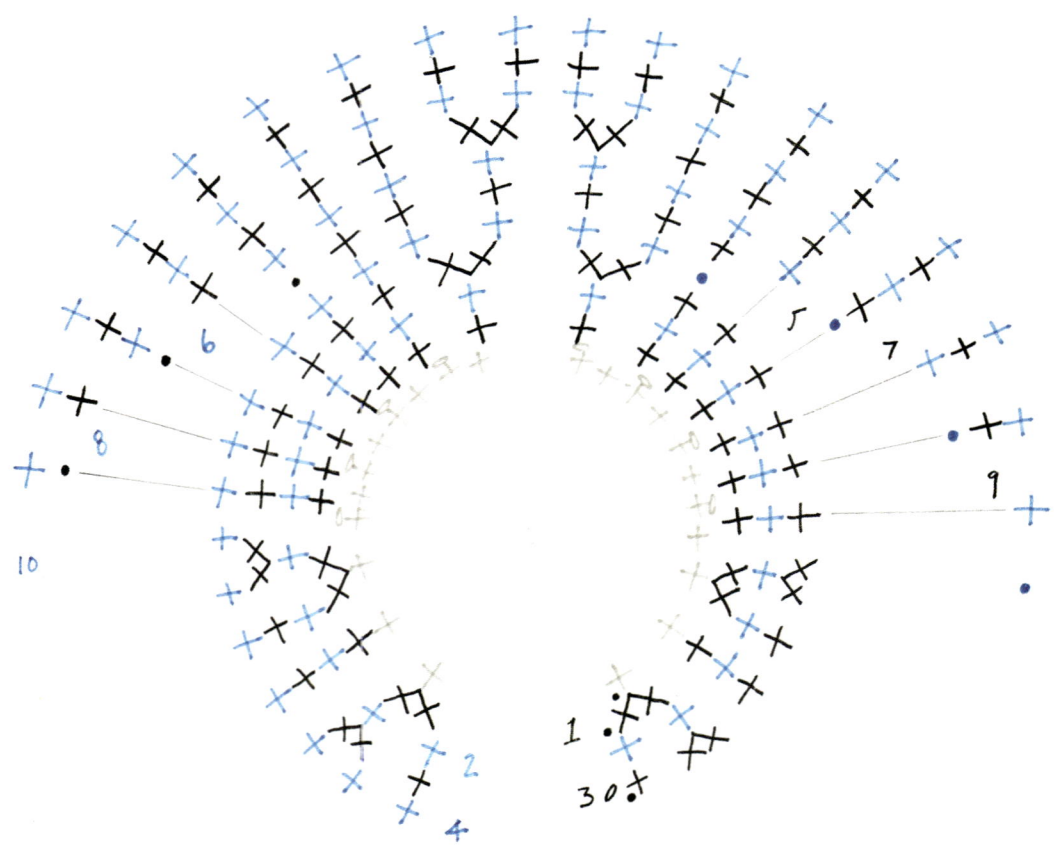

PARTE SUPERIOR DEL CUERPO
HILERAS 1-10

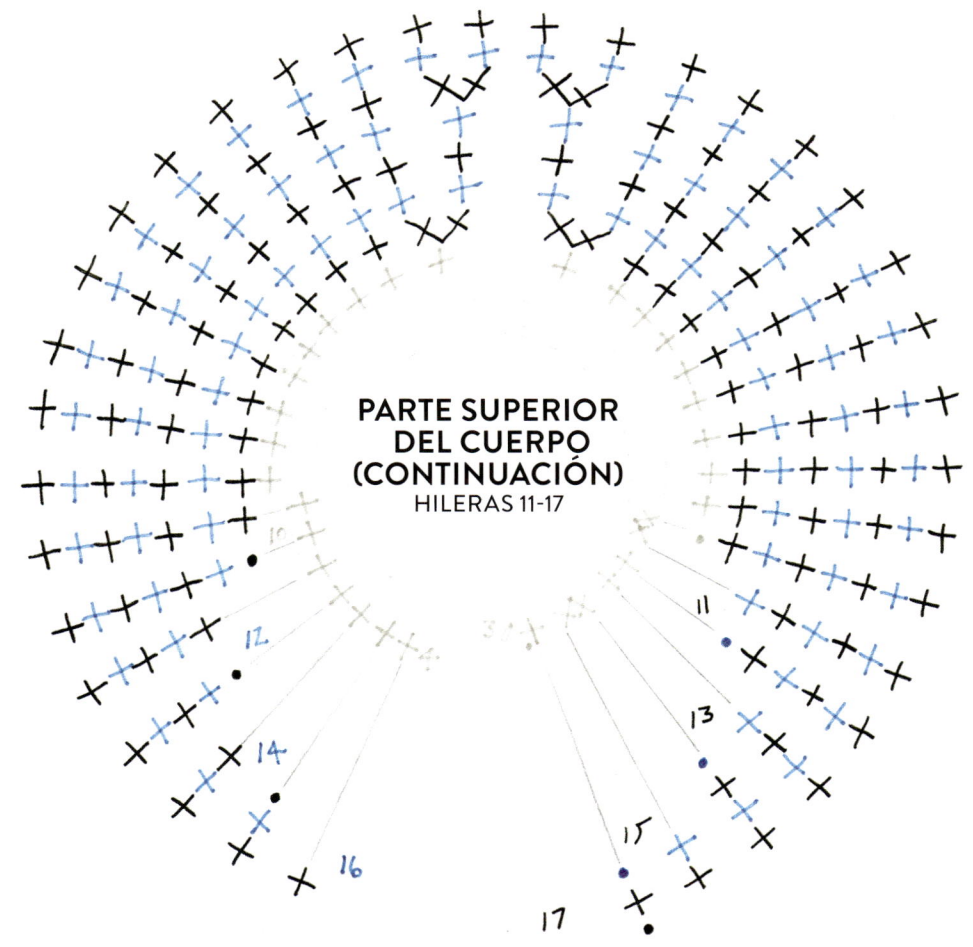

**PARTE SUPERIOR
DEL CUERPO
(CONTINUACIÓN)**
HILERAS 11-17

Hilera 11 (aum.): 1 p. b. en el mismo p. que el p. r., 8 p. b., 2 p. b. en cada uno de los sig. 2 p., 9 p. b., 1 p. r., dele la vuelta (34 p.).

Hilera 12: 1 p. b. en el mismo p. que el p. r., 23 p. b., 1 p. r., dele la vuelta.

Hilera 13: 1 p. b. en el mismo p. que el p. r., 25 p. b., 1 p. r., dele la vuelta.

Hilera 14: 1 p. b. en el mismo p. que el p. r., 27 p. b., 1 p. r., dele la vuelta.

Hilera 15 (aum.): 1 p. b. en el mismo p. que el p. r., 13 p. b., 2 p. b. en cada uno de los sig. 2 p., 14 p. b., 1 p. r., dele la vuelta (36 p.).

Hilera 16: 1 p. b. en el mismo p. que el p. r., 33 p. b., 1 p. r., dele la vuelta.

Hilera 17: 1 p. b. en el mismo p. que el p. r., 35 p. b., 1 p. r. en el 1.er p. b., dele la vuelta.

PARTE CENTRAL DEL CUERPO

Hilera 18: 22 p. b., 1 p. r., dele la vuelta.

Hilera 19: 1 p. b. en el mismo p. que el p. r., 9 p. b., 1 p. r., dele la vuelta.

Hilera 20: 1 p. b. en el mismo p. que el p. r., 11 p. b., 1 p. r., dele la vuelta.

Hileras 21-23: Repita las hileras 8-10.

Hilera 24: 1 p. b. en el mismo p. que el p. r., 19 p. b., 1 p. r., dele la vuelta.

Hilera 25: 1 p. b. en el mismo p. que el p. r., 21 p. b., 1 p. r., dele la vuelta.

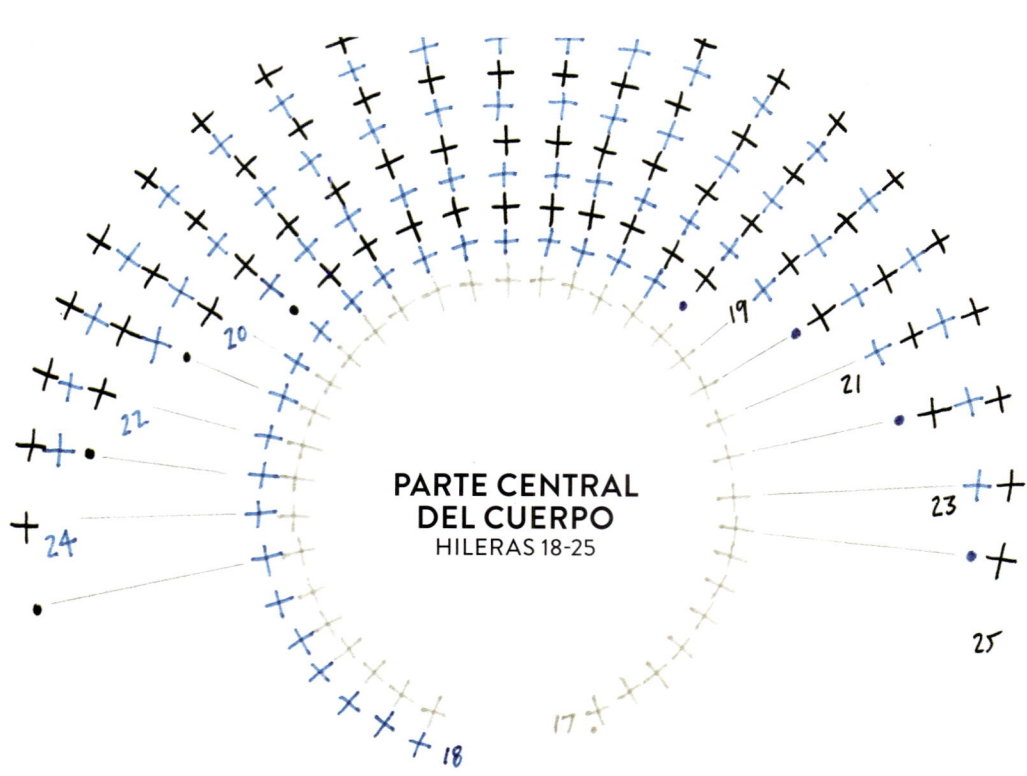

PARTE CENTRAL
DEL CUERPO
HILERAS 18-25

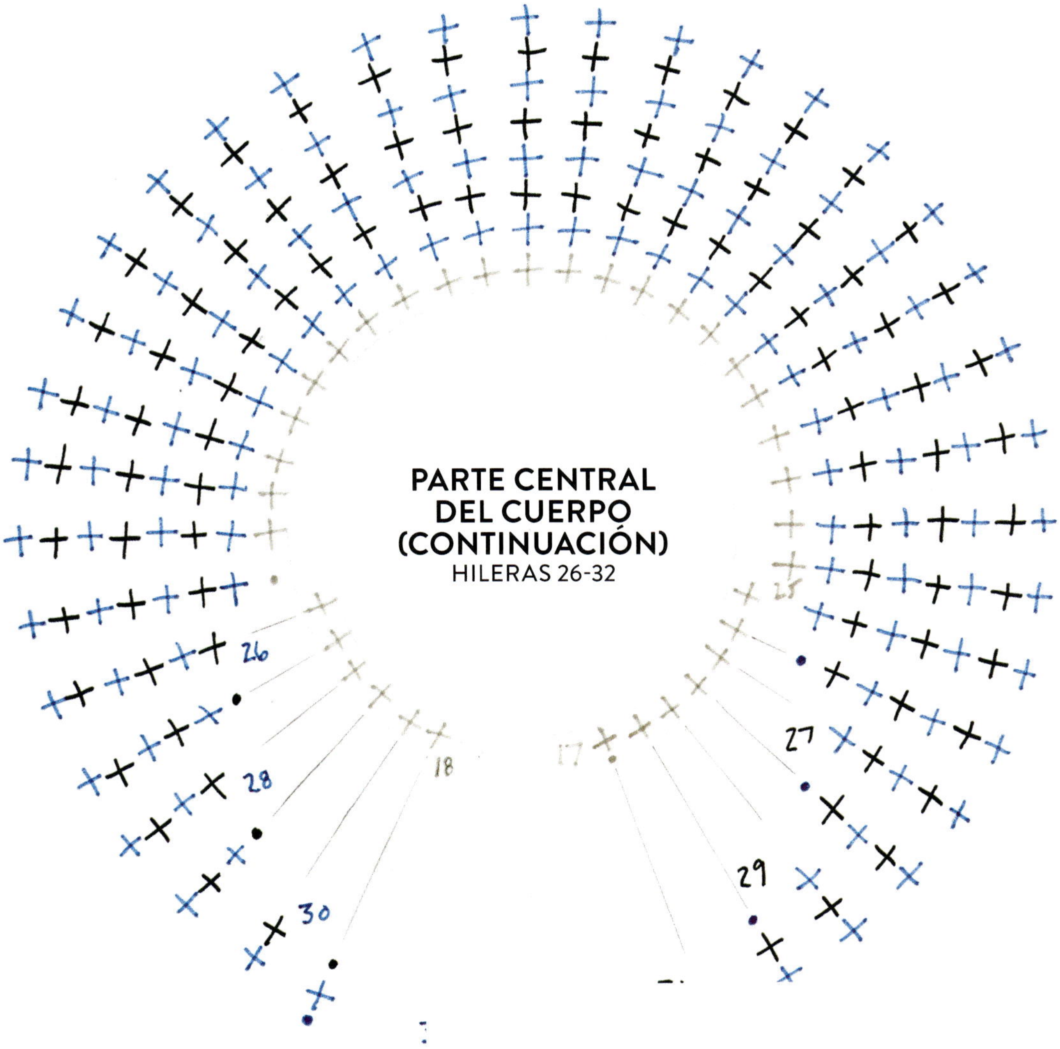

PARTE CENTRAL DEL CUERPO (CONTINUACIÓN)
HILERAS 26-32

26

28

18

30

27

29

Hileras 26-28: Repita las hileras
12-14.

Hilera 29: 1 p. b. en el mismo p. que
el p. r., 29 p. b., 1 p. r., dele la vuelta.

Hilera 30: 1 p. b. en el mismo p. que
el p. r., 31 p. b., 1 p. r., dele la vuelta.

Hileras 31 y 32: Repita las hileras
16 y 17.

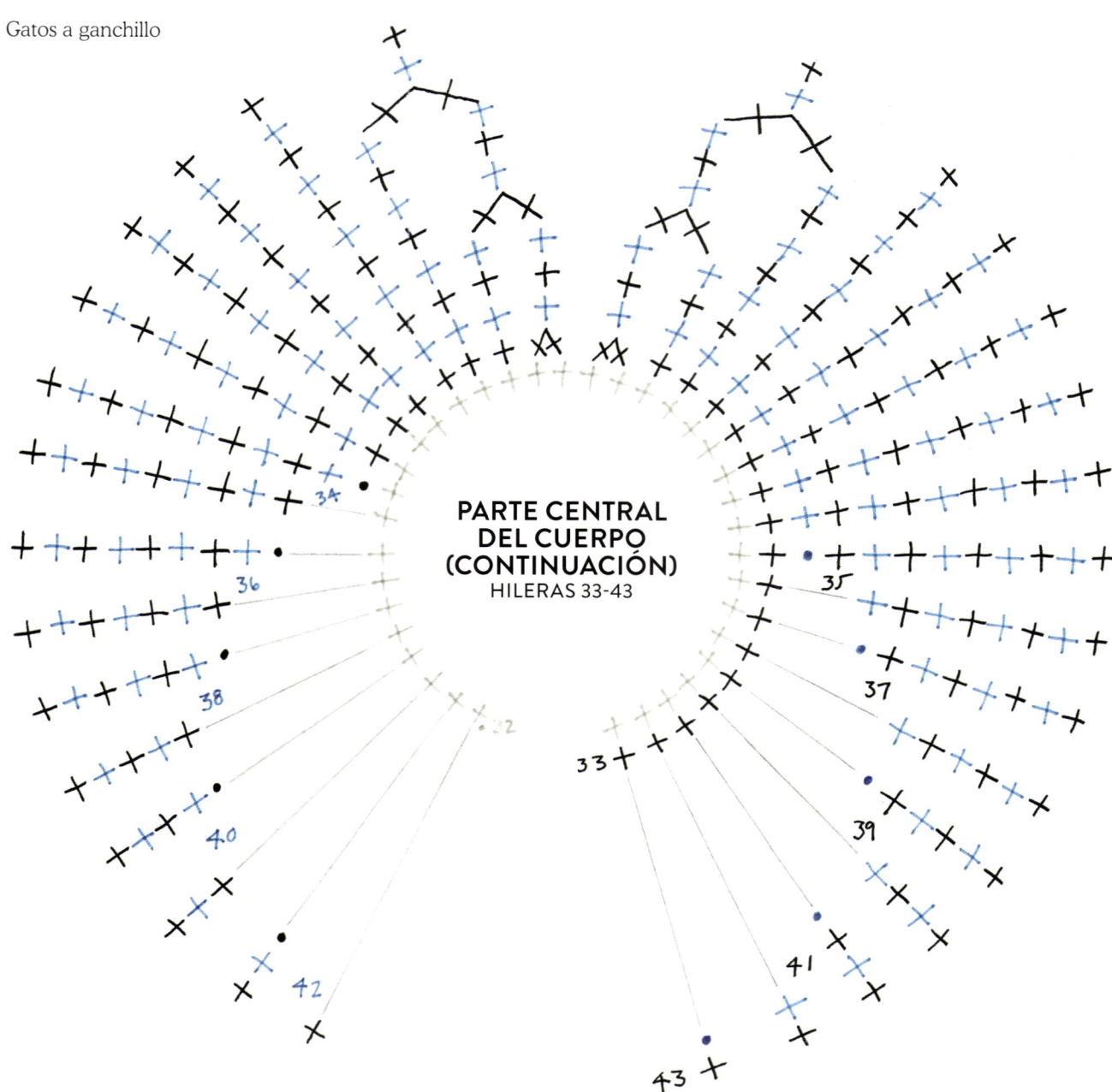

**PARTE CENTRAL
DEL CUERPO
(CONTINUACIÓN)**
HILERAS 33-43

Hilera 33 (dism.): 16 p. b., (2 p. b. jun.) 2 veces, 6 p. b., 1 p. r., dele la vuelta (34 p.).

Hileras 34 y 35: Repita las hileras 9 y 10.

Hilera 36: Repita la hilera 24.

Hilera 37 (dism.): 1 p. b. en el mismo p. que el p. r., 8 p. b., (2 p. b. jun.) 2 veces, 9 p. b., 1 p. r., dele la vuelta (32 p.).

Hilera 38: Repita la hilera 25.

Hileras 39 y 40: Repita las hileras 12 y 13.

Hilera 41 (dism.): 1 p. b. en el mismo p. que el p. r., 11 p. b., (2 p. b. jun.) 2 veces, 12 p. b., 1 p. r., dele la vuelta (30 p.).

Hilera 42: Repita la hilera 14.

Hilera 43: 1 p. b. en el mismo p. que el p. r., 29 p. b. No le dé la vuelta.

Antes de continuar, rellene la cabeza y luego el cuerpo ligeramente.

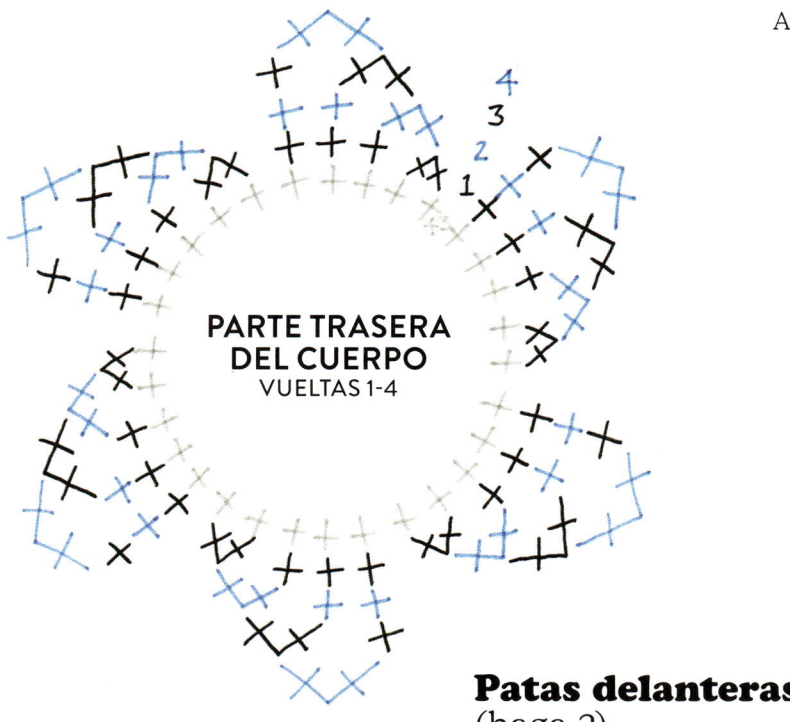

PARTE TRASERA DEL CUERPO

Se trabaja en redondo.

Vuelta 1 (dism.): (2 p. b. jun., 3 p. b.) 6 veces (24 p.).

Vuelta 2 (dism.): (2 p. b. jun., 2 p. b.) 6 veces (18 p.).

Vuelta 3 (dism.): (2 p. b. jun., 1 p. b.) 6 veces (12 p.).

Vuelta 4 (dism.): (2 p. b. jun.) 6 veces (6 p.).

Corte el hilo y páselo a través de los últimos 6 p. Tire del cabo para cerrar la labor. Remate el hilo.

PARTE TRASERA DEL CUERPO
VUELTAS 1-4

Orejas (haga 2)

Con un ganchillo de 3,25 mm e hilo A, haga 6 cad.

Hilera 1: 1 p. b. en la 2.ª cad. desde la aguja, 1 p. b. en cada una de las sig. 3 cad., 3 p. b. en la cad. sig., 1 p. b. en el revés de cada una de las sig. 4 cad., dele la vuelta (11 p.).

Hilera 2 (aum.): 1 cad., 4 p. b. en el p. sig., 4 p. b., 3 p. b. en el p. sig., 2 p. b., 2 p. b. en el p. sig. (15 p.). Remate el hilo. Ha completado el interior. Haga otra pieza igual, que será la parte exterior de la oreja. Al final, dé la vuelta a la labor y no remate el hilo.

UNIR LAS PIEZAS DE LA OREJA

Junte las dos piezas, con la parte del interior cara arriba.

Después: Teja 1 cad. y, a continuación, introduciendo el ganchillo por debajo de las 2 laz. de cada p. de la pieza interior y luego de la pieza exterior para unirlas, haga 2 p. b. en el p. sig., 6 p. b., 3 p. b. en el p. sig., 6 p. b., 2 p. b. en el p. sig. (19 p.). Remate la labor dejando un cabo largo.

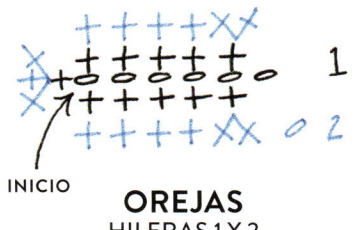

INICIO

OREJAS
HILERAS 1 Y 2

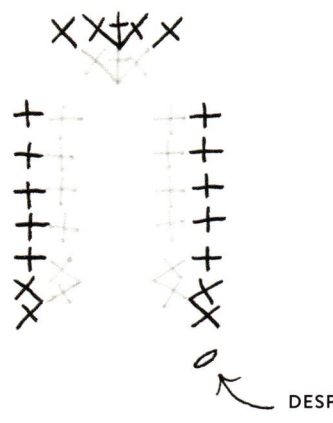

DESPUÉS

UNIR LAS PIEZAS DE LA OREJA
INTRODUZCA EL GANCHILLO EN CADA PUNTO DE AMBAS PIEZAS A LA VEZ

Patas delanteras (haga 2)

Las piñas aparecen en el revés del tejido. Esto será el derecho de la labor. En la página 166 encontrará las instrucciones para hacer piñas. Empezando en la base de la pata y utilizando un ganchillo de 3,25 mm e hilo A, haga 6 cad.

Vuelta 1 (R.): 1 p. b. en la 2.ª cad. desde la aguja, (1 piña, 1 p. b. en la cad. sig.) 2 veces, 1 p. b. en el revés de cada cad. hasta el final (10 p.).

Vuelta 2 (aum.): 1 p. b., 1 piña en el mismo p., 3 p. b., 1 piña, 1 p. b. en el mismo p., 2 p. b. en el p. sig., 3 p. b., 2 p. b. en el p. sig., dele la vuelta (14 p.).

Vuelta 3 (D.): 1 cad., 1 p. b. en cada p.

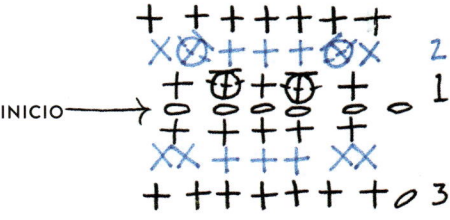

INICIO

PATAS DELANTERAS
VUELTAS 1-3

Vuelta 4: 1 p. b. en cada p. b.

Vuelta 5 (dism.): (1 p. b., 2 p. b. jun.)
2 veces, 8 p. b. (12 p.).

Vuelta 6 (dism.): (2 p. b. jun., 1 p. b.)
2 veces, 6 p. b. (10 p.).

Vueltas 7-15: 1 p. b. en cada p. b.

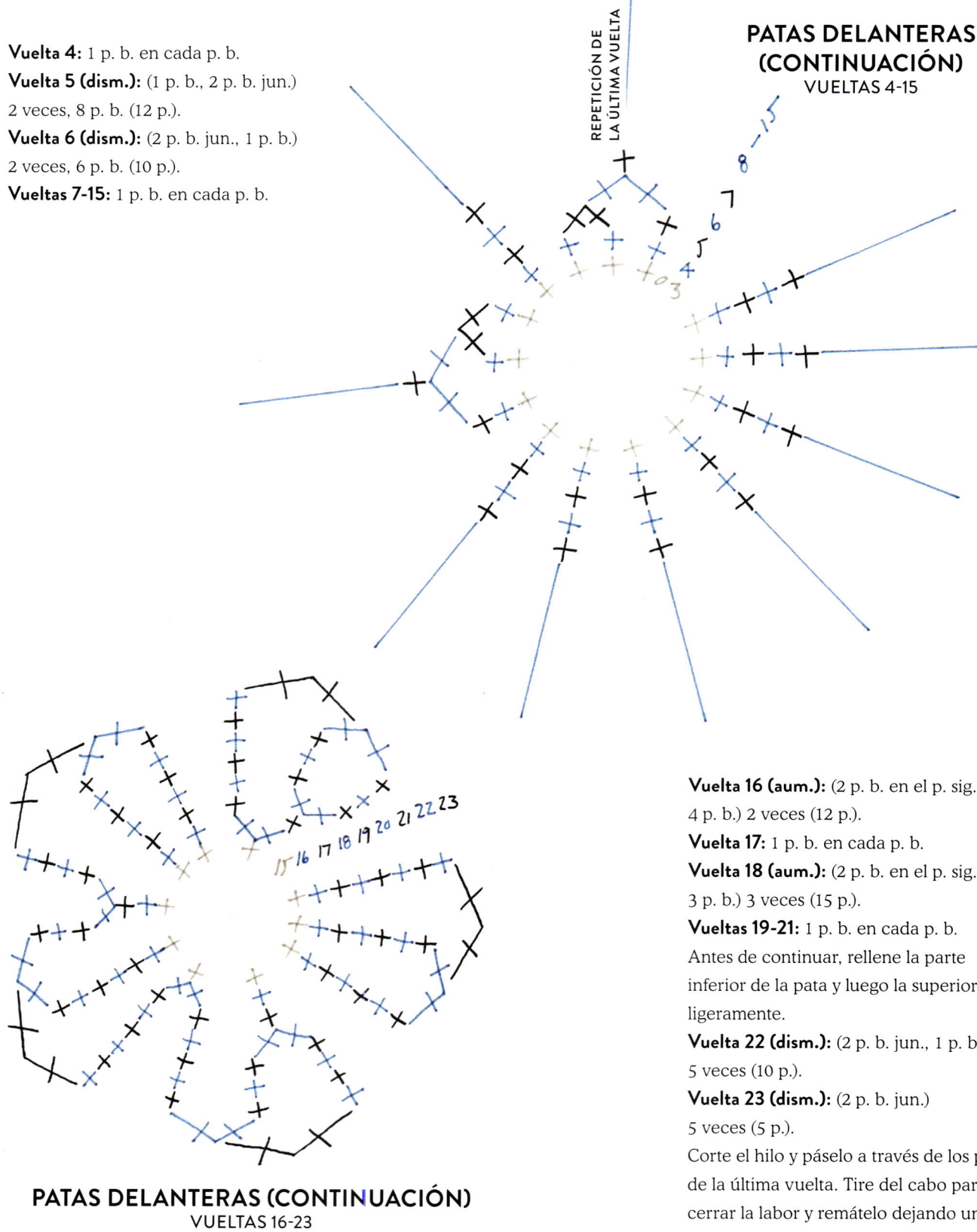

PATAS DELANTERAS (CONTINUACIÓN)
VUELTAS 4-15

REPETICIÓN DE LA ÚLTIMA VUELTA

PATAS DELANTERAS (CONTINUACIÓN)
VUELTAS 16-23

Vuelta 16 (aum.): (2 p. b. en el p. sig.,
4 p. b.) 2 veces (12 p.).

Vuelta 17: 1 p. b. en cada p. b.

Vuelta 18 (aum.): (2 p. b. en el p. sig.,
3 p. b.) 3 veces (15 p.).

Vueltas 19-21: 1 p. b. en cada p. b.
Antes de continuar, rellene la parte
inferior de la pata y luego la superior
ligeramente.

Vuelta 22 (dism.): (2 p. b. jun., 1 p. b.)
5 veces (10 p.).

Vuelta 23 (dism.): (2 p. b. jun.)
5 veces (5 p.).

Corte el hilo y páselo a través de los p.
de la última vuelta. Tire del cabo para
cerrar la labor y remátelo dejando un
trozo largo de hilo.

PATAS TRASERAS
VUELTAS 5-14

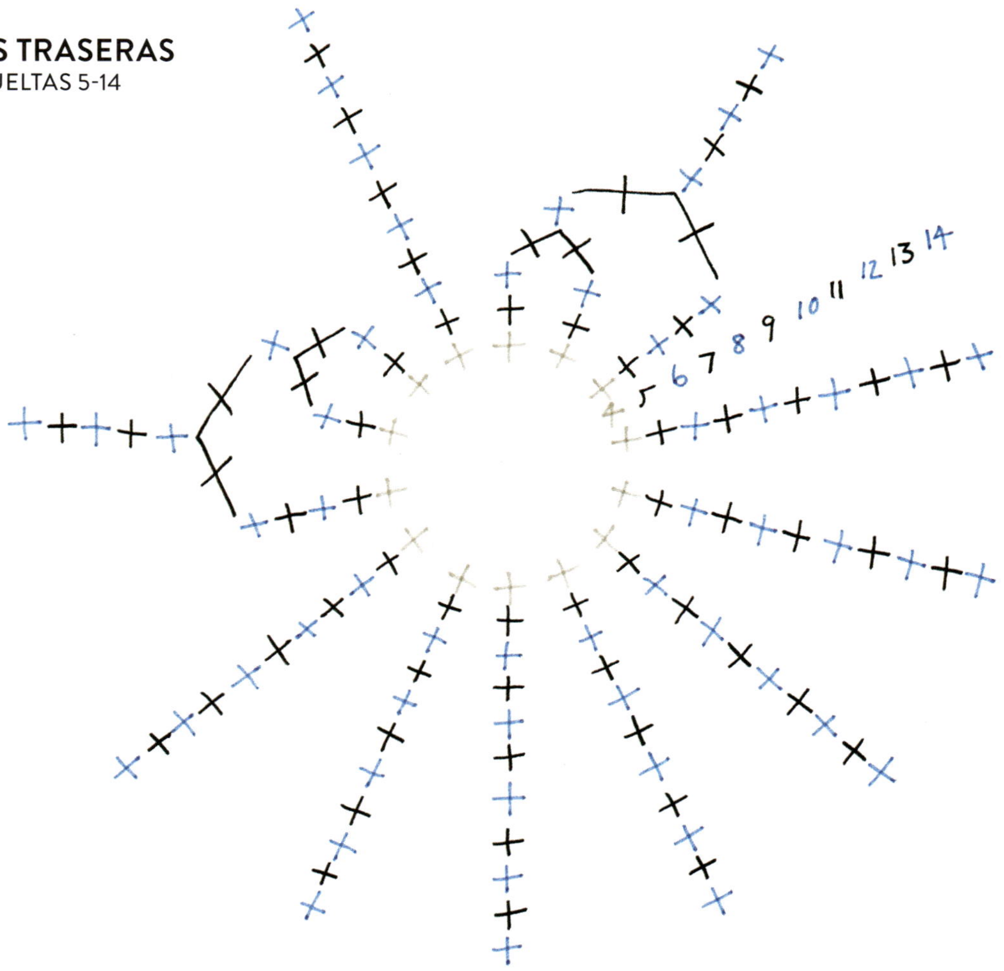

Patas traseras

DEDOS

Empezando en la parte delantera
de la pata y utilizando un ganchillo
de 3,25 mm e hilo A, haga 6 cad.
Vueltas 1-4: Como las vueltas 1-4 de
las patas delanteras.
Vueltas 5 y 6: 1 p. b. en cada p. b.
Vuelta 7 (dism.): (1 p. b., 2 p. b. jun.)
2 veces, 8 p. b. (12 p.).
Vuelta 8: 1 p. b. en cada p. b.
Vuelta 9 (dism.): (2 p. b. jun., 1 p. b.)
2 veces, 6 p. b. (10 p.).
Vueltas 10-14: 1 p. b. en cada p. b.

PARTE POSTERIOR DE LA PATA

Vuelta 15: 2 p. b., acabando en un
lado de la pata; 5 cad., sáltese los
5 p. b. de la parte delantera de la
pata, 3 p. b.
Vuelta 16: 2 p. b., 1 p. b. en cada una
de las sig. 5 cad., 3 p. b.
Corte el hilo y páselo a través de los
p. de la última vuelta. Tire del cabo
para cerrar la labor y remátelo.

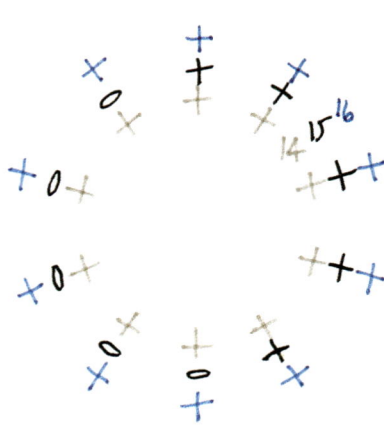

**PATAS TRASERAS
(CONTINUACIÓN)**
PARTE POSTERIOR DE LA PATA
VUELTAS 15-16

MUSLO

Con el derecho de la pata hacia usted y utilizando un ganchillo de 3,25 mm, incorpore A con 1 p. r. en el 1.º de los 5 p. b. saltados.

Vuelta 1: 1 p. b. en el mismo p. que el p. r., 1 p. b. en cada uno de los sig. 4 p. b., 1 p. b. en el revés de cada una de las sig. 5 cad. (10 p.).

Vuelta 2 (aum.): (2 p. b. en el p. sig., 1 p. b.) 5 veces (15 p.).

Vuelta 3 (aum.): (2 p. b. en el p. sig., 2 p. b.) 5 veces (20 p.).

Vuelta 4 (aum.): (2 p. b. en el p. sig., 3 p. b.) 5 veces (25 p.).

Vuelta 5 (aum.): (2 p. b. en el p. sig., 4 p. b.) 5 veces (30 p.).

Vueltas 6-11: 1 p. b. en cada p. b.

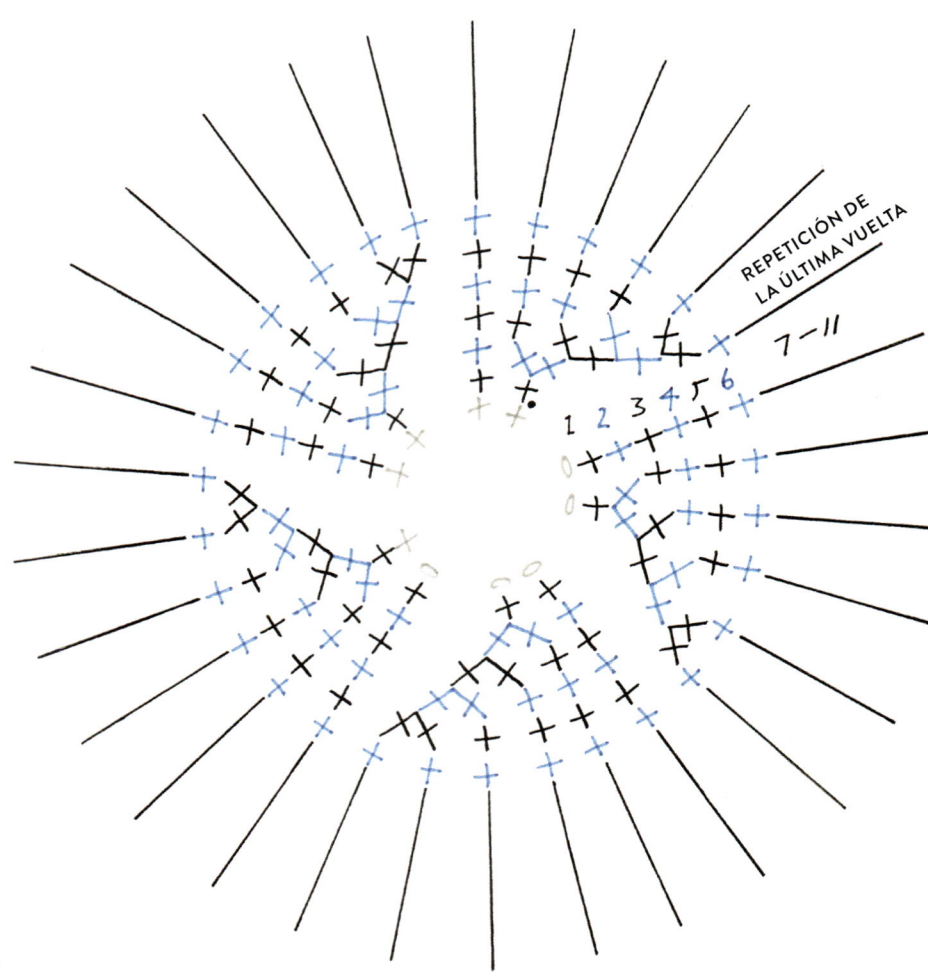

PATAS TRASERAS (CONTINUACIÓN)
MUSLO
VUELTAS 1-11

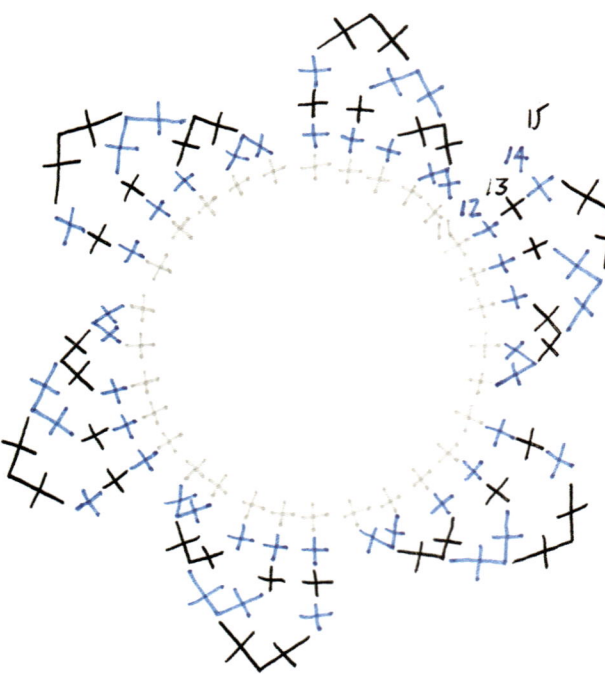

PATAS TRASERAS (CONTINUACIÓN)
MUSLO
VUELTAS 12-15

Vuelta 12 (dism.): (2 p. b. jun., 3 p. b.) 6 veces (24 p.).

Antes de continuar, rellene la pata y luego el muslo ligeramente.

Vuelta 13 (dism.): (2 p. b. jun., 2 p. b.) 6 veces (18 p.).

Vuelta 14 (dism.): (2 p. b. jun., 1 p. b.) 6 veces (12 p.).

Vuelta 15 (dism.): (2 p. b. jun.) 6 veces (6 p.).

Corte el hilo y páselo a través de los p. de la última vuelta. Tire del cabo para cerrar la labor y remátelo dejando un trozo largo de hilo.

Cola

Con un ganchillo de 3,25 mm e hilo A, haga 33 cad.

Hilera 1: 1 p. b. en la 2.ª cad. desde la aguja, 1 p. b. en cada una de las sig. 30 cad., 3 p. b. en la última cad., 1 p. b. en el revés de cada una de las sig. 31 cad., dele la vuelta (65 p.).

Hilera 2 (dism.): 2 cad., 12 p. m. a., (2 p. m. a. jun., 1 p. m. a.) 2 veces, (2 p. b. jun., 1 p. b.) 2 veces, 8 p. b., 3 p. b. jun., 8 p. b., (1 p. b., 2 p. b. jun.) 2 veces, (1 p. m. a., 2 p. m. a. jun.) 2 veces, 12 p. m. a. (59 p.). Remate la labor dejando un cabo largo al final.

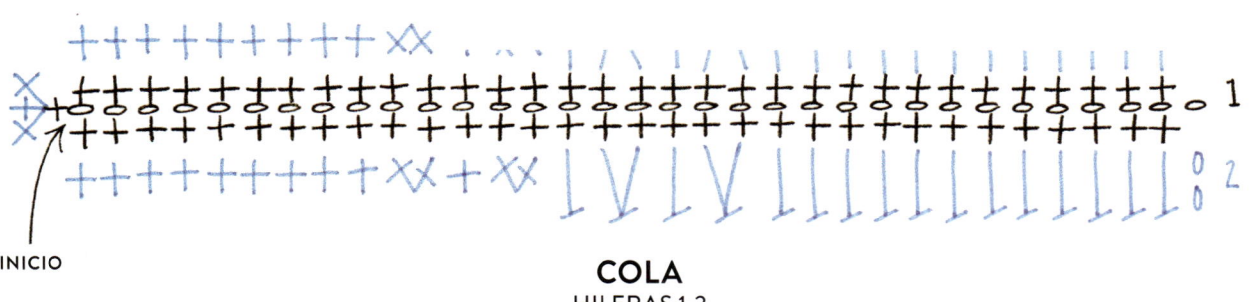

INICIO

COLA
HILERAS 1-2

Montaje

CABEZA

Con tres hebras del hilo de bordar metalizado, haga la nariz con puntadas de satén (*véase* la página 170). Con dos hebras de hilo metalizado, borde cada ojo con dos puntadas rectas (*véase* la página 170).

OREJAS

Rellene las orejas ligeramente, de manera que queden planas. Cósalas en su sitio, cerca de la parte posterior de la cabeza, haciendo puntadas a lo largo de los lados inferiores con los cabos que ha dejado al rematar las piezas.

PATAS

Con tres hebras del hilo de bordar, haga las almohadillas de las patas con puntadas de satén. Aplane la parte superior de las patas y cósalas en su sitio, haciendo puntadas por la parte superior de los muslos con los cabos que ha dejado al rematar las piezas.

COLA

Con el cabo que ha dejado al rematar la pieza, doble la cola a lo largo y cosa los bordes largos juntos con un sobrehilado (*véase* la página 169). Con la ayuda del extremo de la aguja de ganchillo, introduzca una pequeña cantidad de relleno en la cola. Aplane la parte superior de la cola y cosa juntos los bordes. Cosa la cola al final del cuerpo.

BIGOTES (OPCIONAL)

Incorpore tres bigotes en el cuerpo de los puntos situados a los lados del hocico (*véase* la página 171). Recorte los extremos.

Esconda todos los cabos sueltos.

Bobtail americano

LAS RAYAS DEL CUERPO DEL GATO SE BASAN EN LAS DEL CLÁSICO PELAJE ATIGRADO. LA COLA PELUDA SE HACE TEJIENDO BUCLES.

Materiales

- Alpaca Classic de Rowan, 57 % alpaca, 43 % algodón (120 m por ovillo de 25 g), o cualquier hilo ligero:
  1 x ovillo de 25 g de color 00127 Champagne (A)
  1 x ovillo de 25 g de color 00118 Cinnamon (B)
- Hilo de bordar separable de color dorado, como Stranded Cotton de Anchor, tono 0890, para los ojos
- Hilo de bordar separable de color negro, como Stranded Cotton de Anchor, tono 0403, para las pupilas
- Hilo de bordar separable de color rosa, como Stranded Cotton de Anchor, tono 0882, para la nariz
- 6 trozos de 12 cm de hilo de nailon transparente de 0,3 mm, para los bigotes (opcionales; no adecuados para niños pequeños)
- Aguja de ganchillo de 3,25 mm
- Aguja lanera de punta roma
- Relleno para peluches
- Marcadores de puntos

Tamaño

- El cuerpo mide unos20 cm de largo, desde la punta de la nariz hasta la parte posterior de las patas traseras
- Hace unos 16 cm de alto, desde la coronilla (sin contar las orejas)

Tensión

23 puntos y 23 hileras en una muestra de 10 cm tejida a punto bajo con un ganchillo de 3,25 mm. Si fuera necesario, utilice un ganchillo de mayor o menor calibre para obtener la tensión correcta.

Instrucciones

La cabeza, el cuerpo y las patas se trabajan en redondo y en hileras de puntos bajos. Para crear el estampado atigrado se utilizan dos colores. El cuello se teje con dos colores trabajando en hileras; se empieza tejiendo en los puntos de la parte inferior del hocico y luego a lo largo de los bordes de las hileras que forman la coronilla. La orejas se trabajan en hileras. Cada una está compuesta por dos piezas que se unen tejiendo en cada punto de las dos piezas a la vez. La cola se teje alternando vueltas de puntos bajos y bucles. Los bucles aparecen en el revés de la cola. A la cola se le da la vuelta para que el derecho quede hacia fuera y, después, los bucles se cortan y se peinan para que queden esponjosos. Para formar los mechones de pelos de las orejas, se incorporan trozos de hilos. Las patas se crean tejiendo vueltas continuas de puntos bajos y los dedos con piñas, que aparecen en el revés del tejido. Al terminar los dedos, se vuelve la labor del revés y se sigue trabajando por el derecho. Los ojos y la nariz se bordan con hilos de bordar.

Cuando al inicio de una hilera o vuelta se hacen una o dos cadenetas, estas no cuentan como un punto.

LEYENDA

○ ANILLO MÁGICO

∅ CADENETA (CAD.)

● PUNTO RASO (P. R.)

Cabeza

Empezando en la parte delantera del hocico y utilizando un ganchillo de 3,25 mm e hilo A, haga un anillo mágico (*véase* la página 163).

Vuelta 1: 1 cad., 6 p. b. en el anillo (6 p.).

Vuelta 2 (aum.): (2 p. b. jun., 6 p. b.) 2 veces (12 p.). Tire del cabo corto para cerrar el anillo.

Vueltas 3 y 4: 1 p. b. en cada p. b.

CARA

Se trabaja en hileras.

Hilera 1 (D.): 2 p. b. en el p. sig., incorpore B en el último p. b. y desplace el hilo que no use por el revés de la labor, con B, 1 p. b., 2 p. b. en el p. sig.; con A, 2 p. b.; con B, 2 p. b. en el p. sig., 1 p. b.; con A, 2 p. b. en el p. sig., 1 p. b., 2 p. b. en cada uno de los sig. 2 p., 1 p. b., dele la vuelta (18 p.).

Hilera 2 (R.) (aum.): Con A, 1 cad., 6 p. b., 2 p. b. en el p. sig., 1 p. b.; con B, 2 p. b. en el p. sig.; con A, (1 p. b., 2 p. b. en el p. sig., 1 p. b.) 2 veces; con B, 2 p. b. en el p. sig.; con A, 1 p. b., 2 p. b. en el p. sig., 1 p. r. en el 1.er p. b., dele la vuelta (24 p.).

Hilera 3 (aum.): Con A, 2 p. b. en el p. sig., 2 p. b.; 1 p. b. con B, 1 p. b. con A; con B, 2 p. b. en el p. sig., 1 p. b.; 2 p. b. en el p. sig. con A, 2 p. b. con B, 2 p. b. en el p. sig. con A; con B, 1 p. b., 2 p. b. en el p. sig.; 1 p. b. con A, 1 p. b. con B; con A, 2 p. b., 2 p. b. en el p. sig. acabando 6 p. antes de llegar al final, dele la vuelta (30 p.).

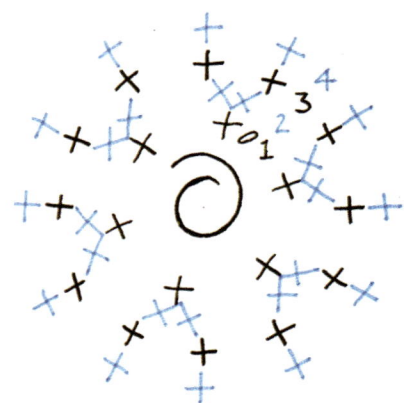

CABEZA
VUELTAS 1-4

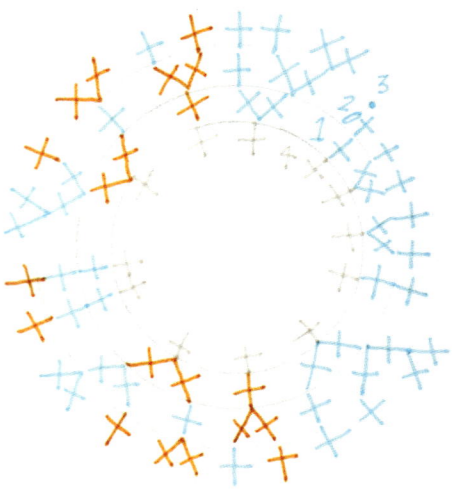

CARA
HILERAS 1-3

+ PUNTO BAJO (P. B.)

⋉ 2 P. B. EN EL MISMO P.

⋇ 3 P. B. EN EL MISMO P.

⋋⋌ 2 P. B. JUN.

⊕ PIÑA

○⋎ BUCLE

LEYENDA DE COLORES

PARA LA CARA, LA CORONILLA, EL CUELLO, LA PARTE CENTRAL DEL CUERPO, LAS PATAS DELANTERAS: VUELTAS 8-25, LAS PATAS TRASERAS: MUSLO

En los otros diagramas, las vueltas o hileras alternan azul y negro.

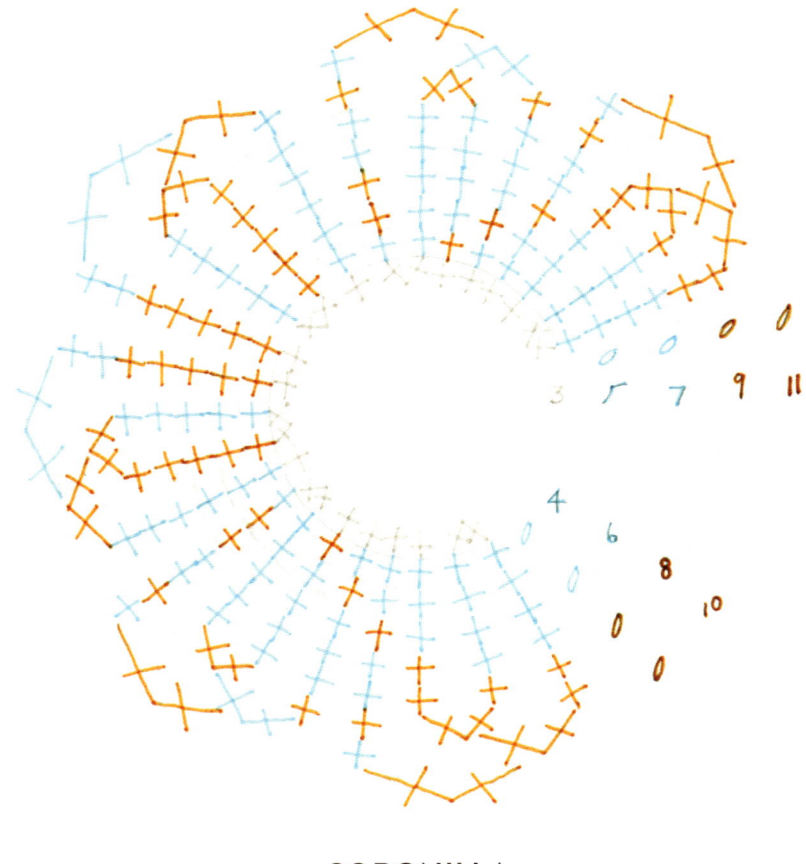

CORONILLA
HILERAS 4-11

CORONILLA

Hilera 4: 1 cad., 5 p. b. con A, 1 p. b. con B, 3 p. b. con A, (1 p. b. con A, 1 p. b. con A, 1 p. b. con B) 2 veces, 3 p. b. con A, 1 p. b. con B, 5 p. b. con A, dele la vuelta.

Siga tejiendo en estos 24 p.

Hilera 5: 1 cad., 4 p. b. con A, 1 p. b. con B, 2 p. b. con A, (1 p. b. con B, 1 p. b. con A) 2 veces, 2 p. b. con B, (1 p. b. con A, 1 p. b. con B) 2 veces, 2 p. b. con A, 1 p. b. con B, 4 p. b. con A, dele la vuelta.

Hilera 6: 1 cad., 3 p. b. con A, 1 p. b. con B, 3 p. b. con A, (1 p. b. con B, 1 p. b. con B) 2 veces, 2 p. b. con B, (1 p. b. con A, 1 p. b. con B) 2 veces, 3 p. b. con A, 1 p. b. con B, 3 p. b. con A, dele la vuelta.

Hilera 7: 1 cad., 2 p. b. con A, 1 p. b. con B, 6 p. b. con A, (1 p. b. con A, 1 p. b. con A, 1 p. b. con B) 2 veces, 6 p. b. con A, 1 p. b. con B, 2 p. b. con A, dele la vuelta.

Hilera 8: 1 cad., 3 p. b. con B, 6 p. b. con A, (1 p. b. con B, 1 p. b. con A, 1 p. b. con B) 2 veces, 6 p. b. con A, 3 p. b. con B, dele la vuelta.

Hilera 9 (dism.): Con B, 1 cad., (1 p. b., 2 p. b. jun., 1 p. b.) 2 veces; 1 p. b. con A, 2 p. b. jun. con B, 2 p. b. con A, 2 p. b. jun. con B, 1 p. b. con A, (1 p. b., 2 p. b. jun., 1 p. b.) 2 veces con B, dele la vuelta (18 p.).

Hilera 10 (dism.): 1 cad., *2 p. b. jun. con B ; con A, 1 p. b., 2 p. b. jun., 1 p. b.; con B, 2 p. b. jun.**, 2 p. b. con A; repita desde * hasta **, dele la vuelta (12 p.).

Hilera 11 (dism.): Con B, 1 cad., (2 p. b. jun.) 2 veces; con A, (2 p. b. jun.) 2 veces; con B, (2 p. b. jun.) 2 veces (6 p.).

Remate la labor y pase el hilo B través de los últimos 6 p. Tire del cabo y remátelo.

CUELLO

Con el derecho de la labor hacia usted y utilizando un ganchillo de 3,25 mm e hilo A, haga 1 p. r. en el 1.º de los 6 p. b. no trabajados de la hilera 2 de la cara.

Hilera 1 (D.): 1 p. b. en el mismo p. que el p. r., 5 p. b., teja 7 p. b. espaciados a intervalos regulares a lo largo del borde de las 8 hileras del 1.er lado de la cabeza, incorporando B en el

Orejas

Con un ganchillo de 3,25 mm e hilo B, haga 4 cad.

Hilera 1: 1 p. b. en la 2.ª cad. desde la aguja, 1 p. b. en la cad. sig., 3 p. b. en la cad. sig., 1 p. b. en el revés de cada una de las sig. 2 cad., dele la vuelta (7 p.).

Hilera 2 (aum.): 1 cad., 2 p. b. en el p. sig., 2 p. b., 3 p. b. en el p. sig., 2 p. b., 2 p. b. en el p. sig. (11 p.). Remate la labor dejando un cabo largo. Ha completado el interior. Con A, haga otra pieza igual, que será la parte exterior de la oreja. Al final, dé la vuelta a la labor y no remate el hilo.

UNIR LAS PIEZAS DE LA OREJA

Junte las dos piezas, con la parte del interior cara arriba.

Después: Teja 1 cad. y, a continuación, introduciendo el ganchillo por debajo de las 2 laz. de cada p. de la pieza interior y luego de la pieza exterior para unirlas, haga 2 p. b. en el p. sig., 4 p. b., 3 p. b. en el p. sig., 4 p. b., 2 p. b. en el p. sig. (15 p.). Remate la labor dejando un cabo largo.

3.º p. y haciendo los últimos 4 p. b. con B; haga 7 p. b. espaciados a intervalos regulares a lo largo del borde de las 8 hileras del otro lado de la cabeza, cambiando a A en los últimos 3 p. b., 1 p. r. en el 1.er p. b., dele la vuelta (20 p.).

Hilera 2 (R.): 3 p. b. con A, 8 p. b. con B, 9 p. b. con A, dele la vuelta.

Hilera 3 (aum.): Con A, 1 cad., (1 p. b., 2 p. b. en el p. sig., 1 p. b.) 3 veces;

8 p. b. con B; con A, 1 p. b., 2 p. b. en el p. sig., 1 p. b., 1 p. r. en el 1.er p. b., dele la vuelta (24 p.).

Hilera 4: 4 p. b. con A, 8 p. b. con B, 12 p. b. con A, 1 p. r. en el 1.er p. b., dele la vuelta.

Hilera 5: Con A, 8 p. b., 1 p. r. en el p. sig y remate la labor, dejando un cabo largo de hilo A y otro de hilo B.

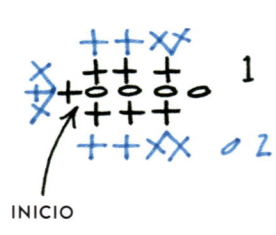

CUELLO
HILERAS 1-5

INICIO

OREJAS
HILERAS 1 Y 2

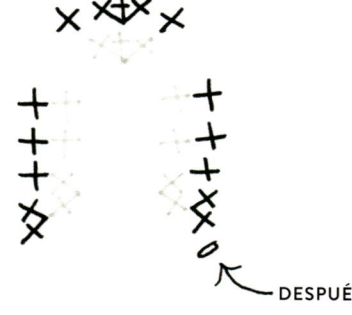

← **DESPUÉS**

**UNIR LAS PIEZAS
DE LA OREJA**
INTRODUZCA EL GANCHILLO
EN CADA PUNTO DE AMBAS
PIEZAS A LA VEZ

Cuerpo

PARTE DELANTERA

Empezando por la parte delantera
del cuerpo y utilizando un ganchillo
de 3,25 mm e hilo A, haga 10 cad.

Hilera 1 (D.): 1 p. b. en la 2.ª cad. desde la
aguja, 1 p. b. en cada una de las sig. 7 cad.,
2 p. b. en la última cad., 1 p. b. en el revés
de cada una de las sig. 8 cad., dele la vuelta
(18 p.). Ponga un marcador en el 10.º p. para
señalar la parte superior de la pieza delantera.

Hilera 2 (R.) (aum.): 1 cad., (2 p. b. en
el p. sig., 2 p. b.) 6 veces, 1 p. r. en el
1.er p. b., dele la vuelta (24 p.).

Hilera 3 (aum.): (2 p. b. en el p. sig.,
3 p. b.) 6 veces, dele la vuelta (30 p.).

Hilera 4 (aum.): 1 cad., (2 p. b. en el
p. sig., 4 p. b.) 6 veces, 1 p. r. en el
1.er p. b., dele la vuelta (36 p.).

Hilera 5: 1 p. b. en cada p. b., dele la vuelta.

Hilera 6: 1 cad., 1 p. b. en cada p. b., 1 p. r.
en el 1.er p. b., dele la vuelta.

Hileras 7 y 8: Repita las hileras 5 y 6.

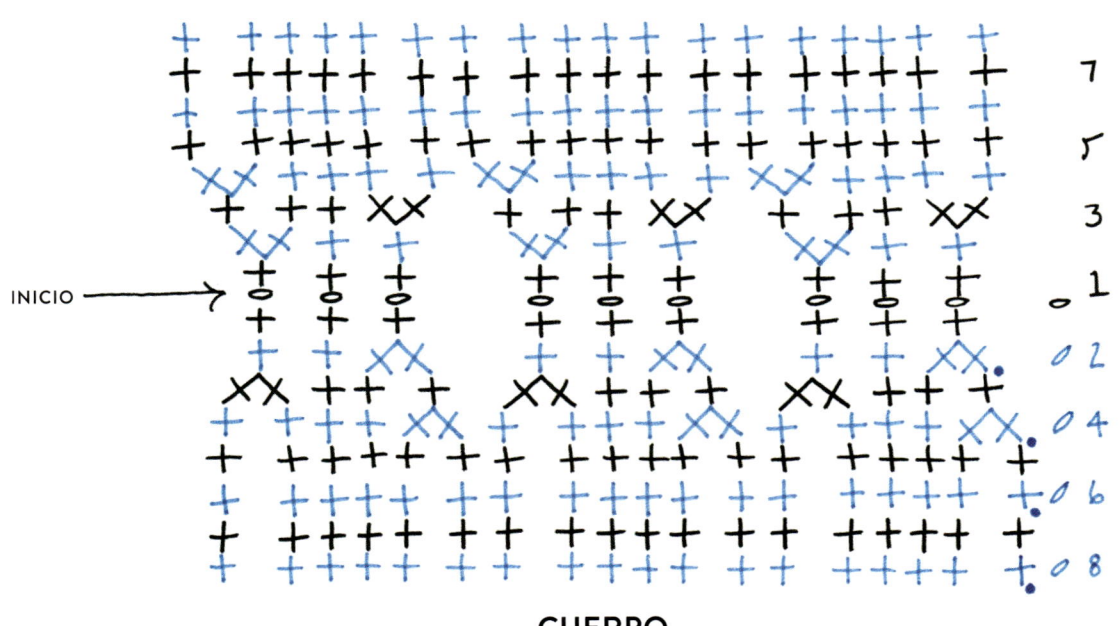

INICIO

CUERPO
PARTE DELANTERA
HILERAS 1-8

PARTE CENTRAL DEL CUERPO

Hilera 1 (D.): 14 p. b. con A, incorpore B en el último p. b. y haga 3 p. b. con B, 2 p. b. con A, 3 p. b. con B, 14 p. b. con A, dele la vuelta.

Hilera 2 (R.): 1 cad., 14 p. b. con A, 3 p. b. con B, 2 p. b. con A, 3 p. b. con B, 14 p. b. con A, 1 p. r. en el 1.er p. b., dele la vuelta.

Hilera 3: Repita la hilera 1.

Hilera 4: 1 cad., 13 p. b. con A, 4 p. b. con B, 2 p. b. con A, 4 p. b. con B, 13 p. b. con A, 1 p. r. en el 1.er p. b., dele la vuelta.

Hilera 5: 7 p. b. con A, 10 p. b. con B, 2 p. b. con A, 10 p. b. con B, 7 p. b. con A, dele la vuelta.

Hilera 6: 1 cad., 6 p. b. con A, 11 p. b. con B, 2 p. b. con A, 11 p. b. con B, 6 p. b. con A, 1 p. r. en el 1.er p. b., dele la vuelta.

Hilera 7: 6 p. b. con A, 2 p. b. con B, 5 p. b. con A, 4 p. b. con B, 2 p. b. con A, 4 p. b. con B, 5 p. b. con A, 2 p. b. con B, 6 p. b. con A, dele la vuelta.

Hilera 8: 1 cad., 6 p. b. con A, 8 p. b. con B, 8 p. b. con A, 8 p. b. con B, 6 p. b. con A, 1 p. r. en el 1.er p. b., dele la vuelta.

Hilera 9: 5 p. b. con A, 3 p. b. con B, 4 p. b. con A, 4 p. b. con B, 1 p. b. con A, 2 p. b. con B, 1 p. b. con A, 4 p. b. con B, 4 p. b. con A, 3 p. b. con B, 5 p. b. con A, dele la vuelta.

Hilera 10: 1 cad., 5 p. b. con A, 3 p. b. con B, 4 p. b. con A, 2 p. b. con B, 1 p. b. con A, (1 p. b. con B, 1 p. b. con A, 1 p. b. con B) 2 veces, 1 p. b. con A, 2 p. b. con B, 4 p. b. con A, 3 p. b. con B, 5 p. b. con A, 1 p. r. en el 1.er p. b., dele la vuelta.

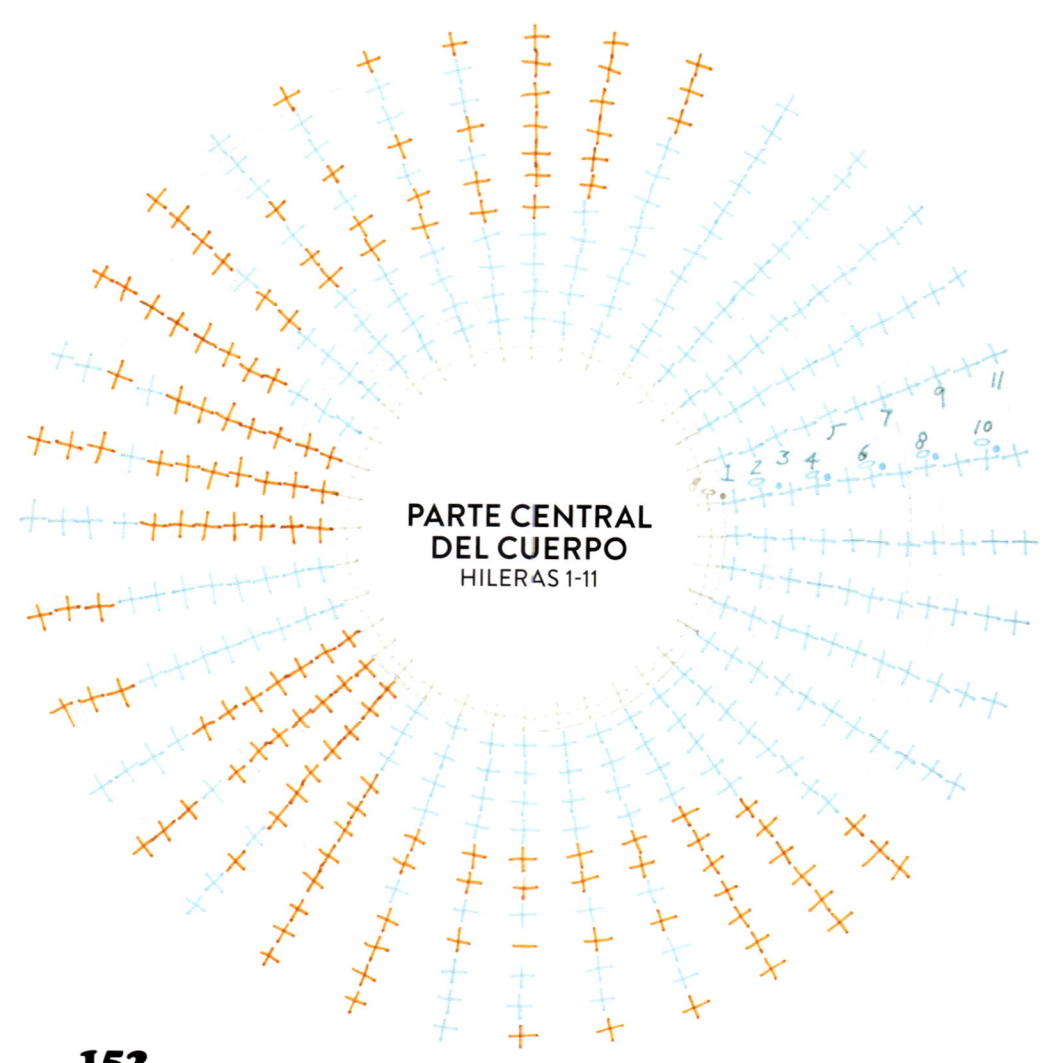

PARTE CENTRAL DEL CUERPO
HILERAS 1-11

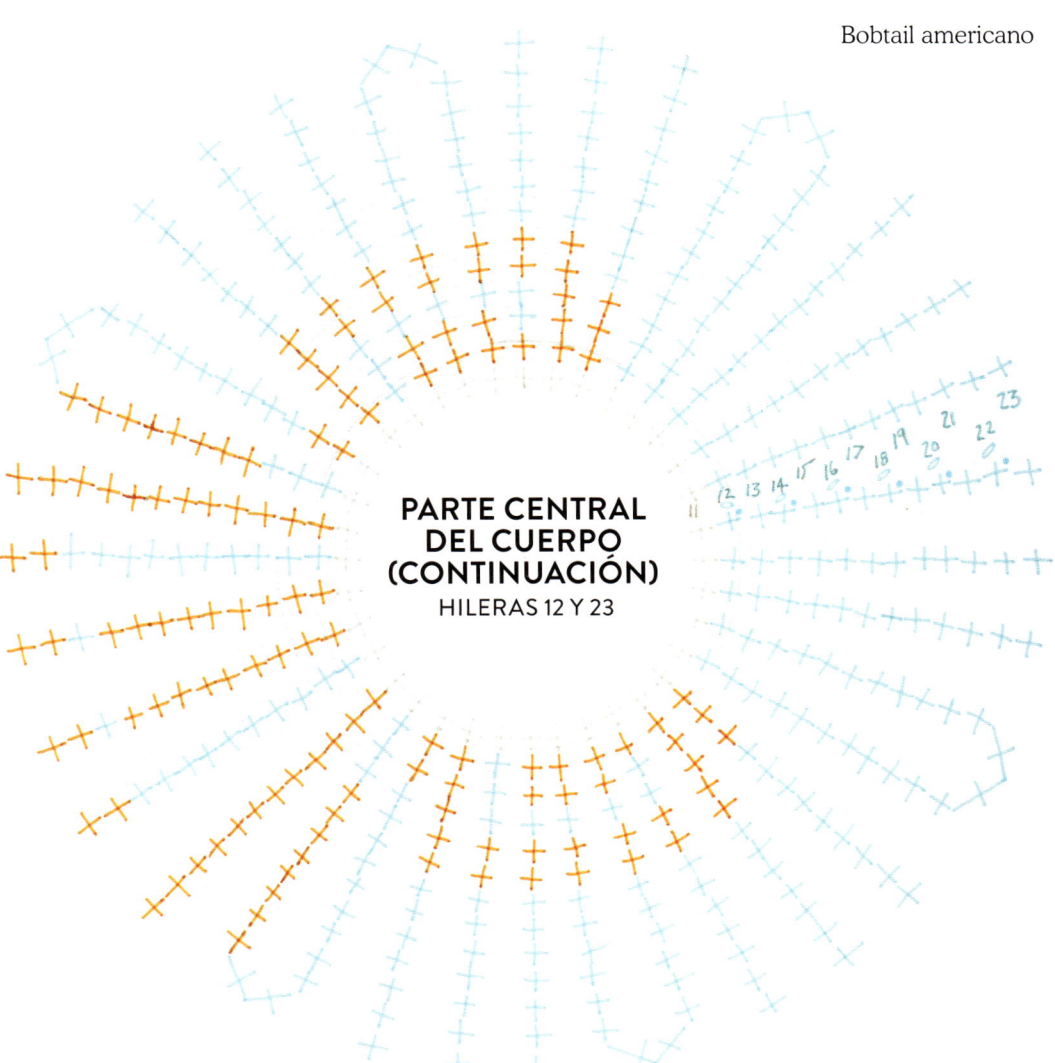

**PARTE CENTRAL
DEL CUERPO
(CONTINUACIÓN)
HILERAS 12 Y 23**

Hilera 11: *5 p. b. con A, 6 p. b. con B, 1 p. b. con A, 2 p. b. con B, 1 p. b. con A, (1 p. b. con B, 1 p. b. con A, 1 p. b. con B) 2 veces, 1 p. b. con A, 2 p. b. con B, 1 p. b. con A, 6 p. b. con B, 5 p. b. con A*, dele la vuelta.

Hilera 12: 1 cad.; repita desde * hasta ** de la hilera 11, 1 p. r. en el 1.er p. b., dele la vuelta.

Hilera 13: 5 p. b. con A, 2 p. b. con B, 1 p. b. con A, 3 p. b. con B, 1 p. b. con A, 2 p. b. con B, 1 p. b. con A, (1 p. b. con B, 1 p. b. con A, 1 p. b. con B) 2 veces, 1 p. b. con A, 2 p. b. con B, 1 p. b. con A, 3 p. b. con B, 1 p. b. con A, 2 p. b. con B, 5 p. b. con A, dele la vuelta.

Hilera 14: 1 cad., 5 p. b. con A, 2 p. b. con B, 5 p. b. con A, 1 p. b. con B, 2 p. b. con A, (1 p. b. con B, 1 p. b. con A, 1 p. b. con B) 2 veces, 2 p. b. con A, 1 p. b. con B, 5 p. b. con A, 2 p. b. con B, 5 p. b. con A, 1 p. r. en el 1.er p. b., dele la vuelta.

Hilera 15: *6 p. b. con A, 7 p. b. con B, (1 p. b. con A, 2 p. b. con B) 3 veces, 1 p. b. con A, 7 p. b. con B, 6 p. b. con A**, dele la vuelta.

Hilera 16: 1 cad.; repita desde * hasta ** de la hilera 15, 1 p. r. en el 1.er p. b., dele la vuelta.

Hilera 17: *14 p. b. con A, (2 p. b. con B, 1 p. b. con A) 3 veces, 13 p. b. con

A*, dele la vuelta.

Hilera 18: 1 cad.; repita desde * hasta ** de la hilera 17, 1 p. r. en el 1.er p. b., dele la vuelta.

Hileras 19 y 20: Repita las últimas 2 hileras.

Hilera 21: 14 p. b. con A, 2 p. b. con B, 4 p. b. con A, 2 p. b. con B, 14 p. b. con A, dele la vuelta.

Hilera 22: Con A, 1 cad., 14 p. b.; con B, 8 p. b.; con A, 14 p. b., 1 p. r. en el 1.er p. b., dele la vuelta.

Hilera 23 (dism.): (3 p. b., 2 p. b. jun.) 3 veces con A, 6 p. b. con B, (2 p. b. jun., 3 p. b.) 3 veces con A, no le dé la vuelta (30 p.).

PARTE TRASERA DEL CUERPO

Se trabaja en redondo.

Continúe con hilo A.

Vuelta 1 (dism.): (2 p. b. jun., 3 p. b.)
6 veces (24 p.).

Antes de continuar, rellene el cuerpo.

Vuelta 2 (dism.): (2 p. b. jun., 2 p. b.)
6 veces (18 p.).

Vuelta 3 (dism.): (2 p. b. jun., 1 p. b.)
6 veces (12 p.).

Vuelta 4 (dism.): (2 p. b. jun.) 6 veces
(6 p.). Corte el hilo y páselo a través
de los últimos 6 p. Tire del cabo para
cerrar la labor. Remate el hilo.

PARTE TRASERA
DEL CUERPO
VUELTAS 1-4

Patas delanteras

Las piñas aparecen en el revés del
tejido. Esto será el derecho de la labor.
En la página 166 encontrará las instrucciones para hacer piñas. Empezando
en la base de la pata y utilizando un
ganchillo de 3,25 mm e hilo A, haga
un anillo mágico.

Vuelta 1 (R.): 1 cad., 6 p. b. en el anillo
(6 p.).

Vuelta 2 (aum.): 2 p. b. en cada uno de
los 6 p. (12 p.). Tire del cabo corto para
cerrar el anillo.

Vuelta 3 (aum.): (2 p. b. en el p. sig.,
2 p. b.) 4 veces (16 p.).

Vuelta 4: 8 p. b.; (1 piña, 1 p. b.) 4 veces,
dele la vuelta.

Vuelta 5 (D.) (dism.): 1 cad., 1 p. b. en
el 1.er p. b., (1 p. b., 2 p. b. jun.) 2 veces,
9 p. b. (14 p.).

Vuelta 6 (dism.): (1 p. b., 2 p. b. jun.)
2 veces, 8 p. b. (12 p.).

Vuelta 7: 1 p. b. en cada p. b. Incorpore B
en el último p. b. y desplace el hilo que
no use por el revés de la labor.

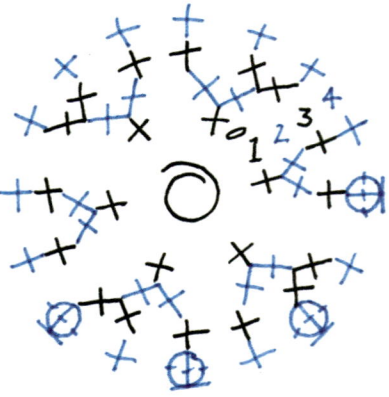

PATAS DELANTERAS
VUELTAS 1-4

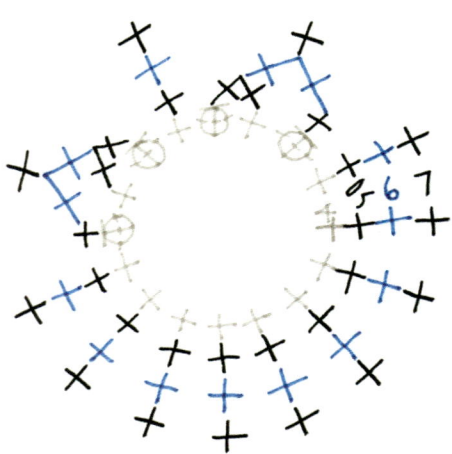

PATAS DELANTERAS
(CONTINUACIÓN)
VUELTAS 5-7

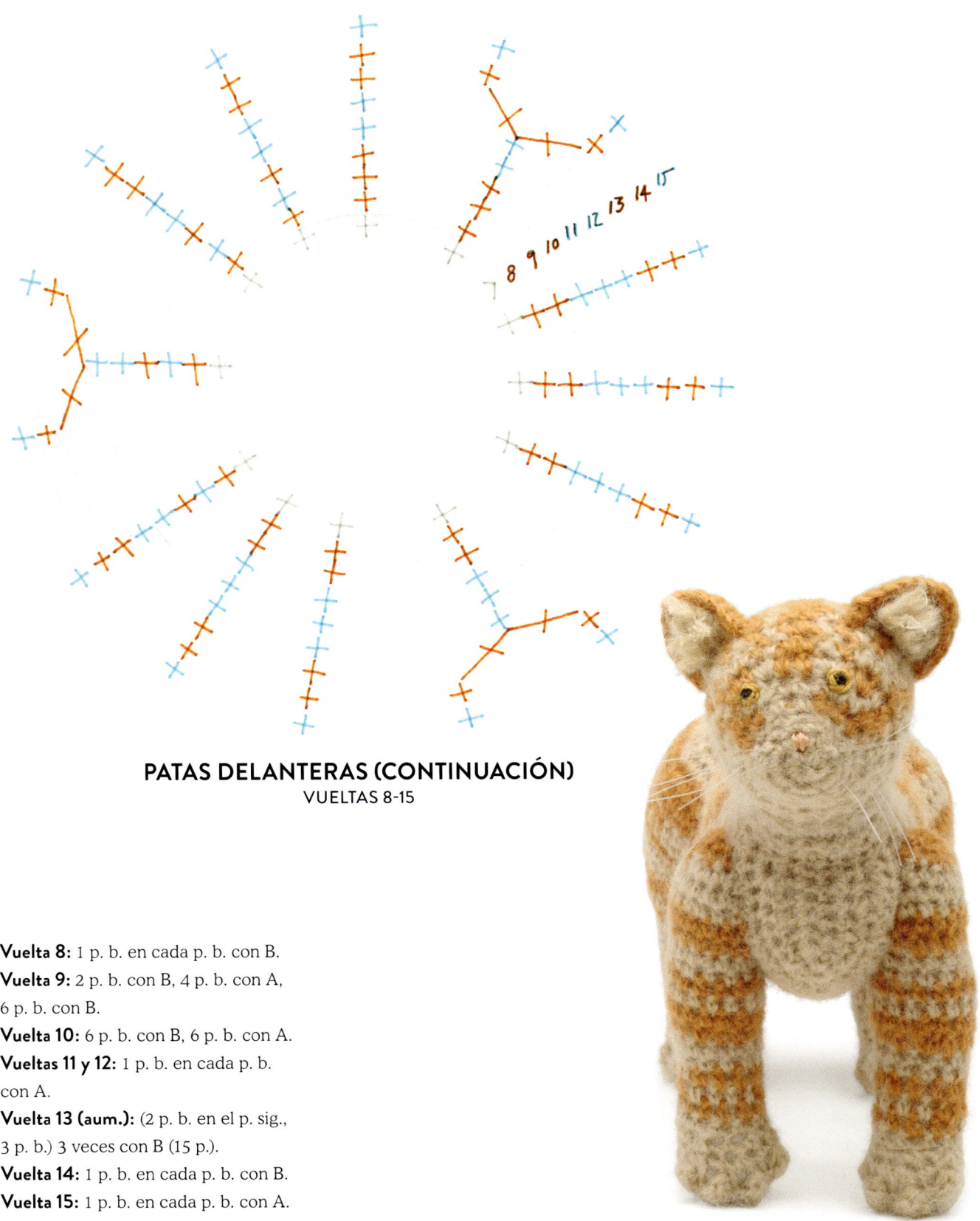

PATAS DELANTERAS (CONTINUACIÓN)
VUELTAS 8-15

Vuelta 8: 1 p. b. en cada p. b. con B.

Vuelta 9: 2 p. b. con B, 4 p. b. con A,
6 p. b. con B.

Vuelta 10: 6 p. b. con B, 6 p. b. con A.

Vueltas 11 y 12: 1 p. b. en cada p. b.
con A.

Vuelta 13 (aum.): (2 p. b. en el p. sig.,
3 p. b.) 3 veces con B (15 p.).

Vuelta 14: 1 p. b. en cada p. b. con B.

Vuelta 15: 1 p. b. en cada p. b. con A.

PATAS DELANTERAS (CONTINUACIÓN)
VUELTAS 16-25

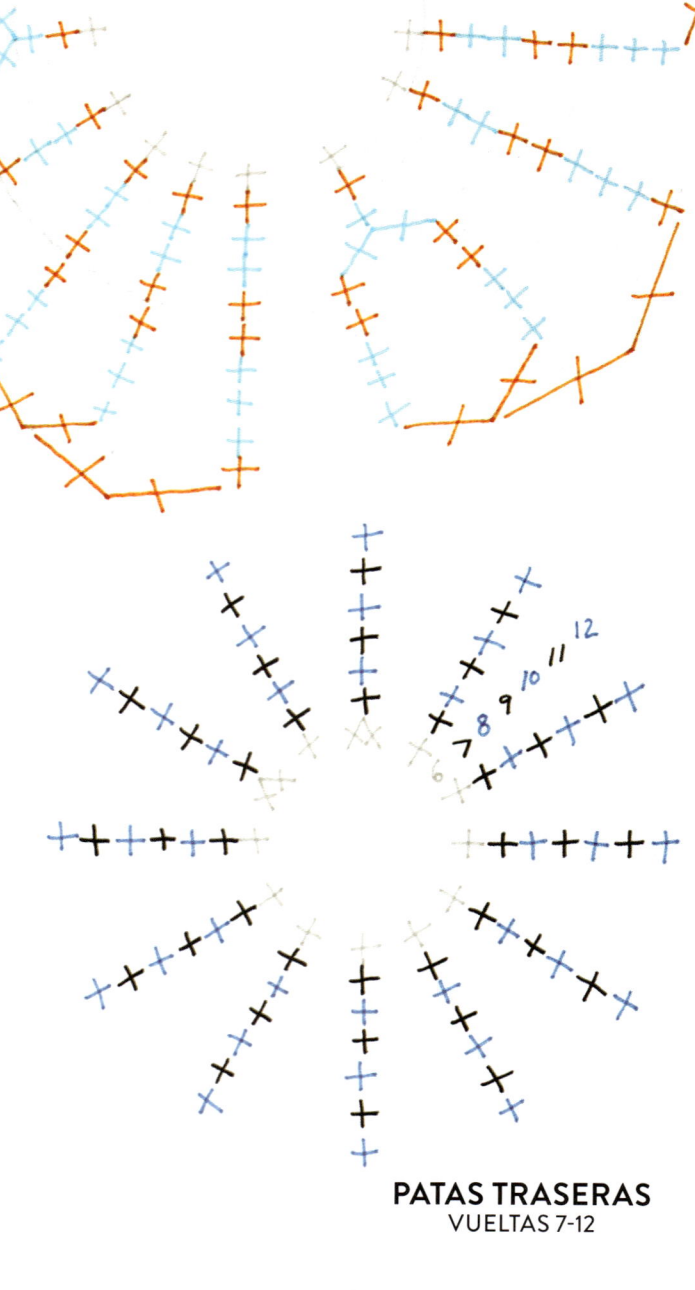

Vueltas 16 y 17: Repita las vueltas 14 y 15.

Vuelta 18 (aum.): (2 p. b. en el p. sig., 4 p. b.) 3 veces con A (18 p.).

Vuelta 19: 6 p. b. con A, 12 p. b. con B.

Vuelta 20: 1 p. b. en cada p. b. con B.

Vueltas 21-23: 1 p. b. en cada p. con A.

Antes de continuar, rellene la pata. Continúe con hilo B.

Vuelta 24 (dism.): (2 p. b. jun., 1 p. b.) 6 veces (12 p.).

Vuelta 25 (dism.): (2 p. b. jun.) 6 veces (6 p.).

Corte el hilo y páselo a través de los p. de la última vuelta. Tire del cabo para cerrar la labor. Remate la labor dejando un cabo largo de hilo A.

Patas traseras
(haga 2)

Empezando en la base de la pata y utilizando un ganchillo de 3,25 mm e hilo A, haga un anillo mágico.

Vueltas 1-6: Como las vueltas 1-6 de las patas delanteras.

Vueltas 7-12: 1 p. b. en cada p. b.

PATAS TRASERAS
VUELTAS 7-12

PARTE POSTERIOR DE LA PATA

Vuelta 13: 1 p. b. en el sig. p. b., acabando en un lado de la pata; 6 cad., sáltese los 6 p. b. de la parte delantera de la pata, 5 p. b.

Vuelta 14: 1 p. b. en el sig. p. b., 1 p. b. en cada una de las sig. 6 cad., 1 p. b. en cada uno de los sig. 5 p. b. Corte el hilo y páselo a través de los p. de la última vuelta. Tire del cabo para cerrar la labor y remátelo.

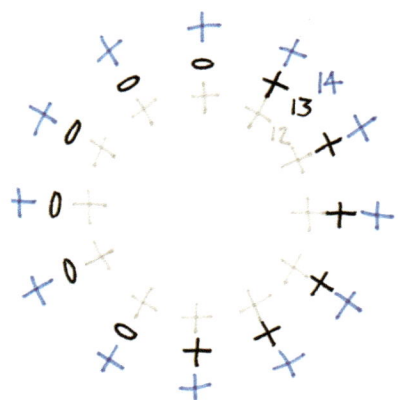

PATAS TRASERAS (CONTINUACIÓN)
PARTE POSTERIOR DE LA PATA
VUELTAS 13 Y 14

MUSLO

Con el derecho de la pata hacia usted y utilizando un ganchillo de 3,25 mm e hilo A, haga 1 p. r. en el 1.º de los 6 p. b. saltados de la hilera 12.

Vuelta 1: 1 p. b. en el mismo p. que el p. r., 1 p. b. en cada uno de los sig. 5 p. b., 1 p. b. en el revés de cada una de las sig. 6 cad. (12 p.).

Vuelta 2: 1 p. b. en cada p. b. Incorpore B en el último p. b.

Vuelta 3 (aum.): Con B, (2 p. b. en el p. sig., 1 p. b.) 4 veces; con A, (2 p. b. en el p. sig., 1 p. b.) 2 veces (18 p.).

Vuelta 4: 1 p. b. en cada p. b. con A.

Vuelta 5: 2 p. b. con A, 8 p. b. con B, 8 p. b. con A.

Vuelta 6 (aum.): (2 p. b. en el p. sig., 2 p. b.) 6 veces con B (24 p.).

Vueltas 7 y 8: 1 p. b. en cada p. b. con A.

Vuelta 9: 1 p. b. en cada p. b. con B.

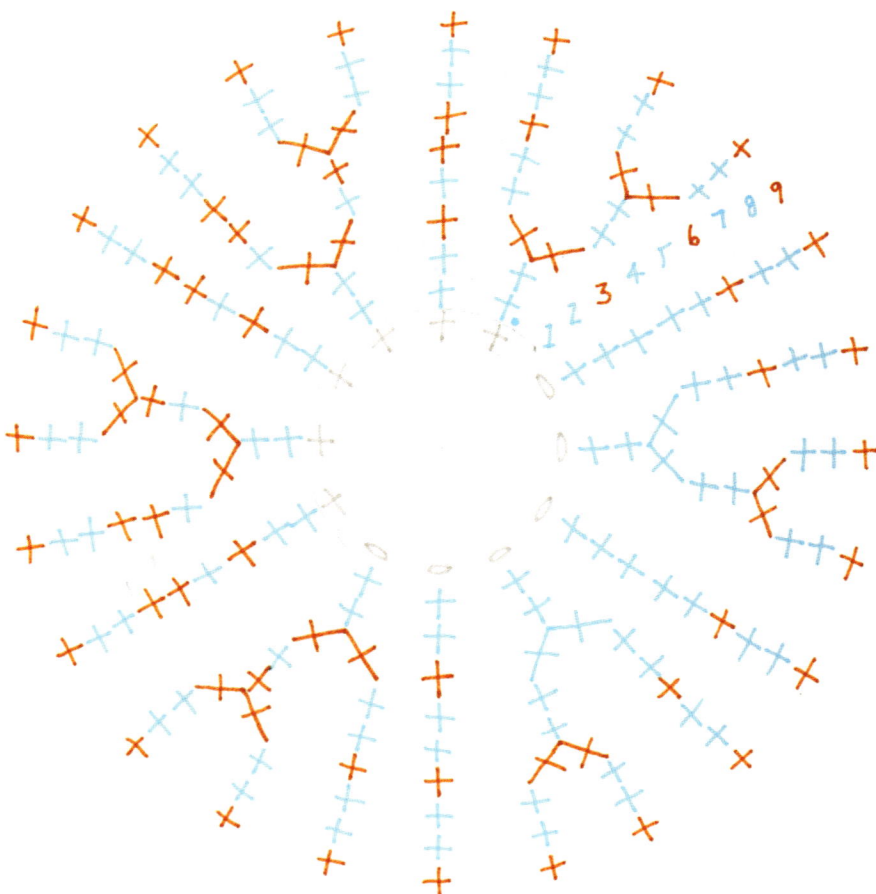

PATAS TRASERAS (CONTINUACIÓN)
MUSLO
VUELTAS 1-9

Vuelta 10 (aum.): (2 p. b. en el p. sig., 3 p. b.) 2 veces con B, (2 p. b. en el p. sig., 3 p. b.) 2 veces con A, (2 p. b. en el p. sig., 3 p. b.) 2 veces con B (30 p.).

Vuelta 11: 5 p. b. con A, 7 p. b. con B, 6 p. b. con A, 7 p. b. con B, 5 p. b. con A.

Vuelta 12: 9 p. b. con A, 12 p. b. con B, 9 p. b. con A.

Vueltas 13 y 14: 1 p. b. en cada p. b. con B.

Vuelta 15 (dism.): (2 p. b. jun., 3 p. b.) 6 veces con A (24 p.).

Antes de continuar, rellene la pata.

Vuelta 16 (dism.): (2 p. b. jun., 2 p. b.) 6 veces con A (18 p.).

Continúe con hilo B.

Vuelta 17 (dism.): (2 p. b. jun., 1 p. b.) 6 veces (12 p.).

Vuelta 18 (dism.): (2 p. b. jun.) 6 veces (6 p.).

Corte el hilo y páselo a través de los p. de la última vuelta. Tire del cabo para cerrar la labor y remátelo dejando un trozo largo de hilo A al final.

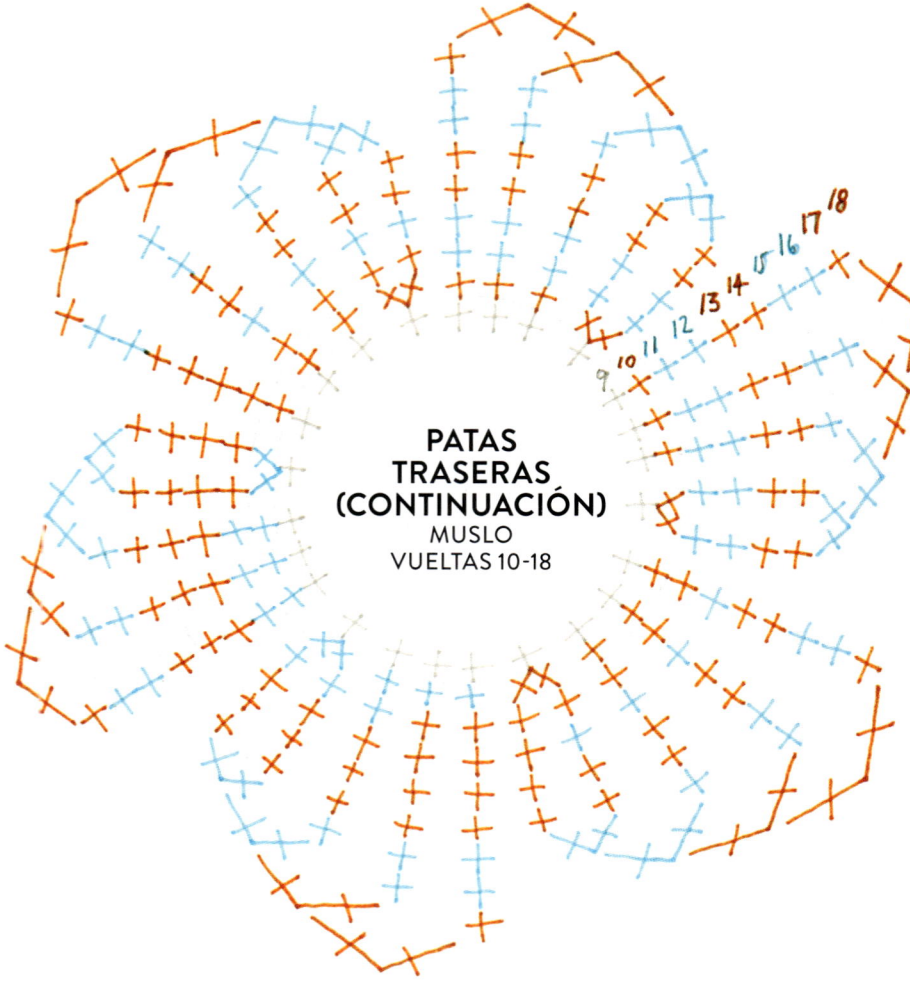

PATAS
TRASERAS
(CONTINUACIÓN)
MUSLO
VUELTAS 10-18

Cola

Los bucles aparecen en el revés del tejido. Esto será el derecho de la labor. Con un ganchillo de 3,25 mm e hilo A, haga un anillo mágico.

Vuelta 1 (R.): 1 cad., 6 p. b. en el anillo (6 p.).

Vuelta 2: 1 bucle en cada p. b.

Vuelta 3 (aum.): 2 p. b. en cada uno de los 6 p. (12 p.).

Vuelta 4: 1 bucle en cada p. b.

Vuelta 5: 1 p. b. en cada p. Incorpore B en el último p. b.

Continúe con hilo B.

Vuelta 6: 1 bucle en cada p. b.

Vuelta 7: 1 p. b. en cada p.

Vueltas 8 y 9: Repita las últimas 2 vueltas.

Vuelta 10: Repita la vuelta 6. 1 p. r. en el 1.er p. y remate la labor dejando un cabo largo de hilo B al final.

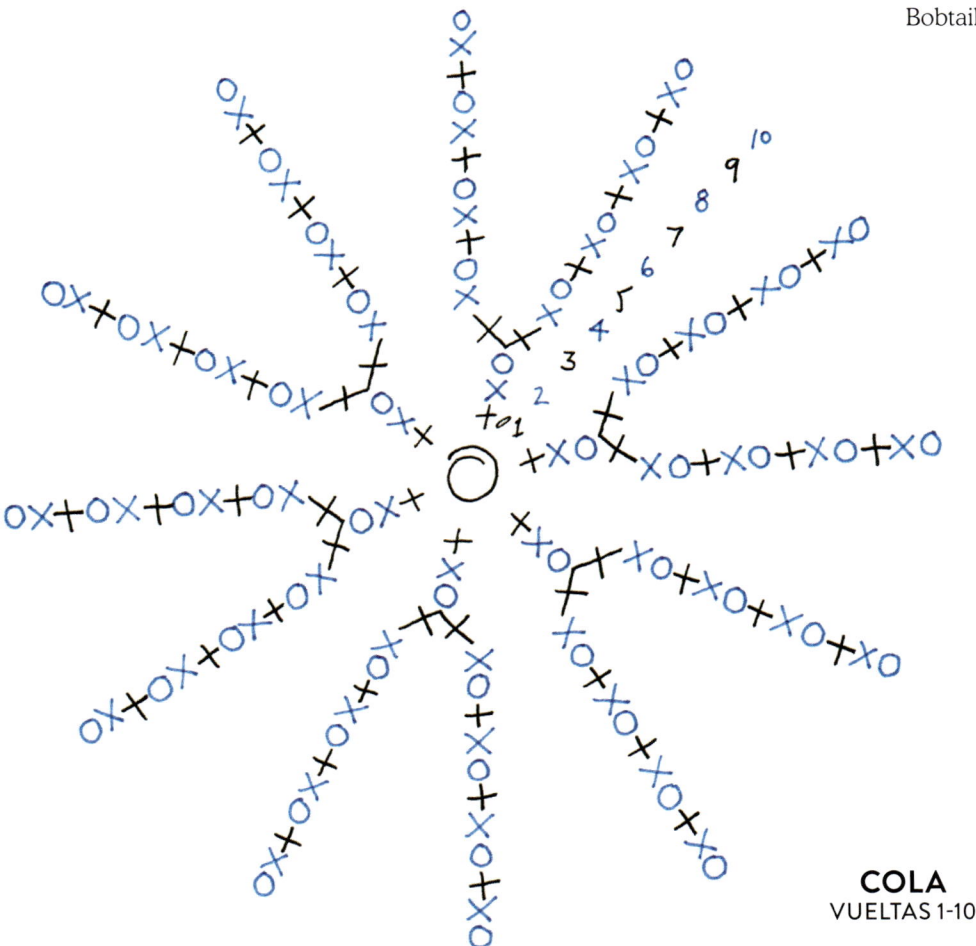

COLA
VUELTAS 1-10

Montaje

CABEZA

Rellene la cabeza. Con los cabos que
ha dejado al rematar la labor, cosa
la cabeza en su sitio, por encima de
la parte superior del cuerpo, donde
indica el marcador que ha puesto.
Haga puntadas alrededor de todo el
borde del cuello. Si fuera necesario,
introduzca más relleno en el cuello.
Utilizando tres hebras del hilo de
bordar, haga la nariz y las pupilas de
los ojos con puntadas de satén (*véase*
la página 170). Para formar los iris,
haga puntadas rectas alrededor de las
pupilas (*véase* la página 170).

OREJAS

Rellene las orejas ligeramente, de manera que queden planas. Cósalas en su
sitio, cerca de la parte posterior de la
cabeza, haciendo puntadas a lo largo
de los lados inferiores con los cabos
que ha dejado al rematar las piezas.
Los pelos de las orejas se hacen con
borlas (*véase* la página 171), que se incorporan pasándolas alrededor de los
cuerpos de los puntos. Utilice un trozo
de 10 cm de hilo A para cada borla.
Incorpore 4 borlas en los cuerpos de
los puntos del interior de cada oreja.
Recorte los extremos y utilice un alfiler
para separar las fibras con suavidad.

PATAS

Aplane la parte superior de las patas y
cósalas en su sitio, haciendo puntadas
por la parte superior de los muslos.

COLA

Dé la vuelta a la labor para que el
derecho del tejido quede hacia fuera.
Corte los bucles y peine los hilos para
que queden esponjosos. Recorte
los extremos de los hilos peinados.
Introduzca una pequeña cantidad de
relleno en la cola. Cósala en su sitio
con el cabo que ha dejado al rematar
la pieza.

BIGOTES (OPCIONAL)

Incorpore tres bigotes en el cuerpo
de los puntos situados a los lados del
hocico (*véase* la página 171). Recorte
los extremos.
Esconda todos los cabos sueltos.

Antes de empezar

PARA SABER QUÉ NECESITA PARA TEJER SU GATO, COMPRUEBE LA LISTA DE MATERIALES QUE ENCONTRARÁ AL PRINCIPIO DE CADA PATRÓN. A CONTINUACIÓN, LE OFRECEMOS INFORMACIÓN QUE LE AYUDARÁ A COMENZAR SUS PROYECTOS.

Agujas de ganchillo

Hay ganchillos de muchos tamaños, desde modelos diminutos que crean puntos muy pequeños al trabajar con hilos finos hasta enormes agujas que permiten usar varios hilos de lana a la vez para hacer tejidos gruesos. El tamaño de la aguja determina el aspecto del tejido, y también influye en la tensión y en la cantidad de hilo requerida. Todos los proyectos de este libro se hacen con un ganchillo del mismo tamaño: de 3,25 mm

Agujas de coser

Para unir las piezas de los proyectos se utiliza una aguja de punta roma. El gran ojo permite enhebrarla fácil-mente y la punta redondeada evita dañar el tejido.

Sustituir hilos

Si desea sustituir los hilos, es importante que calcule la cantidad de ovillos necesarios a partir de los metros que contienen, no por el peso, ya que este varía según el tipo de fibra. La tensión también es importante. Antes de empezar un proyecto, haga siempre una muestra de tensión (*véase* la página siguiente) con el hilo que utilizará.

Interpretar diagramas

Cada símbolo de un diagrama representa un punto, y cada vuelta o hilera corresponde a una vuelta o hilera de su labor.

Un diagrama con vueltas se lee en el sentido contrario a las agujas del reloj, comenzando en el centro y trabajando hacia fuera hasta la última vuelta del diagrama.

Un diagrama de hileras se lee hacia un sentido y hacia el otro, siguiendo el número situado al principio de cada hilera.

Las vueltas o hileras de los diagramas se muestran alternando azul y negro. La última vuelta o hilera de un diagrama anterior aparece en gris. Cuando hay que hacer cambios de color, los puntos de los diagramas son del color correspondiente a cada hilo.

Tensión

Antes de empezar un proyecto, es imprescindible que compruebe la tensión que ejerce, ya que esto influye en el tamaño y la apariencia del gato, así como en la cantidad de hilo que usará. La tensión es la cantidad de hileras y puntos que hay en unos centímetros de una muestra cuadrada de tejido. Con un ganchillo del mismo tamaño que utilizará y tejiendo el tipo de punto que aparece en el patrón, trabaje una muestra cuadrada de 12,5 cm y extiéndala en una superficie plana.

PUNTOS

Coloque una regla en sentido horizontal encima de la labor y marque 10 cm con alfileres. Cuente la cantidad de puntos que hay entre los alfileres, incluidos los medios puntos. Esto le indicará la tensión de los puntos.

HILERAS

Mida la tensión de las hileras colocando una regla en vertical encima de la labor y marque 10 cm con alfileres. Cuenta la cantidad de hileras que hay entre los alfileres.

Si el número de puntos y el de hileras es más grande que los especificados en el patrón, significa que ejerce demasiada tensión y que deberá utilizar un ganchillo más grande. Si el número de puntos y el de hileras es más pequeño, significa que ejerce poca tensión y que deberá utilizar un ganchillo más pequeño.

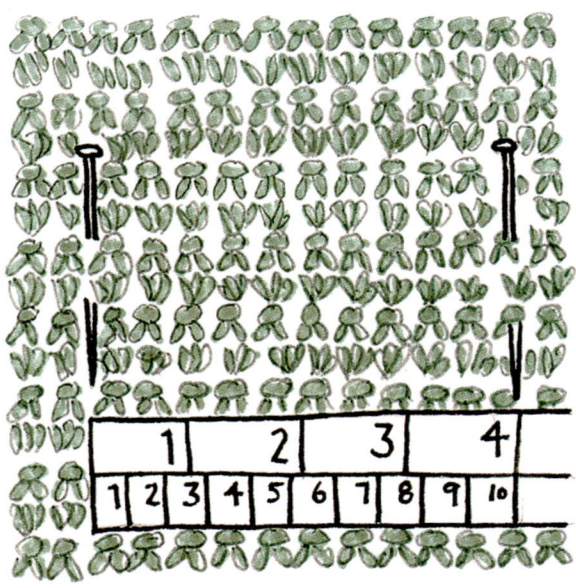

PUNTOS

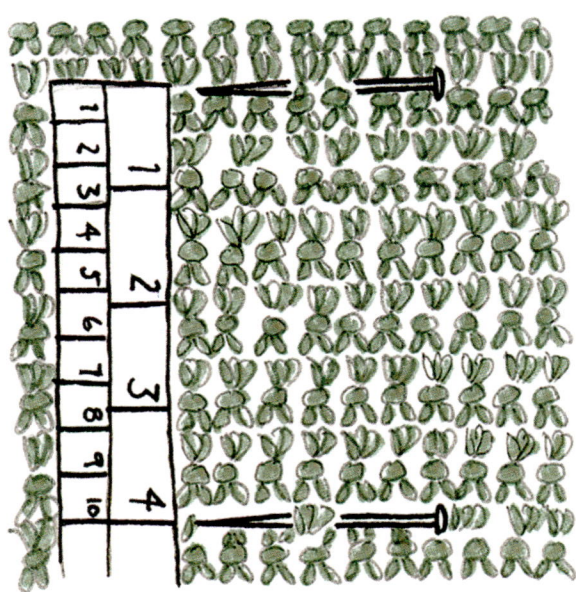

HILERAS

Puntos de ganchillo

AQUÍ ENCONTRARÁ MÁS DETALLES SOBRE LAS TÉCNICAS UTILIZADAS PARA TEJER LOS GATOS; POR EJEMPLO, CÓMO SUJETAR EL GANCHILLO Y EL HILO O CÓMO HACER VARIOS TIPOS DE PUNTOS.

Nudo corredizo

Forme un bucle con el extremo del hilo. Sujételo entre el pulgar y el índice, introduzca el ganchillo, atrape el hilo que va hacia el ovillo y sáquelo a través del bucle. Sin retirar el ganchillo del bucle, tire de los hilos hasta que el bucle se cierre alrededor de la aguja, sin apretarlo demasiado. Si tira del cabo corto, el nudo se aflojará, mientras que si tira del largo lo ceñirá más a la aguja.

Sostener el ganchillo

Sujételo como si fuera un lápiz, alargando el dedo corazón para que descanse cerca de la punta del ganchillo. Esto le ayudará a controlar el movimiento de la aguja, mientras que con los dedos de la otra mano regulará la tensión del hilo. El ganchillo debe estar encarado a usted, apuntando ligeramente hacia abajo. El movimiento del ganchillo y del hilo no debe ser tenso, sino suelto y fluido. Le saldrá con un poco de práctica.

Sostener el hilo

Para sujetar la labor y controlar la tensión, pase el hilo por encima de los dedos índice y corazón de su mano izquierda (o la derecha, si es zurdo), por debajo del anular y alrededor del meñique, y deje que el hilo cuelgue del ovillo sin tensarlo. A medida que teja, vaya sujetando el punto trabajado entre el pulgar y el índice de la misma mano. A no ser que se dé otra indicación, al tejer el ganchillo suele introducirse por las dos lazadas superiores de los puntos. Cuando solo se pasa por la lazada delantera o la trasera, se obtiene un efecto diferente.

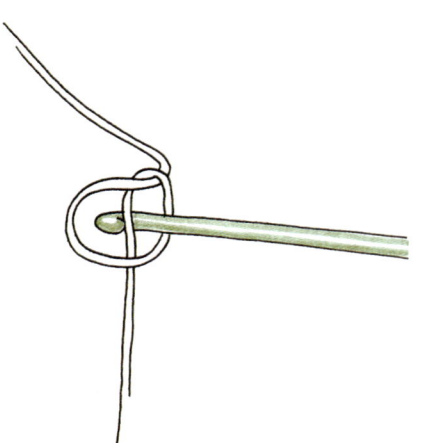

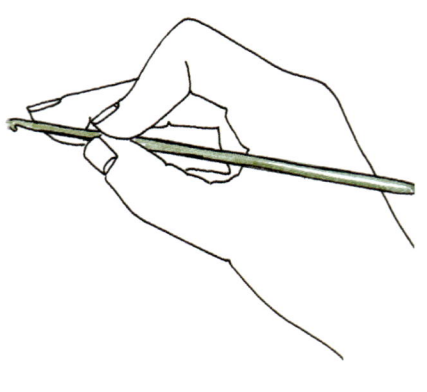

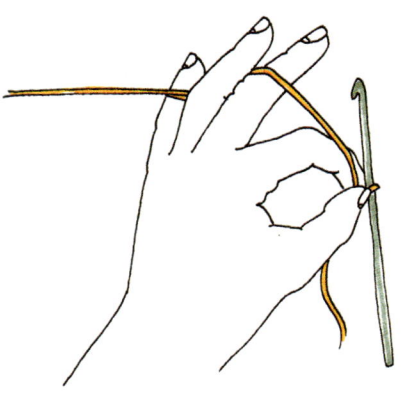

Anillo mágico

Muchas de las piezas se comienzan haciendo un bucle de hilo ajustable. Para ello, enróllese el hilo alrededor de un dedo, introduzca el ganchillo, atrape el hilo y sáquelo a través del bucle. Después de tejer un par de vueltas, una vez el bucle quede cubierto, tendrá que tirar del cabo corto para cerrar el agujero central. Como alternativa, también puede tejer cuatro cadenetas y luego un punto raso en la primera cadeneta para formar un anillo. No obstante, con este método le quedará un agujero en el centro.

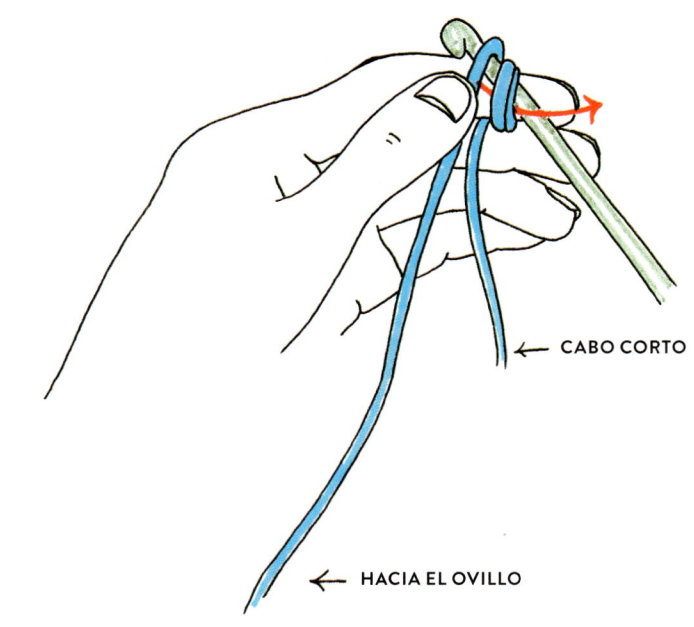

← **CABO CORTO**

← **HACIA EL OVILLO**

Cadeneta (cad.)

1 Pase el ganchillo por debajo del hilo que tensa con los dedos índice y corazón, y luego por encima. Esto se conoce como echar hebra sobre la aguja (e. h.). Saque el hilo través de la lazada del ganchillo. Ya ha creado una cadeneta (cad.).

2 Repita el paso 1, manteniendo el pulgar y el índice de la mano izquierda cerca de la aguja, hasta tener la cantidad necesaria de cadenetas.

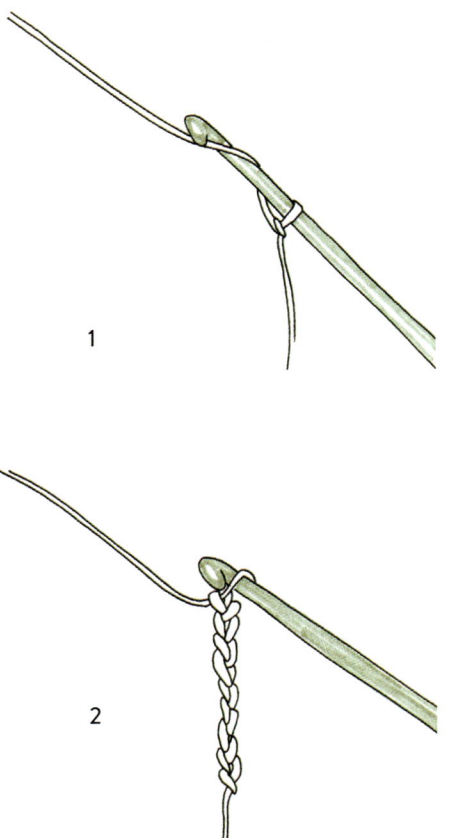

1

2

Punto raso (p. r.)

Para practicar, haga 10 cad. Introduzca el ganchillo en el primer punto (p.), e. h. y sáquela por las dos lazadas de la aguja. Esto forma un punto raso (p. r.). Continúe del mismo modo hasta el final. Habrá tejido 10 puntos rasos (10 p.).

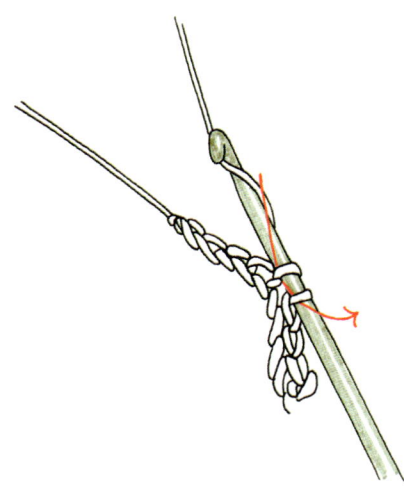

Punto bajo (p. b.)

Para practicar, haga 17 cad. Sáltese la primera cad.

1 Introduzca el ganchillo en el punto siguiente desde el derecho de la labor, e. h. y sáquela por el punto (tiene dos lazadas en la aguja).

2 E. h. y sáquela por las dos lazadas (tiene una lazada en la aguja). Ya ha hecho un punto bajo (p. b.).

Repita los pasos 1 y 2 hasta llegar al final de la hilera. En la cadeneta base de 17 p., debería tener 16 puntos bajos (16 p.).

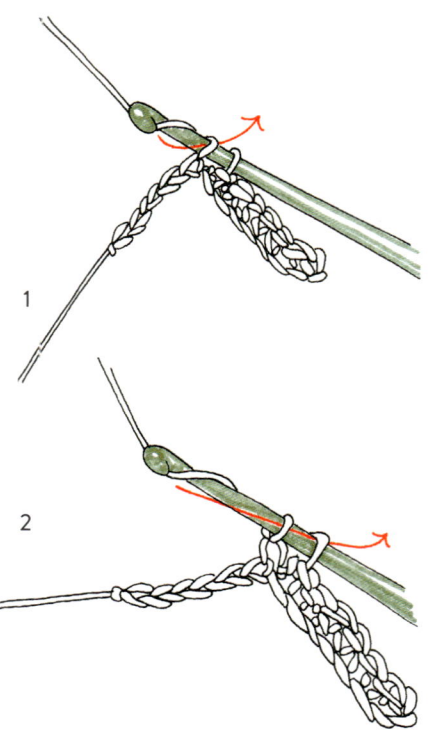

HILERA SIGUIENTE

Dé la vuelta a la labor de manera que el revés quede hacia usted. Haga 1 cad. Esta es la cadeneta de vuelta, que ayuda a obtener un borde pulcro y no cuenta como punto. Repita los pasos 1 y 2 hasta llegar al final de la hilera. Continúe del mismo modo hasta completar la cantidad deseada de hileras. Remate la labor.

Rematar la labor

Una vez que haya terminado, remate la labor cortado el hilo dejando un cabo de unos 12 cm. Pase el cabo suelto a través de la lazada restante y tire bien.

Punto medio alto (p. m. a.)

Para practicar, haga 17 cad. Sáltese las primeras 2 cad. (que contarán como el primer punto medio alto).

1 E. h., introduzca el ganchillo en el punto siguiente, e. h. y sáquela por el punto (tiene tres lazadas en la aguja).

2 E. h. y sáquela por las tres lazadas (tiene una lazada en la aguja). Ya ha hecho un punto medio alto (p. m. a.).

Repita los pasos 1 y 2 hasta llegar al final de la hilera.

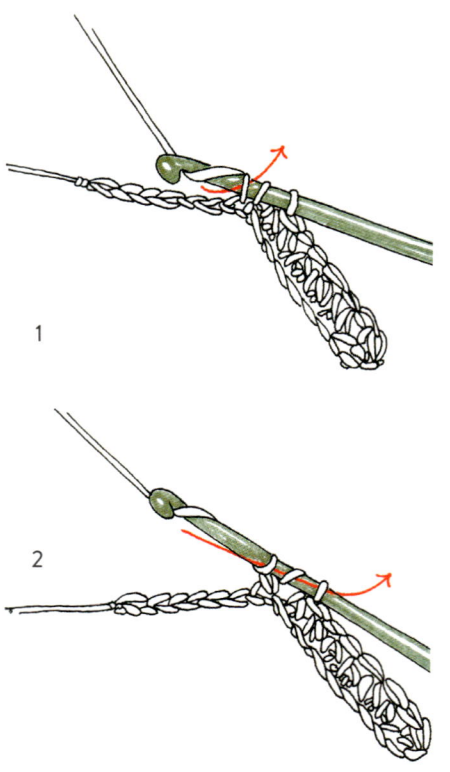

En la cadeneta base de 17 p., debería tener 16 puntos medios altos (16 p.), incluidas las 2 cad. del inicio de la hileras, que cuentan como el primer punto.

HILERA SIGUIENTE

Dé la vuelta a la labor de manera que el revés quede hacia usted. Haga 2 cad., que contarán como el primer punto medio alto. Sáltese el primer punto de la hilera anterior. Repita los pasos 1 y 2 para hacer los siguientes 14 p. m. a. en la última hilera, teja 1 p. m. a. en la 2.ª de las 2 cad. del final de la hilera. Continúe del mismo modo hasta completar la cantidad deseada de hileras. Remate la labor.

Punto alto (p. a.)

Para practicar, haga 18 cad. Sáltese las primeras 3 cad. (que contarán como el primer punto alto).

1 E. h., introduzca el ganchillo en el punto siguiente, e. h. y sáquela por el punto (tiene tres lazadas en la aguja).

2 E. h. y sáquela por dos lazadas (tiene dos lazadas en la aguja).

3 E. h. y sáquela por las dos lazadas (tiene una lazada en la aguja). Ya ha hecho un punto alto (p. a.).

Repita los pasos 1-3 hasta llegar final de la hilera. En la cadeneta base de 18 p., debería tener 16 puntos altos (16 p.), incluidas las 3 cad. del inicio de la hilera, que cuentan como el primer punto.

HILERA SIGUIENTE

Dé la vuelta a la labor de manera que el revés quede hacia usted. Haga 3 cad., que contarán como el primer punto alto. Sáltese el primer punto de la hilera anterior. Repita los pasos 1-3 hasta llegar al final de la hilera, haciendo 1 p. a. en la 3.ª de las 3 cad. del inicio de la hilera anterior. Continúe del mismo modo hasta completar la cantidad deseada de hileras. Remate la labor.

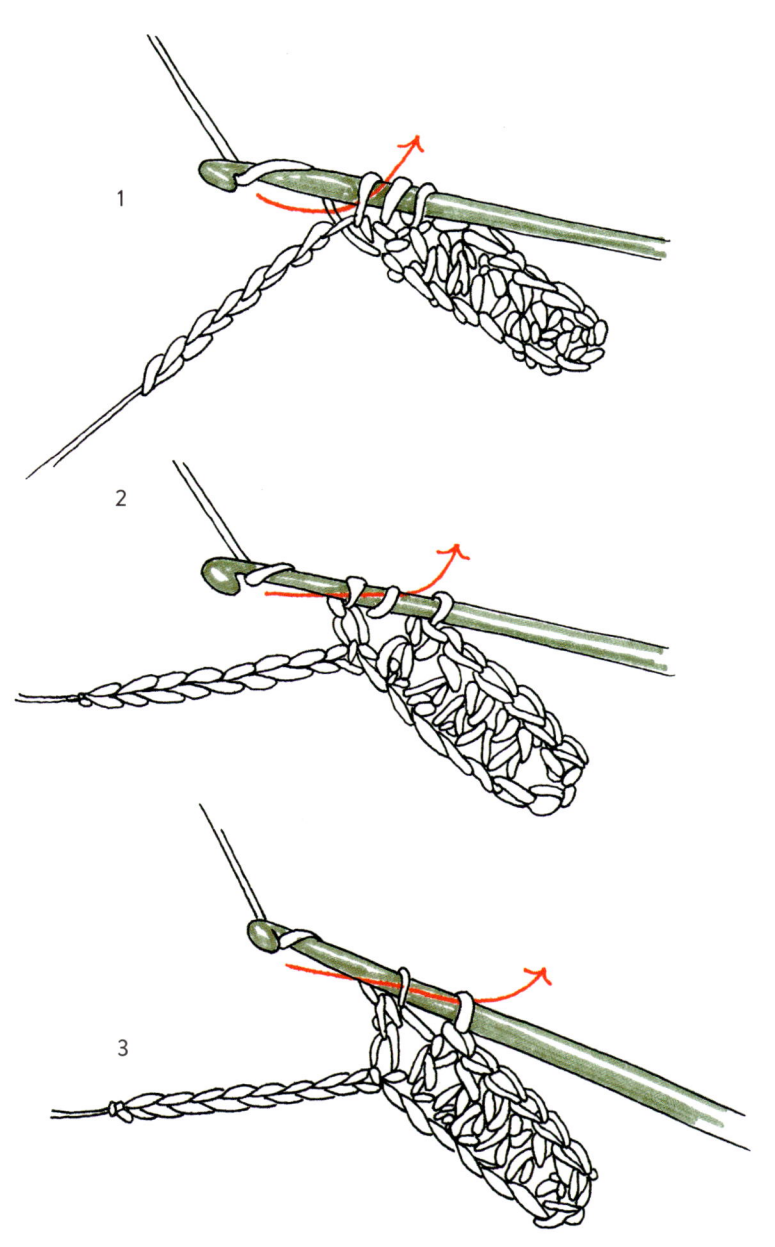

Piñas

Las piñas aparecen en el revés del tejido. Esto será el derecho de la labor.

PIÑA

Este punto se utiliza para crear los dedos de las patas de todos los gatos salvo uno. La piña se forma tejiendo tres puntos altos juntos en un mismo punto.

Siga los pasos 1 y 2 del punto alto.

*E. h., introduzca el ganchillo en el mismo p., e. h. y sáquela a través del p. (tiene cuatro lazadas en la aguja), e. h. y sáquela por dos lazadas (tiene tres lazadas en la aguja)**; repita desde * hasta ** (tiene cuatro lazadas en la aguja), e. h. y sáquela por las cuatro lazadas (tiene una lazada en la aguja). Ya ha hecho una piña.

PIÑA GRANDE

Este punto se utiliza para crear los dedos de las patas del Maine Coon (página 55). Se hace igual que las piñas de los otros gatos, pero con cuatro puntos altos trabajados juntos en el mismo punto.

Siga los pasos 1 y 2 del punto alto.

Repita 3 veces desde * hasta ** de las instrucciones de la piña (tiene cinco lazadas en la aguja), e. h. y sáquela por las cinco lazadas (tiene una lazada en la aguja). Ya ha hecho una piña grande.

Bucle

Los bucles aparecen en el revés del tejido. Esto será el derecho de la labor. Este método se utiliza para crear el largo y suave pelaje del gato ragdoll (*véanse* las páginas 122-124) y para hacer la voluminosa cola del bobtail americano (*véanse* las páginas 158 y 159). Los bucles se cortan y se obtienen hilos sueltos.

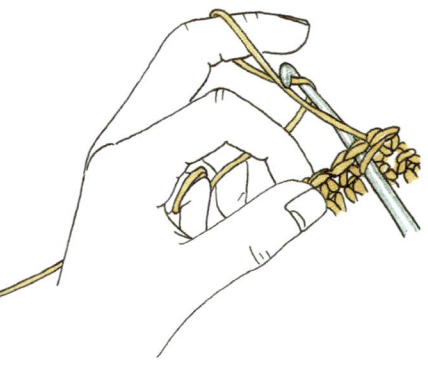

Desde el derecho de la labor, introduzca el ganchillo en el siguiente p. b. con el hilo alrededor del dedo de la mano que sujeta el hilo (véase «Cómo sostener el hilo», en la página 162). Atrape el hilo que queda detrás del dedo, luego el que queda por delante y sáquelos ambos a través del punto (tiene tres lazadas en la aguja). Saque el dedo del bucle, e. h. y sáquela por las tres lazadas de la aguja.

Aumentos (aum.)

Para aumentar 1 p. b. en una hilera, teja 2 p. b. en un mismo p. de la hilera anterior (2 p. b. en el p. sig.). Para aumentar 2 p. b. en una hilera, teja 3 p. b. en un mismo p. de la hilera anterior (3 p. b. en el p. sig.).

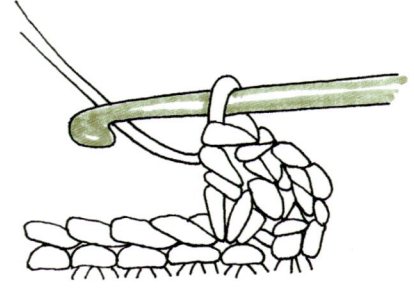

Disminuciones (dism.)

CÓMO CERRAR 2 P. B. JUNTOS PARA DISMINUIR 1 P. EN UNA HILERA (2 P. B. JUN.)

Introduzca el ganchillo en el p. siguiente, e. h. y sáquela por el p. (tiene dos lazadas en la aguja). Introduzca el ganchillo en el p. siguiente, e. h. y sáquela por el p. (tiene tres lazadas en la aguja). E. h. y sáquela por las tres lazadas.

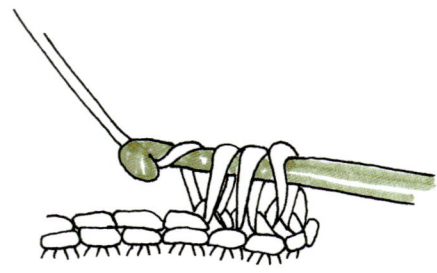

CÓMO CERRAR 6 P. B. JUNTOS PARA DISMINUIR 5 P. EN UNA HILERA (6 P. B. JUN.)

Se utiliza en los gatos sentados, en las páginas 66 y 90.
Siga los pasos 1 y 2 de las instrucciones para tejer 2 p. b. jun.
Repita 4 veces el paso 2 (tiene siete lazadas en la aguja).
E. h. y sáquela por las siete lazadas.

CÓMO CERRAR 2 P. M. A. JUNTOS PARA DISMINUIR 1 P. EN UNA HILERA (2 P. M. A. JUN.)

E. h., introduzca el ganchillo en el p. siguiente, e. h. y sáquela por el p. (tiene tres lazadas en la aguja); e. h. e introduzca el ganchillo en el p. siguiente, e. h. y sáquela por el p. (tiene cinco lazadas en la aguja), e. h. y sáquela por las cinco lazadas.

Tejer solo en la lazada delantera o trasera

La lazada delantera de un punto es la que le queda más cerca; la trasera es la más alejada. Normalmente, al tejer, se pasa el ganchillo por las dos lazadas de un punto, pero cuando solo se trabaja en una de ellas, la hebra horizontal de la lazada restante queda en la superficie del tejido. Este método se utiliza en el hocico del Maine Coon, en la página 48.

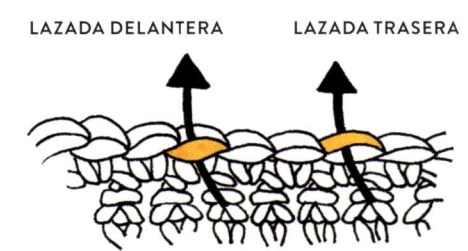

LAZADA DELANTERA   LAZADA TRASERA

Trabajar con varios colores

CÓMO INCORPORAR UN NUEVO COLOR

Para añadir un color al principio o en medio de una hilera, haga el último paso del punto con el hilo nuevo. Eche hebra con el nuevo color y sáquela por las lazadas de la aguja para completar el punto.

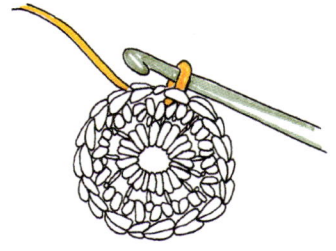

INCORPORAR UN NUEVO COLOR AL INICIO DE UNA VUELTA

INCORPORAR UN NUEVO COLOR EN MEDIO DE UNA HILERA

CÓMO DESPLAZAR EL HILO NO UTILIZADO POR LA LABOR

Cuando deba desplazar por la labor el hilo del color que no vaya a usar, escóndalo por el revés de la labor a lo largo de la línea de puntos que tejerá, trabajando por encima del hilo no utilizado cada pocos puntos con el nuevo color. Este método se usa en el gato de Bengala (página 30). Coloque el hilo que no usará encima de la hilera anterior y teja por encima con el nuevo color para cubrirlo.

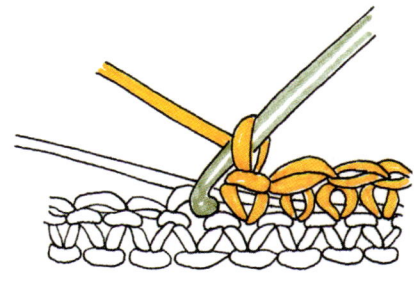

DESPLAZAR EL HILO NO UTILIZADO POR LA LABOR

Acabados

CON ESTA GUÍA APRENDERÁ A HACER TODO LO NECESARIO PARA COMPLETAR SU PROYECTO, DESDE RELLENAR Y COSER JUNTAS LAS DIFERENTES PIEZAS HASTA BORDAR LOS DETALLES Y AÑADIR LOS BIGOTES.

Relleno

El relleno de poliéster es una fibra sintética ligera y lavable. También lo venden en negro, que resultaré menos visible a través de los tejidos hechos con hilos de tonos oscuros. El relleno de 100 % lana es una maravillosa fibra natural. Duradera y suave, debe lavarse a mano; no se puede meter en la lavadora porque se encogería y se apelmazaría. El kapok es una fibra natural de textura suave y sedosa. Procede de unas cápsulas de unos árboles llamados ceibas.

Antes de rellenar el gato, manipule las fibras, separándolas con los dedos, para que queden más ligeras y esponjosas. Introduzca el relleno en pequeñas cantidades, forrando el interior del tejido con una capa de fibras antes de rellenar el centro. Esto evitará que queden bultos en el tejido.

Coser las piezas

Al coser las diferentes piezas de su labor, sujételas con alfileres de cabeza de vidrio. Para coser las patas al cuerpo, aplane la parte superior de cada una y sosténgalas en su sitio con alfileres. Introduzca la aguja en un punto del cuerpo y luego por uno de la pata. Introduzca la aguja en el cuerpo, un poco más adelante, luego otra vez en la pata y tire bien del hilo. Haga puntadas a lo largo de la parte superior del muslo y por debajo del cuerpo para fijar bien la pata al cuerpo.

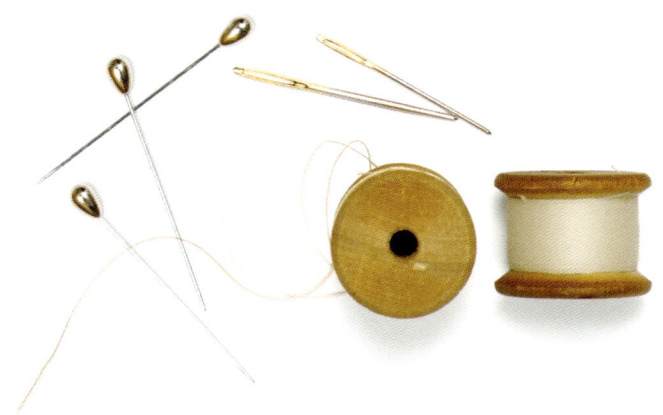

PESPUNTE

Este método es ideal para coser la cabeza del gato al cuerpo, así como las orejas y la cola. Para obtener un acabado pulcro, trabaje cerca del borde de las piezas.

Primero haga un par de puntadas a través de ambas piezas para fijar la costura. Saque la aguja hacia el derecho de la labor un punto más adelante de la última puntada hecha. Después, inserte la aguja un poco más atrás, justo en el final del último punto. Repita estos pasos hasta completar la costura, asegurándose de hacer puntadas uniformes.

SOBREHILADO

El sobrehilado se utiliza para unir los bordes de la cola de la mayoría de los gatos. Con el cabo que ha dejado al rematar la labor, enhebre una aguja de punta roma. Con los reveses de los bordes juntos, introduzca la aguja desde detrás hacia delante a través del punto de ambos lados a la vez. Inserte la aguja a través del punto siguiente de ambos lados, desde detrás hacia delante, igual que antes, y siga hasta el final. El hilo envolverá los bordes y unirá ambos lados.

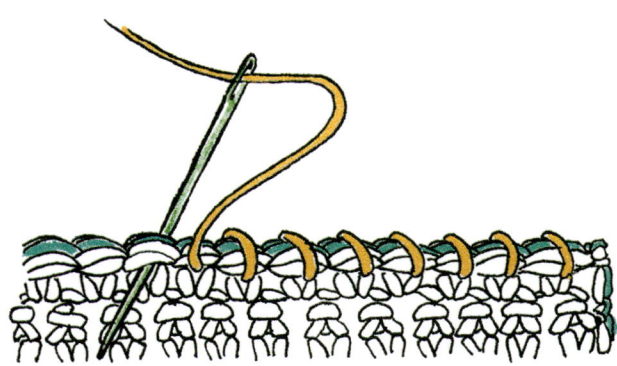

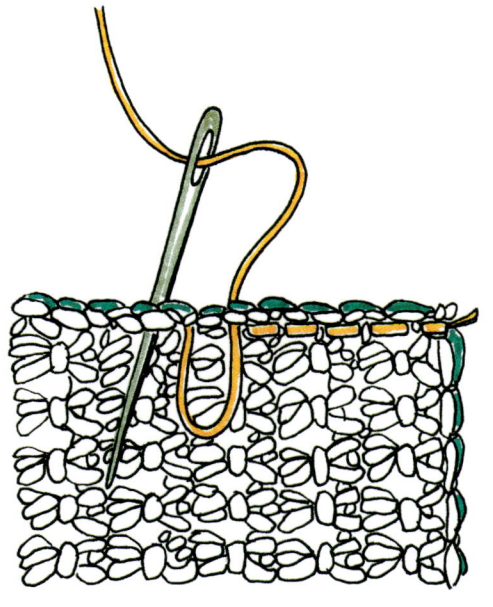

Puntos de bordar

Los rasgos faciales y las almohadillas de los gatos se bordan. Los ojos y la nariz se hacen con puntadas de satén y puntadas rectas cortas. En el caso del Maine Coon, la nariz se define con un punto mosca (*véase* la página 65).

PUNTADA RECTA

Esta puntada puede tener varias longitudes, lo que resulta muy útil para bordar líneas.

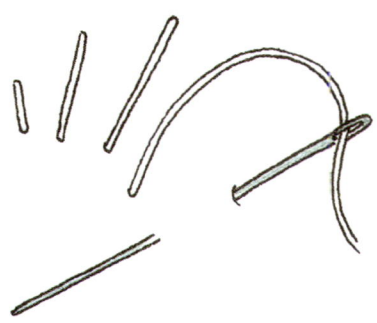

PUNTADA DE SATÉN

Son puntadas rectas situadas una junto a otra que rellenan una forma. Asegúrese de hacer las puntadas uniformes y de mantener el borde pulcro. El resultado final tendrá el aspecto del satén.

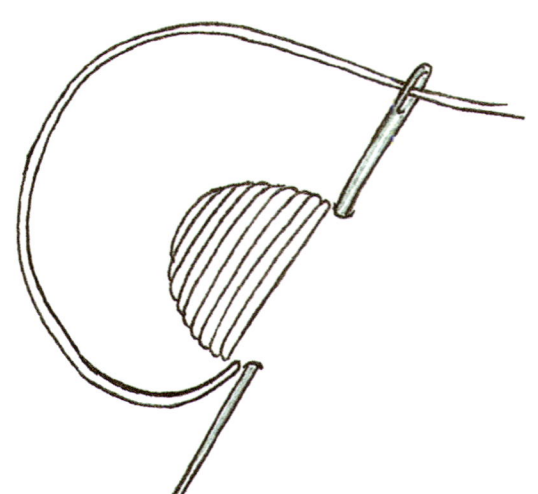

PUNTO MOSCA

1 En el que será el extremo izquierdo del punto, saque el hilo hacia el derecho de la labor y sujételo con el pulgar. Introduzca la aguja en el que será el extremo derecho del punto, que está a la misma altura que el izquierdo. Vuelva a llevar la aguja hacia el derecho de la labor, sacándola un poco más abajo en línea con el centro del punto, asegurándose de mantener el hilo por debajo de la aguja.

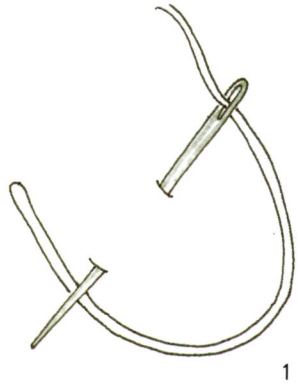

2 Tire del hilo para formar un punto con forma de «V». Inserte la aguja más abajo, formando una línea recta justo debajo de la «V».

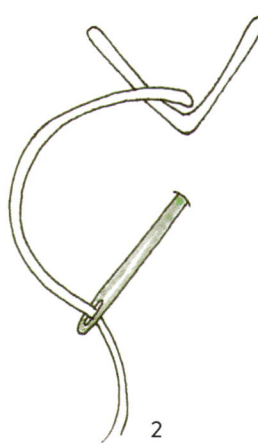

CÓMO REMATAR EL HILO

Para rematar un bordado en la cabeza o el cuerpo del gato, haga un nudito en una zona del mismo color, para que quede disimulado, o escóndalo en la unión entre dos piezas, como debajo de la costura de la oreja o detrás de la parte superior de una pata. Esconda los cabos sueltos.

Borlas

Las borlas se utilizan para crear las zonas más peludas que rodean la melena del gato ragdoll, en la página 131, y los pelos del interior de las orejas de este mismo gato y del bobtail americano, en la página 159. Los hilos pueden recortarse a su gusto.

Para incorporar una borla, doble un trozo de hilo por la mitad para formar un bucle.

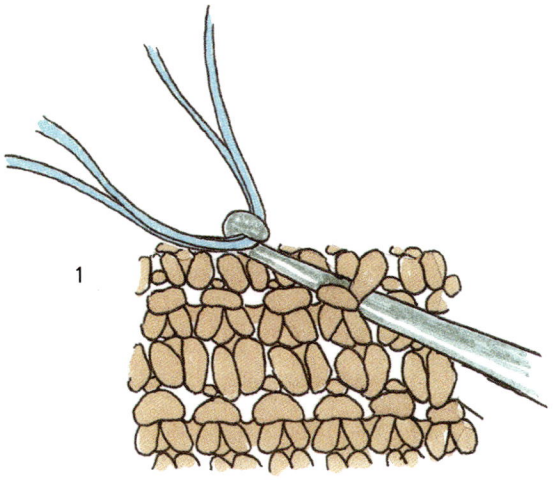

1 Pase el ganchillo por detrás del cuerpo de un punto de manera que salga de nuevo por el derecho de la labor. Atrape el bucle y sáquelo un poco por el punto.

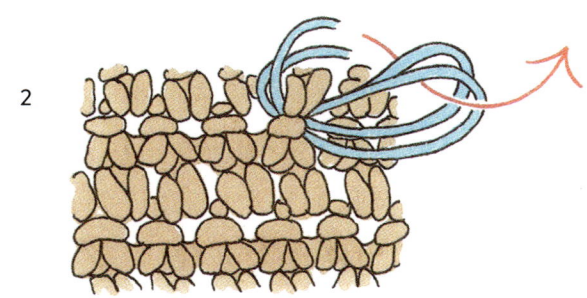

2 Retire el ganchillo, pase los extremos del hilo por el bucle, y tire bien de ellos. Ya ha hecho una borla.

Bigotes

Para hacer los bigotes (opcionales) del gato se usa hilo de nailon transparente. Este hilo tiende a aflojarse, así que no es adecuado para niños pequeños. Para ponerle bigotes a su gato, siga las instrucciones sobre cómo incorporar borlas.

Abreviaturas

2 p. b. en el mismo p. 2 puntos bajos en el punto siguiente (para aumentar un punto)

2 p. b. jun. 2 puntos bajos cerrados juntos (para disminuir un punto)

2 p. m. a. jun. 2 puntos medios altos cerrados juntos (para disminuir puntos)

3 p. b. en el mismo p. 3 puntos bajos en el punto siguiente (para aumentar puntos)

6 p. b. jun. 6 puntos bajos cerrados juntos (para disminuir puntos)

aum. aumento

cad. cadeneta

cm centímetros

D. derecho de la labor

dism. disminución

e. h. eche hebra sobre la aguja

esp. espacio

jun. cerrados juntos

laz. lazada

m metros

mm milímetros

p. punto

p. a. punto alto

p. b. punto bajo

p. m. a. punto medio alto

p. r. punto raso

R. revés de la labor

rep. repita, repetición

sig. siguiente

* ** trabaje las instrucciones situadas entre los asteriscos, repitiéndoals las veces indicadas

() repita las veces indicadas las instrucciones situadas entre los paréntesis

Conversiones

GANCHILLOS DE ACERO

Reino Unido	Sistema métrico	Estados Unidos
6	0,60 mm	14
5½	–	13
5	0,75 mm	12
4½	–	11
4	1,00 mm	10
3½	–	9
3	1,25 mm	8
2½	1,50 mm	7
2	1,75 mm	6
1½	–	5

GANCHILLOS ESTÁNDARES

Reino Unido	Sistema métrico	Estados Unidos
14	2 mm	–
13	2,25 mm	B/1
12	2,5 mm	–
–	2,75 mm	C/2
11	3 mm	–
10	3,25 mm	D/3
9	3,5 mm	E/4
–	3,75 mm	F/5
8	4 mm	G/6
7	4,5 mm	7
6	5 mm	H/8
5	5,5 mm	I/9
4	6 mm	J/10
3	6,5 mm	K/10,5
2	7 mm	–
0	8 mm	L/11
00	9 mm	M–N/13
000	10 mm	N–P/15

NOMBRES DE LOS PUNTOS

En este libro	Otros
Cadeneta	Cadenilla, punto de cadena, punto al aire
Punto raso	Punto enano, punto corrido, punto deslizado
Punto bajo	Medio punto
Punto medio alto	Medio punto alto, punto media vareta
Punto alto	Punto vareta

Proveedores

HILOS
Drops Design
www.garnstudio.com

King Cole Ltd
www.kingcole.co.uk

LoveCrafts Group Ltd
www.lovecrafts.com

Purl Soho
www.purlsoho.com

Rowan
www.knitrowan.com

Scheepjes
www. scheepjes.com

Sirdar Spinning Ltd
www.sirdar.com

The Stitchery
www.the-stitchery.co.uk

Stylecraft
www.stylecraft-yarns.co.uk

Wool Warehouse
www.woolwarehouse.co.uk

AGUJAS DE GANCHILLO
LoveCrafts Group Ltd
(*véase* en «Hilos»)

Purl Soho
(*véase* en «Hilos»)

The Stitchery
(*véase* en «Hilos»)

Wool Warehouse
(*véase* en «Hilos»)

RELLENO PARA PELUCHES
LoveCrafts Group Ltd
(*véase* en «Hilos»)

Purl Soho
(*véase* en «Hilos»)

Wool Warehouse
(*véase* en «Hilos»)

World of Wool
www.worldofwool.co.uk

HILOS DE BORDAR
Hobbycraft
www.hobbycraft.co.uk

Wool Warehouse
(*véase* en «Hilos»)

Índice

Agradecimientos

Después de escribir un libro para tejer perros de ganchillo, lo lógico era seguir con uno de patrones de gatos. Gracias, Jonathan Bailey, Sara Harper y todo el mundo de GMC. Gracias también a Jude Roust por comprobar los patrones, a Anna Stevens y a Andrew Perris por el estilismo y las fotografías, ambos preciosos, y a mi maravillosa y alentadora familia. Nuestra gata actual, Mavis, dio a luz a sus gatitos en el fondo del cajón de una cómoda que mi hijo pequeño dejó abierto. La hija de Mavis, Birdie, vive con nosotros, mientras que el hijo, Brian, vive al final de la calle con mi hija mayor, su familia y su gato atigrado, Babs. Brian es como un osito de peluche y a menudo viene a visitarnos. Le encanta ponerse panza arriba junto a nuestros pies para que lo acariciemos. Es nuestro favorito (no se lo chivéis a los demás).

Dedico este libro a mis queridos hijos, que a lo largo de los años nos han ido convenciendo para aceptar gatos en casa. Sin ellos, no habríamos tenido a Brian (ni a Mavis, Birdie y Babs), que son la inspiración de estos proyectos.

Título original: *Crocheted Cats*

© 2026 Librero b.v. (edición española)
Hambakenwetering 8B, 5231 DC 's-Hertogenbosch, Países Bajos
www.librero.nl

Texto y diseños © Vanessa Mooncie, 2023
Copyright de la obra © GMC Publications Ltd, 2023

Printed in Guangzhou, China GGDP012026
978-94-6499-252-6

RESPONSABLE EDITORIAL: Jonathan Bailey
PRODUCCIÓN: Jim Bulley
COORDINADORA EDITORIAL SÉNIOR: Sara Harper
GESTIÓN DE DISEÑO: Robin Shields
EDICIÓN: Nicola Hodgson
DISEÑO: Rhiann Bull
FOTOGRAFÍA: Andrew Perris
ESTILISMO: Anna Stevens
COMPROBACIÓN DE PATRONES: Jude Roust
ILUSTRACIONES Y DIAGRAMAS: Vanessa Mooncie

Producción de la edición española:
Traducción: Míriam Torras para
Delivering iBooks & Design
Redacción y maquetación: Delivering
iBooks & Design, Barcelona

Distribución exclusiva de
la edición española:
Librero IBP S. L.
C/ Paseo de los Olmos, n.º 20
Planta 1.ª, oficina 7
28005 Madrid, España
www.librero-ibp.es